宏观市场

罗伯特·J. 希勒（Robert J. Shiller）◎著
鲁敏儿 李蔚◎译 王永钦◎校

MACRO MARKETS

CREATING INSTITUTIONS FOR
MANAGING SOCIETY'S LARGEST
ECONOMIC RISKS

中国人民大学出版社
·北京·

序　言

创造宏观市场，破解人类社会难题

我们正生活在一个充满风险和不确定性的时代。世界刚刚经历了新冠疫情的肆虐；在全球气候变暖背景下，极端天气频发，海平面上升，很多地区的人们正面临日益严重的生存威胁；机器人和人工智能的兴起在提高效率的同时，也冲击着传统行业的就业机会，人们的收入预期变得更加不确定；源于美国房地产部门的杠杆周期导致了 2008 年的全球金融危机，后危机时代全球化进程明显受挫，全球价值链出现断裂和重构，进而影响着很多行业、地区和国家的经济发展。

1. 什么是宏观风险

宏观风险与个体的生存及发展息息相关。宏观风险是指那些超出个体控制范围的行业、地区或国家等维度更大范围内的风险。在过去四十多年的时间里，随着经济的全球化，单个经济主体（个人、行业、国家）层面的经济与世界其他主体已经紧密联系在一起；这在提高效率（"做大蛋糕"）的同时，也加剧了个体层面不能承受的宏观风险。这种风险不仅直接降低了经济主体的福利，扩大了收入差距，影响了经济效率，还具有很强的政治和社会后果。例如，相关经济学研究表明，全球金融危机后美国民粹主义崛起和特朗普上台的一个重要原因是，在全球化和金融周期中的"输家"（中下层的收入群体）并没有得到足够的补偿。美国当前的政治极化（包括对中国的"贸易战"）对全球化已经造成了非常负面的影响。

尽管金融市场已经提供了很多金融工具（如各类保险合约和期权、期货等衍生品合约）来化解各类风险，但很多宏观风险仍缺少相应的合约（尤其是针对未来收入风险的合约），即宏观风险的市场是高度不完全的。这背后的一个基本原因是，我们不容易识别某种风险究竟是人们自己的行为所导致的风险（即道德风险），还是需要在更大范围内分担的客观风险。例如，针对个人未来收入风险的保险合约之所以很难实施，是因为收入本身是个人可以控制的内生变量，我们难以识别收入风险究竟是个人自己不努力造成的，还是更外生的冲击造成的。因此，这里问题的关键是如何找到一个更客观的、可以度量的指标来验证这种风险状态，从而创造相应的宏观市场。

2. 如何创造宏观市场

希勒在本书中提出了一种创造宏观市场的创新性思想，如果我们能构建一个度量宏观风险状态的"指数"，这个指数相对于单个经济主体而言是外生的，从而合约是可以有效实施的，那么就可以在这个指数上交易各种金融合约，从而在更大的社会范围内化解这种宏观风险。

具体而言，为了应对各类宏观风险，我们先构造相应的指数，然后设计与这些指数挂钩的金融合约（如保险、期权、期货等），让它们在更大的范围甚至世界性金融市场进行交易，从而化解经济主体面临的宏观风险。下面我们沿着这个思路，通过一些具体的例子来说明如何创造相关的"宏观市场"。

2.1 与收入指数挂钩的宏观市场

农业在很大程度上是一个靠天吃饭、自然风险很高的行业，农民的收入因此波动很大。针对农业歉收的保险曾经长期缺失，这是因为不容易区分歉收究竟是天气造成的还是农民偷懒造成的。但倘若有一个客观的指标，如"降雨量"，该指标既可以利用历史数据进行估计和预测，又与农民收入有着直接关系，那么我们就可以开发一种与"降雨量"挂钩的天气指数保险（index-based weather insurance）。现在很多国家市场上已经有了这种保险产品。我国在2007年就开始在农业领域试点天气指数保险，目前市场上有甘肃省临洮县天气指数保险、山东省滨州市滨城区地方财政日光温室蔬菜寡照指数保险、山西省杂粮（谷子）天气指数综合保险、河南省温县山药的地理品质气象指数保险、广东省水产养殖温度指数保险、内蒙古自治区锡林郭勒盟地方财政肉羊天气指数保险等，品种多样。类似地，也有各种各样的天气衍生品（weather derivative）。

希勒在30多年前就提出了这种与指数挂钩的金融创新思想，他多年来一直身体力行，推动社会创造更多的指数相关的金融工具，很多也已经得到实施。目前指数保险除了在美国、日本等发达国家有着成功的实践之外，在亚洲、非洲和拉丁美洲的一些发展中国家也取得了快速的发展，其实践已扩展到受天气状态、气候变化影响较大的巨灾保险领域。我国于2016年开始了巨灾指数保险试点，如中国人保推出的"风雨保"等灾害指数保险。这些指数保险的优势在于，以客观的气象指数作为保险赔偿标准，其实施并不依赖于投保方的个体行为（切断了道德风险问题），实现了高效的保险合约实施，同时也改进了经济的生产效率。

当然，我们也可以很容易地将它推广到构造人类社会的其他一些指数去应对各类宏观风险，并不一定要像天气指数这样外生，只要这个指数相对于个体行为足够外生即可。比如，房地产指数、每周工资中位数指数、就业市场景气指数、碳排放指数，甚至与国家或地区GDP挂钩的指数等。

在此基础上，开发与这些指数挂钩的金融合约（如保险、期权、期货等），实现它们在全世界范围内的交易和对冲，就可以在更大的范围内化解宏观风险了。也就是说，很多困扰人类的宏观风险（如气候变化风险、房地产市场风险、债务风险、收入风险等）都有望得到有效的化解。这就是希勒提出的创造"宏观市场"的初心。正如伟大的经济学家、1972年诺贝尔经济学奖得主阿罗所言，世界上的很多经济和社会问题不是由市场造成的，而是由"市场的缺失"造成的；其解决之道在于找到和创造出"缺失的市场"。这就意味着，我们需要深入研究和理解各类宏观风险的本质，并努力去创造这些市场。

2.2 与房地产指数挂钩的宏观市场

希勒很早就观察到，像房地产市场这样一个至关重要的偌大市场竟然没有保险，也没有指数。因此，人们并不能真正了解这个市场到底是什么样子的。相比之下，股票市场的指数却有上百年历史，著名的股市指数颇多，如道琼斯工业平均指数、标准普尔综合股价指数、纽约证券交易所股票价格指数、日经平均股价指数、《金融时报》股票价格指数、香港恒生指数、上证综合指数等，都家喻户晓。然而，股市的重要性与房地产市场不可同日而语。这是因为，时至今日，包括美国在内的很多国家的家庭财富收入中占绝大部分比重的仍是房地产；我国居民资产中住宅占比已近七成，而股票占比甚至可能只是零。同时，最近十多年的经济学研究也表明，房地产作为支柱产业，还会影响到经济波动、经济周期、金融危机等。

在房地产指数构建方面，希勒无疑是先驱者。早在20世纪80年代，他就和卡尔·凯斯等着手编制美国房地产指数，该指数基于独户住宅的重复销售数据，于1987年首次公布。后来标准普尔公司购买了这个指数，现在凯斯-希勒住房价格指数（Case-Shiller home price index）已经成为反映美国房地产状态的最权威指数。这个指数包括一个全美房价指数、一个 20 城综合指数、一个 10 城综合指数，以及 20 个单独的都会房价指数。这种房地产指数在很多其他国家和地区也得到了推广和运用。

2.3 破解债务难题的宏观市场

2.3.1 解决困扰世界各国的债务难题

债务和高杠杆周期导致的经济周期是困扰现代经济的一大难题。无论是 1929—1933 年的大萧条，还是 2007 年美国的次贷危机、2008—2009 年美国影子银行体系的危机，抑或是后来的欧洲主权债务危机，各类金融危机的根源都是债务。债务的核心问题是杠杆，危机的表现形式是流动性风险。

以 2008 年全球金融危机为例，其根源在于私人债务，尤其是住房债务。居民和企业使用抵押贷款购买房产，银行创造出大量信用，使房价被抬高，高房价又意味着居民和企业能从银行借到更多贷款，环环相扣，杠杆升高。在经济上行期，富人获得了很高的资本回报，低收入群体占有的资产（同时也是抵押品）少，通过资产升值和获得信用取得的收益较低。在经济受杠杆驱动走向繁荣的过程中，风险也逐渐积累。银行和众多非银行机构为了加大放贷力度，到资本市场上寻求融资，主要手段是以住房贷款为基础资产，打包发行抵押贷款支持证券（mortgage-backed security，MBS）。MBS 又被用作抵押品进行融资，发行债务抵押债券（collateralized debt obligation，

CDO），继续抵押组成CDO平方（CDO square）等，每加一层杠杆，都会撬动底层资产的价值。证券化资产的投资者又可以很容易地从货币市场获得极短期的资金。层层抵押的债务结构和高企的杠杆，以及融资端极短的期限结构，使得整个金融体系很容易因为底层资产（主要是房地产类抵押品）的市场下行而发生严重的挤兑和抛售事件。2006年前后，美国房价开始下跌，房贷违约增加，基于住房抵押贷款建立起来的复杂金融体系内生去杠杆，又促使美国和欧洲短期融资市场崩溃，最终衍生为2008年的全球金融危机，并蔓延为大衰退。

这里问题的关键在于债务合约是一种刚性的合约，即使经济恶化，债务人依然需要偿还原本的债务。当发生金融危机，低收入群体在失业、收入下降的同时，还要偿还大量债务，并且可能因偿债而丧失在经济上行时高价购买的房产（抵押品止赎），这些房产被富人低价接手。此外，低收入者持有的金融资产很少，在经济修复过程中难以通过金融市场获得补偿。也就是说，杠杆、收入差距和金融危机总是密切相关的。在2008—2012年的大衰退以及1929—1933年的大萧条发生之前，家庭杠杆和收入差距都达到了惊人的高水平。

综上所述，过多的债务融资、过高的杠杆、金融监管缺位等因素的共同作用会加剧经济周期波动。过于倚重债务（尤其是银行信贷）的金融体系容易产生风险，并且风险分担的功能不足。经济周期波动加剧和风险分担不足二者叠加，共同成为收入差距扩大和内需不足的催化剂。

为了破解这一债务难题，我们需要探究其根源。其根源在于，由于金融市场上缺少与状态挂钩的合约（即股权类合约），因此交易双方只能签订与状态不挂钩的债务合约。保险合约就是一种与状态挂钩的合约，而债务合约则是一种反保险（anti-insurance）合约。如果交易双方事前可以签订与状态挂钩的合约，那么就可以化解相应的风险，就不至于酿成金融危机了。由于房地产市场是驱动经济周期的重要力量，基于前文提到的凯斯-希勒住房价格指数，我们将来也可以开发一种与房地产指数挂钩的金融合约（如保险合约、衍生品等），从而提高债务合约的灵活性，根据事后的宏观经济状态进行调整（如减免部分债务），这样就会极大地缓解经济周期的波动。

沿着希勒的思路，在住房抵押贷款方面，可以设计一种与房地产指数挂钩的更灵活的抵押贷款合约，在宏观经济和房地产市场下行状态，可以根据相关指数减免部分债务；有意思的是，这种制度设计可以促进债务人和债权人的双赢，因为这样会极大减少住房被抛售造成房地产崩盘的可怕系统性风险（如2008年金融危机中发生的那样）。耶鲁大学著名经济学家吉纳科普洛斯（Geanakoplos）早在2008年金融危机时就提出了要对住房抵押贷款进行适当的"债务减免"，但很遗憾，奥巴马政府当时主要救助了大的金融机构，这不仅造成了经济大衰退，而且还造成了民粹主义的抬头和特朗普的上台，对世界经济产生了非常负面的影响。最近芝加哥大学的苏菲（Sufi）和普林斯顿大学的米安（Mian）两位教授在"债务减免"基础上也提出改革住房抵押贷款体系，将其设计成"债转股"的形式，即当以"房地产价格指数"度量的风险事件发生时,可以自动进行债务减免,这种合约就可以发挥自动的金融稳定器功能,缓解杠杆周期和经济波动,增加经济的韧性。

2.3.2 学生贷款问题

学生贷款在很多国家已是重要的社会问题,在美国也不例外,这催生了美国总统拜登上台之后要废除这种债务的决心。在美国,子女成年后,父母不需要再管子女上学费用等开支,子女只能更多依靠银行贷款,乃至很多人在四五十岁都还背负着债务负担;一旦未来宏观经济下行或者行业发展不好,很多债务人就被债务压垮了,承受了不应该由他们承受的风险。

正如前文所言,我们也可以设计具有股权类(equity-like)属性的个人债务工具,作为现有保险体系的补充。这一思想由来已久,米尔顿·弗里德曼早在1962年就构想过设计类似股票的教育贷款。与传统固定还本付息的贷款不同,这类贷款的借款人还款与其未来收入的某个指数挂钩。希勒认为,若将贷款还款计划和收入挂钩,则可能会引发个人的道德风险问题。对此,他建议构造一种"收入指数",例如以每周工资中位数为基础的收入指数,将贷款与这种收入指数而非具体的个人收入挂钩。这样的合约设计(金融创新)既可以解决道德风险问题,也可以利用收入指数的信息含量,同时实现金融的三大功能(融资功能、风险分担功能、信息加总和反馈功能)的有机融合。这如同希勒在另一部著作《金融新秩序:管理21世纪的风险》(*The New Financial Order:Risk in the 21st Century*)

中所说的:"金融创新是解决经济社会问题的利器。"通过设计与"每周工资中位数指数"这一风险状态挂钩(依存)的金融创新来实施或有债务减免,可能是化解美国学生贷款问题的一种更有效率的市场解决方案,这样也就不需要政府干预了。

上面几个例子都蕴含了一个很深刻的经济学思想,即股权类合约(如保险、股票)更适合化解风险。换句话说,与债务合约(如银行贷款、债券)不同,股票等股权合约天然具有风险分担(保险)的特征。因此,我们有必要将股权的保险功能与债务合约相结合来弥补债务合约的不足,调整和优化金融结构,化解金融体系风险,减少经济波动,缩小收入差距,熨平经济周期,稳定经济增长。

3. 关于本书:创造宏观市场的经典之作

本书是希勒系列论述如何运用经济学和金融学理论来创造宏观市场的经典之作,是著名的牛津大学克拉伦登讲座(Clarendon Lectures)系列的专著。这个讲座邀请在某个领域有深入研究和思考的经济学大师来系统总结自己的研究。本书视角独特、思想深邃,语言简洁凝练、深入浅出,是理解金融创新如何解决宏大社会问题的必读之作。如何构造宏观状态指数?如何创造宏观市场?要回答这些问题需要很深的经济学和金融学理论思考,同时也要考虑到现实的约束,它们并非简单的统计问题。这本书就系统地论证了创造宏观市场的理论基础和实证方法。

幸运的是,技术进步使原先很多不能度量的宏观状态现在变得可度量了。例如，随着技术进步，现在我们可以度量碳排放量，这样就可以在碳排放量指标上创造相关的宏观市场，其思路与指数保险是异曲同工的。另外，最近十多年人工智能和大数据的巨大进展使我们可以度量更多不同维度的宏观状态，从而可以构建各种指数并创造相关的宏观市场，在这方面是大有可为的。在更广的意义上，我们可以设计出与各国 GDP（GDP 也是一种指数）挂钩的金融合约，从而在全球范围内化解经济增长波动的风险。在全球主权债务高企的今天，这种设想是非常有意义的。如果存在与 GDP 挂钩的债券，债务的偿付能随着 GDP 的变动而灵活调整，那么主权债务问题就可以大大缓解。

风险是经济发展的重要约束，既影响经济发展本身（"蛋糕做大"），也影响经济发展的质量（包括"共同富裕"）。在当今中国迈向高质量发展的新阶段，我们同样面临各种宏观风险（如气候变化风险、人工智能带来的风险、房地产和金融风险等）。这就需要我们有智慧借鉴本书的美妙思想，揭开纷繁复杂的经济社会现象背后隐藏的最根本的宏观风险，创造出新的"宏观市场"，化解各类"宏观风险"，推动中国高质量发展和中国式现代化进程，助力中华民族的伟大复兴！

王永钦

2023 年 8 月 30 日于复旦园

前　言

我之所以写这本书，是因为我意识到社会所面临的主要经济风险是由个人来承担的：每个人都要面对自己的不幸。社会确实会分担一些风险，比如自然灾害、紧急医疗或暂时失业等风险；社会能够承担很多突发或极端的不幸。但是社会无法分担个人所面临的有关人生幸福的大多数风险。我们很大程度上只能将生活水平交由命运安排。

经济风险的分担实际上是——也应当是——社会最深层次的责任。收入与财富不平等的存在令人痛苦。收入和财富决定谁能被服务而谁要服务别人，决定谁能舒适健康地生活而谁不能，决定谁能拥有满意的职业或人生规划而谁不能。如果这种不平等纯粹靠运气来决定，那么这不仅仅令人痛苦，也令人羞愧。

我们必须审视为什么我们的市场体系没有让所有人，不仅仅是经济极度困难的那些人，最大限度地分担他们的经济风险。是否存在关于市场的新技术,能够为个人、其所属的组织或利益相关方所用,以使这样的风险分担成为可能?

我对于这个话题的思考最初源于20世纪80年代中期猝然而至、使美国东北部人民蒙受苦痛的房地产热潮。房价是我们生活水平的重要决定因素之一,而且在当时房价引发了一些主要的冲击。在这次房地产热潮的巅峰时期,房价以每年40%的速度上升;房价在短短几年内就翻了一番。在这种情况下,人们的生活表现出了明显的混乱。没有买房的人意识到他们可能再也买不起房了。在这次热潮中,没有做好购房准备的年轻人被迫为当即投资房产做出巨大牺牲,否则他们就必须承受被挤出房地产市场的风险。在热潮前买房的其他人(比如我自己)为这笔意外之财而感到羞愧,我们可以利用这次涨价来抵押贷款,或者卖房后搬到另一个地区,享受另一种居住体验。我何德何能得以获得这笔意外之财?我何时要求过与朋友、邻居一起参与这场赌局呢?

紧接着,20世纪90年代房价暴跌。此前倾其所有被迫提前购入房产的年轻人,如今只能眼睁睁地看着财富缩水,且不能售出房产以清偿债务。为这些人提供抵押贷款的机构陷入困境。而此前急于迎合市场需求的建筑商发觉自身处境艰难,住房存货有时候甚至连按成本价都无法卖出。我很疑惑为什么社会会允许这种事发生。退一步讲,为什么社会没有创造制度来帮助人们更好地处理此类市场误配的情况?还是说这种无序是生活中不可避免的一部分?

自1990年起,卡尔·凯斯(Karl Case,韦尔斯利学院的经济学家)、艾伦·韦斯(Allan Weiss，曾是我在耶鲁大学的学生，耶鲁大学管理学院的硕士)与我共同发起了一次运动，试图说服一家期货交易所开设房地产期货市场。当然，期货市场(futures market)可以描述为关于市场价格或指数的赌局的市场；这些市场的主要目的不是让人们赌博，而是"对冲"(hedge)，它的存在使投资者可以订立反向赌约，以抵消其出于自身经济状况考虑已在现货市场签订的赌约。举例而言，若有人已持有房地产［即现货市场的多头(long)］，且他预期未来房地产价格会下降的话，那么他可以通过在期货市场订立反向赌约［即期货市场的空头(short)］来对冲房地产价格风险。如果未来房价的确有所下降，期货市场的收益可以抵消房地产现货市场的损失。

熟悉大宗商品或金融资产对冲的人不难发现，风险管理的实质就是此种风险抵消型赌约，只是形式上或有变化。在这些市场上，对冲风险本质上与购买保险以规避价格下跌风险别无二致。虽然人们在这些市场上所签的合约不叫保险，但由于风险在这些市场中相混合，继而由全世界的风险承担者共同分担，因此这些市场在提供保险上起到了至关重要的作用。房地产期货市场所提供的服务会通过一些公司零售给大众，这些公司出售保险合约或类似的零售产品，并且在房地产期货市场上对冲由于提供这些产品所产生的风险。

卡尔·凯斯和我想要描述与解释美国以及其他地方的房地产热潮，房地产期货市场是我们共同研究的产物。艾伦·韦斯曾致力于一个房屋产权参与计划，用于减缓房价变化对房屋所有者的影响。

我们一致认为，若要为个人和组织提供保护，以抵御房地产泡沫，创造新的国际市场比如期货市场来增加房地产市场流动性，是其中最为基础的一环。若投资者在市场中对冲了风险（或者找中介帮忙对冲风险），他们实际上可以宣告自己已从房地产的赌局中脱身。为了更好地推广这个想法，我们撰写了文章，在期货交易所以及可能参与期货市场的金融和保险机构做报告，我们还成立了自己的公司（凯斯-希勒-韦斯公司）。艾伦·韦斯现在是该公司的总裁；我们制定了房价指数，以应对房地产期货合约中可能会涉及的现金结算。我们还与芝加哥期货交易所（Chicago Board of Trade）展开合作，致力于研究房地产期货市场的可行性。

我一直致力于制定与房地产价格挂钩的风险管理合约。但这个想法不应局限于房地产价格或者是其他很容易得到合约制定者青睐的情形，它应有更为广泛的应用。这促使我完成了本书的创作。与对冲房地产价格风险相同类型的合约、同样的风险管理原则、同样的价格指数制定方法、同类型的零售机构，都可用于帮助人们实现对生活中各式各样风险的对冲。

让我们来设想一下，如果国民收入期货市场（national income futures markets）与其配套零售市场已发展完善，那会是怎样的情形。国民收入市场是本书所提倡的新市场中的一类（可能是最重要的一类）。国民收入期货市场是交易以国民收入指数为标的的合约的期货市场。作为员工福利，雇主可以向保险公司购买国民收入保险，在国家收入水平下降时保险生效。而保险公司可以在国民收入期货市场上对冲其由于签订保单所承担的风险。这样的话，国民收入波动的风险就应由大型国际机构投资者承担，而它们通过持有许多国家的这种期货合约来分散风险。

举例而言，假设某种经济状况变化使一个国家（比如日本）的国民收入下降，而使另一个国家（比如美国）的国民收入增加。日本的民众不会因此遭受冲击；由于保单的缘故，他们的个人收入水平并未受到国民收入下降的影响。日本的保险公司也不会遭受冲击，它们将看到自己在日本国民收入期货市场上对冲所得的收益抵消了其支付投保人所产生的损失。保障美国工人收入的保险公司在国民收入期货市场上会遭受损失，因而需要从准备金中拿钱来结算期货合约。最终，金融资产会从美国流向日本，这使得实物资源的流动成为可能，从而得以保障日本人民的生活水平。当然，如果两个国家的命运颠倒，资源流向也会相反，从日本流向美国。这是风险分担的本质；从事前来看，未来经济状况的动向对两个国家来说都是未知的。

以上述美国和日本的故事为例的风险分担不是由政府完成的，而是由个人和公司推动的（想必任何想要选择风险分担的个人和公司都能够做到）。美国和日本的政府不需要就风险分担达成一致，只需要都允许此类期货市场或其他类似的对冲市场与保险市场的自由市场机制存在。从政治的角度考虑，美国政府和日本政府很难就民众之间的风险分担达成一致；幸运的是它们也无须如此。风险分担可能起步缓慢，但随着更多个人、公司和机构意识到其重要性，它将渐渐臻于完善。

我认为我们需要一系列由大量人群共享的主要收入因素的大型国际市场：国家、地区和职业收入市场，以及房地产服务等主要服务业收入市场。这些市场可以采取证券、期货、期权、互换或其他远期市场形式。一系列此类市场的存在可以提供必要的风险对冲工具，使保险公司等零售商得以创立保单，在重大的随机冲击面前为人们的生活水平提供保护。相对而言，现今市场可提供的风险管理极为匮乏。当今金融市场中交易的风险仅仅是所有对我们的生活水平造成冲击的风险中的极小部分。例如，股票市场有对应的期权、期货市场，但股票市场只是针对公司股息的所有权，公司股息只占国民收入的很小一部分，在美国仅占国民收入的3％。

本书的许多内容是技术性的，想要读懂并不容易，其中包括市场建设、指数构建及统计学的相关理论。本书主要面向金融学者、经济学家、期货和期权交易所的合约设计者、互换和其他金融交易的发起人、与风险管理相关产品（比如保险、养老金和房屋贷款）的设计者。但我已尽可能合理安排写作材料，以便非技术性的读者掌握本书主旨。第六章之前的大部分技术性内容已置于附录中，跳过这部分内容亦无伤对主线的理解；作为全书总括的第九章不包含数学内容。

致 谢

我的同事 Karl Case、Chuck Longfield、Allan Weiss 与我一起完善了有关房地产期货市场的设想,推动这些市场在美国的发展,本书的许多想法源于他们。John Campbell 曾与我合作了一些关于投机市场的文章,也为本书贡献了许多想法。

还有很多人在写作本书时为我提供了帮助,包括 Peter Abken, Donald Andrews, Peter Bernstein, Steven Bloom, William Brainard, Michael Brennan, John Clapp, Avinash Dixit, Peter Donnelly, Robert Engel, John Geanakoplos, Gordon Gemmill, Carmelo Giaccotto, William Goetzmann, Zvi Griliches, Sanford Grossman, Alan Heston, Jonathan Ingersoll, Ed Iversen, Theodore Keeler, Alvin Klevorick, Paul Kupiec, Larry Langowski, Bruce Lehmann, Hayne Leland, Ben Krause, Robert Miller, Evan Morton, Nathan Most, William Nordhaus, Todd Petzel, Steven Roberts, Richard Roll, Stephen Ross, Nouriel Roubini, Xavier Sala-i-Martin, Jeremy Siegel, Christopher Sims, Robert Summers, Steven Sural, James Tobin 和 Niel Wilson。

本书的进展得益于我的助研的帮助,他们是:Stefanos Athanasoulis, Kevin Burrows, Jose Carvalho, Margo Crawford, Vassil

Konstantinov，Chiong-Long Kuo，Phillip Molner，Christopher Musto，Don Nakornthab，Chuin Hwei Ng，Todd Sandoz，David Waller，Toshiaki Watanabe，Murat Yulek 和 Ramzi Zein。

我也想感谢在耶鲁大学参加"新市场的建立"（The Establishment of New Markets）研讨会的学生，他们的研究与对手稿的评论对我极有帮助。

本书的研究得到了美国国家科学基金会的拨款（SES-91-22229）。本书的部分研究完成于作者获古根海姆奖学金（Guggenheim Fellowship）资助期间。拉塞尔·塞奇基金会（Russell B. Sage Foundation）为本书提供了研究资助。

牛津大学出版社的 Andrew Schuller 与 Anna Zaranko 为本书从初稿到终稿的修正提供了大力帮助。1992 年 5 月，我在做克拉伦登讲座时报告了本书的早期版本，牛津大学亲切的东道主们做出了深有见地的评论。

耶鲁大学考列斯经济研究基金会（Cowles Foundation for Research in Economics）的工作人员和同事都对我帮助很大；Lois Jason 和 Glena Ames 尤甚。

我的妻子 Ginny 不遗余力地支持我的写作。一直以来，她既是我研究新想法的来源，也是它们的检验员。最后，当我在本书写作上花费大量时间时，我的两个儿子——大儿子 Ben 和小儿子 Derek——表现出了极大的耐心。他们还告诉别人，他们的爸爸正在写一本关于鲭鱼市场的书。[1]

目 录

第一章	宏观市场是什么	/001
	理想：针对主要收入风险的世界市场	/007
	在当今市场对冲收入风险	/010
	市场是一种发明	/012
	市场是历史的偶然	/014
第二章	心理障碍	/020
	心理学和风险认知	/021
	促进宏观市场的合理公共使用	/032
	心理障碍：总结	/034
第三章	对冲长期收入的机制	/035
	基于现货市场资产价格的结算	/037
	基于收入指标而非价格的结算	/042
	第三章附录：期货市场	/054

第四章	**国民收入与劳动收入市场**	**/058**
	市场结构与相关制度	/059
	实际收入市场还是充分就业收入市场	/065
	度量问题	/066
	度量收入现值的不确定性	/068
	结果解读	/079
	第四章附录：计量方法	/081
第五章	**房地产与其他市场**	**/087**
	房地产	/087
	非法人企业和私人公司	/102
	消费者和生产者价格指数期货	/105
	农业	/110
	艺术品和收藏品	/123
	寻找其他市场的系统性方法	/128
第六章	**合约结算指数的构建**	**/130**
	对比用于合约结算的其他指数	/132
	把链式指数应用到低频交易资产	/138
	特征指数的基础	/141
	度量质量中的问题	/145
	重复度量和特征	/147
第七章	**指数：问题与备选**	**/170**
	重复销售的预期发生率：标准误	/171

  对象虚拟变量和特征变量系数的限制 /178

  特征变量的选择 /183

  其他模型 /193

  总结 /201

第八章 指数修正的问题 /203

  逐期回归特征法的方差 /207

  区间相关指数 /208

  条件于指数滞后值的指数 /217

  总结 /221

第九章 付诸实践 /223

  克服疑虑 /224

  提供公共品 /229

  构建指数 /230

  提供信息和动机 /232

  处理控制权问题 /234

  意见领袖的重要性 /236

注释 /238

参考文献 /256

第一章
宏观市场是什么

由于道德风险（moral hazard）问题的存在，生活水平不可被完全保险：如果人们或组织知道无论努力多或少，他们的收入都能得到保障，那么其努力工作以维持收入的动机就会明显减小。这种道德风险在历史上很多时期和地区都曾出现过。1795年，英国颁布了《斯宾汉姆兰法案》（Speenhamland Law），改革者把工人的收入提高到一个特定水平，差额从公款中划出。同样的情况在19世纪也发生了，理想社会主义者在罗伯特·欧文（Robert Owen）的带领下，建立了收入平均化的社会。同样地，20世纪很多国家的共产主义者想要把社会转型为马克思主义的理想分配情况，即"从按能力分配到按需求分配"。推动这些社会活动的人道主义、理想主义和革命性的动机与现实发生了冲突，对人们的激励产生了负面影响；大多数这样的社会活动此后都已作废。道德风险不是问题的全部：即使人们和组织的收入不依赖劳动付出，他们仍会继续发挥作用，但是这种全面保险所造成的低效率是非常显著且不容忽视的。

由于客观的、可量化的原因所导致的生活水平变化超出了个人和组织的控制，而这部分风险是可以被保险所覆盖的，保险公司无须担忧投保人的道德风险问题。例如，房屋被烧毁导致的收入下降（表现为房租下降或房地产服务减少的形式）是客观且容易量化的，这样的风险是可以被保险的。房屋所有者主动烧毁房屋的道德风险很小。在现实中，火灾的客观事实往往不由房屋所有者控制。类似地，由于残疾所导致的收入下降也是可以被保险的；意外或疾病所引起的残疾能够被客观量化；大多数人不会故意让自己残疾以获取保险收入。同样可以保险的还有健康问题引起的医疗支出，以及家庭成员死亡所引致的收入下降。

对于这些客观和可核实的收入波动风险，相关保险存在已久，为人们提供了切实的益处。但是保险业还没有创设针对其他许多收入波动风险的保单。经济状况变化导致财产贬值的可能性远高于其被烧毁的可能性。由于所从事行业的市场变化，个人面临劳动收入下降的可能性也远高于其遭受身体残疾的可能性。

这些影响生活水平的经济因素，由于超出了个人控制范围而很少受到道德风险的影响，故而应当被保险。但是它们尚未被纳入其中，原因在于它们不像火灾或残疾那样客观和容易被证实。收入前景的变化及其影响因素是很难描述的。经济变化对收入的影响可能存在很长的时滞；不同于火灾的即时性，这些影响随着时间的推移才能渐渐显现。保险公司无法确认个人是否获得了有关他或她未来收入可能减少的私人信息，因而才寻求收入保险；也没有任何医学检查可以验证是否存在可能导致未来收入下降的先决条件。未来收入前景缺少客观证据,这给保单签订者造成了困难。但是,如果我们能够创造关于总收入的流动市场,那么我们就能使不可见的影响生活水平变化的经济因素客观化,因此使得提供面向不利影响的保护成为可能。

如果一系列风险市场——我们称之为宏观市场（macro market）——得以建立,那么个人和组织就能对冲或规避影响其生活和生产水平的风险。这些市场可以是大型国际市场,证券、期货、期权、互换或类似市场,以同时影响到众多个人或组织的收入（包括服务流）的主要成分为标的。这些市场的结算可以基于收入总量,比如国民收入,或者其中的成分,比如行业收入,或者衡量收入流的价格,比如地区房价,即房地产服务流的价格。因为个人或组织无法操控这些总量,所以保障这些收入不存在道德风险。

当然,如果一个国家内几乎所有人都选择对冲总体收入风险,那么会出现政府性道德风险的问题。例如,政府可以颁布法规让所有人放一个长假,以此操纵国民收入。只有当很多人都对冲风险时,此类政府性道德风险才构成问题;即使真到了那种时候,我们也可以通过明确的合约条款来排除政府行为对宏观市场结算的影响。监管政府行为比监督个人行为容易得多。在当今的金融市场中,潜在的政府道德风险问题也是存在的,但是这并没有阻碍市场运作。

关于收入总量的市场交易费用可以相当低廉,且极具流动性。在这样的市场中,道德风险问题比有关个人收入的市场要小。同样地,这些市场中的交易商被拥有内部或更多信息的投资者瞄准并利用的可能性也更低。就总收入而言，其他人拥有更优信息的可能性比拥有关于个人收入信息的可能性更低。关于交易成本的现代信息理论（Akerlof，1970；Copeland and Galai，1983；Gammill and Perold，1989；Gorton and Pennacci，1991）认为宏观市场的交易成本是很低的。这些市场上的低廉交易成本极为重要。交易成本是决定现有金融市场和金融合约的形式的关键因素（Williamson，1979）。换句话说，宏观市场会降低信息成本；而恰是高昂的信息成本阻碍了各种保险的供给（Kihlstrom and Pauly，1971）。

奇怪的是，好像没有人提出实践性建议来建立一系列市场，以对冲影响生活水平的最大风险。自 Arrow（1964；1974）和 Debreu（1959）以来，理论经济学家认识到了不完全市场（incomplete market）的重要性，但关于这个问题的讨论似乎一直停留在一个抽象的水平上。的确有人试图创造性地扩大市场的范围，如创建房地产期货市场。但就建立一组市场来对冲影响总收入的主要因素的可行性这一点，公众似乎还未达成共识。[1]

建立这样的市场来通过保险规避主要收入风险，可以很大程度降低收入不平等。此类举措规避了向富人征税以补贴穷人等政治难题；对冲收入风险都是符合每个人的自身利益的。

此前提到的那些革命性社会学家有关收入共享的愿望，均因道德风险问题而未能实现。除非社会发展出一种全新的集体主义精神（community spirit），一种普遍的对他人的关心。但是推动社会上大多数人形成这种集体主义精神的努力成效有限，无法使设想的主动共享成为可能。历史上存在一些乌托邦公社的成功故事,实现了所有收入的完全共享,例如北美的哈特教派(Hutterites)、以色列的集体农庄、日本的一灯园(Ittoen)和山岸会(Yamagishi-Kai),但是这些公社都基于一种源于共同经历的集体主义和亲密关系,本质上是一些大型家庭。一个公社最多只有几百个成员。单个公社都太小了,不足以支撑我们所期待的那种广泛的风险分担。此外,很多乌托邦公社发现它们的集体主义精神逐日耗损,而且私人财产的重要性日益提升。例如,已有公社可允许新加入的成员保留他们此前的私人财产。

我们应该尽可能地挽救这些乌托邦思想家的目标,使其能在所有人类社会中以自愿和利己为基础得到实现。人们应该自由分享未知的、被无法控制的力量所支配的收入成分,而且自利的人们也只愿意主动分享这些不确定的、超出控制的收入成分。如果我们想要在任何时候都完全自愿的基础上实现尽可能多的收入共享,我们只需要——虽然看上去很奇怪——建立收入风险对冲市场。

本书提倡建立宏观市场,并描述了一系列重要的新型市场,努力寻求办法来克服影响这些市场建立和成功的主要障碍。这些障碍富有挑战性,对新技术的应用有一定要求,但并不是无法克服的。

建立此类新型市场的重要阻碍之一是对新市场所交易的合约标的物的估量,这将影响到合约的清算。当然,目前已有许多由政府和私人机构提供的统计数字,它们可作为风险管理合约的结算基础,但是这些指数在构建之初并非用于合约结算。设计这样的指数是一件非常严肃的事，因为如果它们真的能帮助许多人实现收入风险管理，那么指数的变动将引发大量资金换手。因此，本书会介绍关于指数的理论。本书主要关注以对相同个体或资产的重复观测值为基础的指数，这可以减轻样本的时间不一致问题，许多现有的指数正是因为这个问题的存在而饱受质疑。此外，我还将论证构建一个收入冲击指标的最好方法是建立一个为长期收入指数价值定价的新型市场：指数价值的永续索取权（perpetual claim）或者永续期货（perpetual futures）市场。这样的市场能利用人们风险分担的共同动机，促使人们把信息汇总到一个市场价格上，这样形成的关于收入价值的指数比直接通过收入数据所构建的更加客观。这样的话，永续索取权或永续期货市场形成的价格就能成为各种各样合约的结算基础。

在直接参与市场这一点上，个人可能存在心理障碍，他们不愿意购买现有的风险管理服务。因此，在设计市场结构时需要考虑到可能限制市场参与的个人行为特征。本书将会讨论心理障碍的本质，以及从过去建立保险和对冲市场的失败中得到的经验教训。我将在此提议通过零售机构来间接促进个人参与市场。

本书的大部分内容有关于在建立宏观市场的道路上存在的这些重要障碍。但在此之前，我们需要了解我们的目的是什么，我们希望建立哪种市场，广义上来说这种市场是否可能实现。

理想：针对主要收入风险的世界市场

这里提到的宏观市场、永续索取权、永续期货、期权、互换和其他类似市场，可以在不产生过高交易费用的前提下，减小生活水平变化的影响，在世界范围内分担这种变化的风险。这些市场上的失败者（在影响收入的要素市场上卖空，随后发现其相关收入有所提高的个人或组织）把财富转移给成功者（已对冲风险且的确面临收入下降问题的个人或组织），来弥补后者因境况恶化而遭受的损失。[2] 决定在本国的宏观市场上做空并且在世界宏观市场上做多的人相当于决定分担收入风险，市场价格的短期变化能够反映同时期内参与风险分担导致的获益或损失。保险公司可以通过销售与收入挂钩的保单，帮助个人和组织对冲风险，随后保险公司可以在宏观市场上卖空，以对冲由于出售这类保险所引致的风险。通过鼓励公司把生产地选在收入降低的地方并使其能够对冲收入变化的风险，对冲市场或可间接降低影响生活水平的风险。

因为在关于主要收入成分（无论是个人收入还是组织收入）的保险合约中，道德风险会成为一个严重的问题，所以必须让签订合约的人有强烈的激励去维持其努力水平。保险公司应对道德风险问题的方法之一是提供部分保险，即只销售高免赔额的保单。另一种方法是不销售与个人或组织收入挂钩的保单，而销售与影响收入的宏观因素挂钩的保单。如果代表该因素的指数现值下降，那些在合约中持有空头的人就能获益。至于出售这种保单所引致的风险，保险公司可以在宏观市场上将其完全对冲。

在实践中，制定保单的最佳方式可能是两相结合。在避免由道德风险所产生的不必要的成本的前提下，零售保险合约的机构应该尽可能多地保障个人或组织收入的变化。实现这一目标的最优方式意味着保险公司应提供保单来完全（或几乎完全）覆盖影响收入的宏观因素，同时部分（具有高免赔额）覆盖除宏观因素外的其他因素所导致的收入下降。

为实现这一目标，保险公司需调查估计个人和组织受宏观市场所交易的收入因素的影响程度，然后利用研究的结果，选择最优的宏观市场资产组合来规避风险。由于不存在客观方法来量化预期未来收入的信息，所以保单的支付额不会取决于客观事件，如火灾或疾病，而是取决于资产组合价格的变化。部分保险保障除宏观因素外的其他因素所导致的收入下降，这类保险需要依赖于除宏观市场价格外的客观信息，而这类信息在定义上可能存在困难。如果存在相关资产的现货市场，如住房市场，部分保险就很容易确定。

对零售商来说，把新的风险管理纳入现有产品是非常自然的。例如，养老金基金可能会改变运营模式，提供一定程度的收入风险对冲。又如，人寿或健康保险公司可以对现有保险政策略加修正，提供对投保人个人收入风险的对冲服务。雇主对养老金基金的贡献可以被借记和贷记，分别代表雇员在宏观市场的收益和损失。房屋所有者的保单可以被设计为保障投保人因住房所享有的服务，以规避相对应的风险，其中包括社区条件恶化，或者当地工作可得性下降，以及规避这种服务的经济价值下降的可能性。这样的话，当房屋所有者搬到另一个地区或退休以后，他们仍然能够享受这种服务。除此以外，通过设计住房抵押贷款条款，为首付添加保险以应对由住房销售价格下跌造成的损失，人们的生活水平可以进一步得到保障。

工会可以利用这些市场来保护其成员免受劳动力市场条件恶化的影响。在实践中，现有的劳动合约也实现了一定的风险分担，合约可能允许劳动者将个人风险转移到金融市场上，比如将公司中工人工资波动的风险转移到该公司的市值里，而该公司随后被持有在分散化的投资组合中。但是目前大多数劳动合约的时限是1~3年。这个时限似乎很短，近乎无关紧要。工人和公司都关心他们的长期利益；个人会展望他们退休时的情况。因此，这些合约在减小长期风险方面是无效的，它们更像是在劳动者与管理者之间持久的市场话语权战争中的暂时休战协定。

合约签订者的约定存在不稳定性可能是劳动合约时限短的一个原因。个人劳动者经常换工作；雇主所处的环境也变化迅速。工会通常无法形成一个卡特尔集团（cartel）来垄断整个劳动力市场，因此工会不能代表市场中的个人劳动者。

工会在宏观市场中适合发挥的作用可能只是作为另一类中介，使成员更方便参与风险规避活动。一般而言公司和代表公司雇员的工会不想通过使个人在公司的收入保持稳定来为个人提供保险。虽然由于在宏观市场对冲风险的可能性，由公司提出这样的保证变得更具可行性，但是对于公司来说，做出这种形式的保证是不明智的，因为这样的保证只能使个人锁定其在该公司工作。公司应该做的是保障个人免受对其终身收入的负面冲击的影响；这要求在合适的宏观市场上对冲个人风险，把资本所得和损失转移到个人身上，从而个人可以投资包含其他收入（如世界收入）在内的资产组合。

因此，收入保险看上去会有点像投机性市场工具，在不同时间支付给受益人不同金额。如果一个人的目标是平滑收入，那么他会发现收入保险支付给他一些非常不平滑的款项。这对受益人来说需要适应时间，但他最终会意识到支付额的非固定性是这类保险的自然特征，它可使人们免受未来收入下降的影响。

在当今市场对冲收入风险

与上述理想情况相比较，几乎没有人关注发展能有效分担生活水平风险的新方法。所有关于最优分散投资的理论金融研究都应该引导研究者关注一个重要的主题：帮助人们分散他们的主要经济风险。相反地，我们做的是到处打小补丁，根本没有认识到最终目标是尽可能完全分散对个人而言最重要的风险。

现在所实行的税收和转移支付相当于有关收入波动的部分保险。拿个人所得税（income tax）来说，当个人收入下降时，税收也会下降。又如失业保险、福利和其他联邦项目，当个人收入下降时，转移支付会增加。由于每个人都被强制参与这些政府项目，所以它们解决了选择偏误问题，这一问题对想要启动收入保险计划的私人公司可能造成困扰（那些同意参与计划的人往往认为自己的收入没有被保障）；但是政府项目没有解决道德风险问题，保险会降低人们努力工作的动机，甚至导致他们根本不工作。[3]

美国的联邦税务系统只包含少量的跨地区风险分担。Sala-i-Martin 和 Sachs（1992）利用美国各州的数据，发现州人均收入减少 1 美元，将会导致联邦税收降低约 34 美分、联邦转移支付增加约 6 美分。这些数据是通过横截面回归得到的，因此，全国总收入维持不变。当然，若不与外国签订风险分担协议，联邦政府也无法抵御总收入波动风险。证据表明，即使存在有组织的共同市场，跨国风险分担程度也可忽略不计。Sala-i-Martin 和 Sachs（1992）估算得出，欧洲经济共同体（European Economic Community，EEC）的地区国民生产总值降低 1 美元，税收只减少 0.5 美分。显然，国家之间就风险分担是很难在政治上达成一致的。

由所得税和转移支付所实现的风险分担并非最优。税收所实现的风险分担是不完全的，而转移支付下的风险分担仅限于极端情形。

其他形式的收入风险分担已有相关讨论。Friedman（1962）提出，可建立交易个人未来收入股权的系统，用于替换现有的教育贷款系统；克林顿总统提出过类似的项目——与未来收入挂钩的贷款项目［income-contingent loan（ICL）plan，参见 Krueger 和 Bowen（1993）］。耶鲁大学在 1970 年创设了学费延期期权，其中包含了这样的终身收入风险分担，参见 Tobin（1973）。这些项目所创建的贷款市场确实有助于解决高等教育学费融资问题（即不能用不确定的未来收入作抵押借贷），却未能处理更大的收入风险分担问题。

市场是一种发明

许多发明创造了新型市场并永远地改变了我们日常所见的金融安排，我们可以从中汲取灵感去努力开发新市场。经济制度的历史是一种间断平衡，其中基础的经济制度长期保持基本不变，只有当新发明的出现导致新制度产生时，原有基础制度才会被替代。

我们现在所处的市场体系就是一种发明，是由社会思想家带有明确目的性而设计出来的。根据 Polanyi（1944）关于早期社会的调查研究，早期社会几乎没有产品交换，而且发生的交换往往是发生在社区之间的对外事务，而非发生于社区内部的个体之间。互赠礼品比交换更重要，因此几乎不存在有意义的价格。在历史上，推动市场发展的法律是社会思想家的发明。这些法律把人们从对贵族、宗族或家庭的义务中解放出来，鼓励他们在非人格化市场上提供产品和服务。

直到公司法出台，规定了股东权利与其有限责任，股市才出现繁荣景象。公司法本身不足以支撑如今美国、英国和日本高度流动的大型股市。其他国家也有关于股市的多年经历，但那些股市的活动相对较少。Bhide（1991）提出因为当每家公司都由少数投资者所有并且投资者与公司保持长期关系时，代理问题才容易被解决，所以大型流动股市是很难建立的，而且美国和类似国家的流动股市之

所以能建立起来，是因为公共政策有意识地提高其流动性。⁴

期货市场之所以能得以建立，是因为出现于19世纪中期的一个想法。它指出，商品交易所可以要求建立保证金账户，并对合约进行每日结算来确保交易表现，并且商品交易所可以雇仲裁人来对交易商品的质量做出客观判断。这种发明第一次实现了标准商品的价格发现功能；这创造了流动性。

在过去几十年间，发明创造新市场的例子屡见不鲜。金融期货市场的建立需要付诸创新性实践；而这在1972年芝加哥商品交易所（Chicago Mercantile Exchange，CME）开展货币期货交易时得以实现。1973年，芝加哥期权交易所（Chicago Board Options Exchange，CBOE）成立之初，期权交易的想法作为一种发明，第一次被应用到实践中。现金结算合约的想法是另一种发明，这种合约的价值取决于结算流程的适当规范。1981年，在芝加哥商品交易所的欧洲美元期货为第一份现金结算期货合约。现金结算是一项非常重要的创新，因为现金结算使交易合约可以以理论指数为标的，而不再只局限于可交收的商品。1982年，在堪萨斯城交易所（Kansas City Board of Trade）出现了价值线指数期货合约（Value Line Index futures contract），第一个指数期货市场由此建立。

这些发明自此在世界范围内得到应用。各种创新的出现不仅仅是因为美国经济条件的变化促进了创新的应用。在这些创新首次引进世界各国后，相应的市场得到了迅速的发展。如果有人用经济理论去解释为什么这些市场在几十年前不存在，那么他就想错了；之前没有这些市场的原因显然是当时它们还没有被发明（或证实）出来。

市场经济的运行期待着新发明的出现。我们可以发明更有效管理风险的市场，发明相关零售机构来让个人充分利用从而规避风险。

市场是历史的偶然

市场的发展不是匀速推进的。当然，所有创新性活动都是间断性开展的。但是由于市场是社会现象，新市场的建立速度尤其不均匀；社会、法律、制度环境可以促进市场繁荣，也可以阻碍其发展，甚至消除和逆转已有市场。

在高流动性的私人风险市场上，个人公司的利润所有权和政府债券是最受重视的，而与经济上更有用的指数挂钩的证券不受关注，从某种重要意义上来说，这是历史的偶然。其偶然性在于，市场创设的初衷就是为了让企业家和政府筹集资金，并允许投资者在必要时从投资中套现。然而事实上，如果市场中交易的是特定的风险，而非价格对市场上大多数人没有意义的工具，市场能够更好地发挥价格发现和对冲风险的功能。一家公司的每股价格中所包含的信息可能只是限定于该公司的，无法简单推广应用于其他公司。

为什么大型流动市场上交易的风险是单个公司的风险，而不是与重要行业相关的风险呢？起初，这两者几乎是等同的。观察美国世纪之交时的公司列表可知，大多数公司生产单一产品。但是不久之后，公司的行业定位就开始变得模糊。在 20 世纪 20 年代的公司兼并运动中，垂直一体化的浪潮轰轰烈烈地开展，各行业与其上游供应商或下游零售商合并。在 60 年代的公司兼并运动中，大型集团开始出现，每家大公司拥有的各类产品看上去毫无关联。这些运动的结果是股市所提供的价格发现功能不再具有明确的含义，其他人考虑进行投资时，无法从中获取关于风险的清晰信息。

1982 年，股指期货开始交易，这也是一个历史的偶然事件；正是 1981 年美国商品期货交易委员会（US Commodity Futures Trading Commission）主席菲利普·约翰逊（Philip Johnson）和美国证券交易委员会（US Securities and Exchange Commission）主席约翰·沙德（John Shad）之间的一份协议解决了司法上的争端，这些争端阻碍了 1981 年现金结算期货的出现和 1982 年股指期货的交易。如果当时的司法争端最终把这些市场的控制权给予证券交易委员会，那么这些市场的创建可能还要延迟。

金融期货市场的建立也是历史的偶然：直到 1971 年美元从布雷顿森林体系中解放出来，实现价值脱钩，货币期货才开始出现。我们是幸运的，美国的制度环境允许这样的实验。第一个金融期货市场尤其重要，它为之后的发展树立了范例。

历史的偶然性扮演着重要的角色，它决定了我们现在所拥有的期货市场的种类，一些创新性合约的失败有时候仅仅是因为无关因素。

很多事实证明，美国建立消费者价格指数（consumer price index，CPI）期货市场的实验是失败的。该市场是基于 CPI 的现金结算期货市场，允许人们通过用 CPI 打赌来规避通货膨胀的风险，这一想法是由 Lovell 和 Vogel（1973）提出的，并受到了广泛的赞誉；消费者价格指数期货市场的确是非常重要的，它可以实现名义价格合约（比如债务合约）向实际价格合约的转换。[5] 虽然这样的市场具有潜在的革新意义，但部分由于监管拖延，直至 1985 年这个市场才被最终创立，但在那时通货膨胀的不确定性几乎已消失殆尽。若该市场创立已久，流动性充裕，即使波动性很低，CPI 期货合约也或可存续。但在本身流动性尚且不足的市场中，波动性的下降会导致合约终止交易〔参见 Horrigan（1987）〕。

CPI 期货市场只有少数几次较为活跃，如 1985 年和 1986 年早期。该市场建立于 1985 年 6 月 28 日；当年共交易了 1 324 份合约。然而至当年年底，这种合约已然濒死：在大多数交易日合约交易量为 0。1986 年 1 月 21 日，交易量突然上升，当日共交易了 189 份合约。在此后的一个月内，合约交易量基本维持在日均 100～300 份，随后交易量逐渐减少，至 1986 年 6 月再次归零。市场再也没有复苏过来：1986 年的总交易量是 8 776 份合约，1987 年是 2 份，1988 年是 0 份。在 1986 年 1 月 21 日，是什么催生了这波交易，而为何它又匆匆收场呢？我们永远无法准确判断是什么原因导致人们交易，但是值得注意的是，在 1986 年 1 月 21 日，新闻媒体报道的头条是油价跌到每桶 20 美元以下，一天内下跌 2 美元，为六年来的最低价。在接下来的一个月里，油价继续暴跌。由于 CPI 被认为很大程度上受到油价的影响，所以石油市场的活动很有可能激发了 CPI 期货市场的交易兴趣。在1986年1月21日后的一个月间，CPI期货价格中所隐含的通货膨胀率稳步下降，这反映了油价的下跌。因此，正是通货膨胀的不确定性增加突然引发了对CPI期货合约的兴趣；此后，油价的稳定阻止了对合约的进一步兴趣的发展。CPI期货合约的失败看上去确实是历史的偶然事件，它之所以会发生，是因为该合约创立于价格稳定的时期，此后只短暂地受到了油价冲击的影响。[6]

巴西曾经出现过一个CPI期货市场，而且成功运行了几年。这个期货市场启动于1987年，从技术上说这是一个基于政府债务支付的期货市场，但由于这项支付款与每月的CPI挂钩，所以这个市场实际上是CPI期货市场。[7]巴西政府最终关闭了市场，它害怕任何形式的指数化会让价格水平更加不平稳。这个市场的关闭也可以看作一个历史的偶然事件，当时流行的一个理论认为这样的合约会导致通货膨胀，这导致了该市场的关闭；如果当时有另一个政府掌权，那么这个期货合约可能就不会被叫停。

在Miller（1989）和Gemmill（1990）的提议下，1991年伦敦期货期权交易所（London Futures and Options Exchange）试图建立房地产期货市场。市场上既有商用房地产期货合约，又有住宅房地产期货合约。[8]商用房地产期货合约的结算基于评估价值指数，住宅房地产期货合约的结算则基于从住宅实际售价中推导出的特征价格指数（hedonic price index）。遗憾的是，该合约只交易了短短5个月（当年5～10月）即被叫停。该合约成交量持续低迷，且交易所还被质疑试图通过虚假交易来营造交投活跃的假象。[9]据报道，所公布的交易中只有7%是真实发生的。当造假行为被报道后，市场被关闭；交易所的职员辞职。

伦敦期货期权交易所是一家很小的交易所，除了举办一些学术讲座和邮寄手册外，它没有资源去发动一次重大的公共教育运动。它没有为其最佳潜在客户寻求并发展该市场的具体用途。交易所没能为可利用该期货市场的新型零售机构铺平道路；市场上不存在上述风险管理机构；市场上没有首付已投保房地产价格下跌险的住房抵押贷款，也不存在房屋价值保险。

伦敦期货期权交易所推出房地产期货合约的时候，英国房价正处于缓慢平稳下降中，同时房屋周转率也很低。因为价格下降会激励多头持有者来对冲风险，当时或许是启动该市场的理想时机。但是伦敦房地产市场几乎没有高涨的情绪反应，市场也几乎没有采取相应的行动，这一事实也未能促进房地产期货市场的发展。

对伦敦期货期权交易所而言，最大的事故可能就是其管理层被控试图通过虚假交易来促进合约发展，这导致了该期货合约的早夭。该期货合约交易时期太短，还不足以让市场来好好试一试。由于在该市场启动阶段，配套的公共教育不足，因此人们需要更多时间适应市场，而且他们认为自己还有时间。期货合约有时候确实起步较慢，此类高度创新型的合约更是如此。

历史的偶然性在决定我们所拥有的市场种类上发挥着主要作用，相关证据表明坚持不懈的努力能够成功改变市场，这可能不是一蹴而就的，但它终将实现。如果我们理解意外事件在市场发展中的作用，我们就能像本书所设想的那样在市场中做出基础性的改变。对于我们应该要有的市场种类，我们现在应有更清晰的规划，彻底摆脱旧日遗迹，努力建立一个能更大程度实现理性风险管理的市场体系。

第二章
心理障碍

对于本书中所提议的新市场，公众在其中的交易意愿可能会很低。这是由于存在某些心理障碍，使得公众认识不到风险管理的可能益处。期货和期权领域的人经常会出现这样的反应，是因为他们已经见过很多创新合约失败的案例。人们通常认为，只有当所交易的商品或证券市场中有想要对冲存货风险的专业交易商时，期货市场才能成功；对于国民收入和本书所描述的一些其他期货市场来说，这样的交易商是缺位的。据此，我们可以断言，普通公众不会愿意在这样的期货市场上进行直接交易。如果他们不愿意交易的理由是没有认识到风险管理的好处，那么风险管理服务的零售商也很难通过改变合约的形式来引起他们交易的兴趣。

然而，公众——包括个人和公司——确实会使用一些风险管理服务，其中值得注意的就是保险服务。在把风险管理保单销售给公众这件事上，保险业非但没有折戟，反而取得了相当的成绩。

个人购买人寿保险是相当普遍的。根据《人寿保险实录》（*Life*

Insurance Fact Book),1984年81%的美国家庭购买了人寿保险。人们也普遍重视健康险。但是其他种类保险的购买就不常见了。在1984年,只有22%的工人投保了长期残障险(Cox et al., 1991)。从逻辑上讲,人们没有理由忽略残障险。对于工作人群来说,残障的发生概率要远高于死亡,虽然大多数残障最终都可治愈。残障所带来的经济损失要比死亡大得多,其后果也往往更为灾难性。若工人出现长期残障,家庭不仅会损失收入,而且要承担照顾伤残的成本。但是对保险公司来说,对死亡的恐惧比对残疾的恐慌更有销售价值。

Kunreuther(1977)说到过在某些险种的销售上,保险业遇到了极大的困难,例如向洪泛平原上的房产主销售洪水险,或是向居住在地质断裂带上的人们出售地震险。这些保险的好处不言自明,况且还有政府补助,但在销售上依然十分困难。大多数农民并不会进行直接期货交易或是利用其他零售风险管理产品来规避粮食售价的风险(更多内容见第五章)。

本书所提倡的宏观市场是更接近市场完备的人寿保险市场呢,还是更像残疾险、洪水险或农民的风险对冲市场呢?为了回答这个问题,我们需要求助于有关保险需求的心理学文献。

心理学和风险认知

遗憾的是,决策理论家的研究并没有对人们如何做有关风险和保险的决策给出准确的理论解释。在一些有关选择偏误和道德风险的条件限制下,现代经济学理论的经典范式——传统期望效用最大化理论得出的结论是:人们会保障所有的风险。这与现实情况显然并非完全吻合。但除此之外,尚不存在被广泛接受的替代理论。

至少对于应用经济学的研究者来说,期望效用理论最重要的替代者是 Kahneman 和 Tversky(1979)提出的前景理论(prospect theory)。但是这个理论拥有大量随环境变化的参数,对本书所提倡的保险机制无法给出明确的预测。

前景理论中关于损失的设定中有一个特性,Kahneman 和 Tversky(1979)称其为"面对损失时的偏好风险"。人们在衡量正收益的选择时是风险规避的,但他们在衡量正损失的选择时被设定为是风险偏好的(从某种意义上来说)。Kahneman 和 Tversky(1979)下此断言是基于实验中人们的回答,被试者被要求从各种损失组合中进行选择。例如,他们问实验对象更喜欢以下哪个选项:确定的 3 000 美元的损失还是以 80% 的概率发生的 4 000 美元的损失。92% 的实验对象更喜欢以 80% 的概率发生的 4 000 美元的损失,尽管该选项意味着更高的期望损失(3 200 美元)。(这与正收益情形下的结果相反:当被要求在 3 000 美元的确定收益和 4 000 美元的 80% 概率收益中做选择时,80% 的被试者选择了确定收益。)这种面对损失时的风险偏好行为或许可以解释为什么人们有时候不愿意购买保险。遗憾的是,这一理论又走过了头,它据此预测:保险生意是做不成的,因为没人愿意为保险支付超过或等于期望损失的数额。

但由于在该理论中损失的构成因素定义模糊,所以前景理论的这一反事实推论并不是绝对的。[1] 心理学家所说的"框架"（framing）是行为的一个重要决定因素，也就是实验或环境所暗示的内容或参照物。如果实验对象考虑的情境是财富决策，而非收入决策，结果就会有所不同。前者的参照点是他们当前的财富值，而后者是零。在财富决策框架下，上述关于损失的选择会被视为正收益抉择：实验对象的财富是以100％的概率减去3 000美元，还是以80％的概率减去4 000美元和以20％的概率保持当前水平不变。既然他们面对正收益时是风险规避的，他们就会愿意支付足够多的保费，从而让保险公司赚取利润［参见 Camerer 和 Kunreuther（1989）］。

因为前景理论不包含关于"框架"的理论，所以它在预测人们愿意购买的保险种类上并不可靠。事实上，关于不确定性决策的文献最重要的一个结论可能不是前景理论，而是对"框架"的巨大重要性的认识。Kahneman 和 Tversky 以及其他研究者发现，仅仅通过改变问题的用语，不改变所选项的实质，实验结果就会大有改变。即使一些显然无关紧要的细节，如题中用"损失"还是"收益"，都会对答案产生重要影响。实验研究表明，如果我们将确定性的损失称为保费的话，人们就不再偏好概率性的大损失，会转而选择购买保险［参见 Fischhoff 等（1980）］。

人际交谈可以改变"框架"；在关于保险需求的文献中，所做的实验不允许实验对象向专家进行咨询或翻阅有关消费者报道的文章。与实验环境不同的是，是否要保障个人重要收入，这是一项深刻与重大的决定；想必会有大量的相关公众讨论，因此相较于实验，实际个人行为很有可能会达到更高的理性标准。

信息不足与不确定性

上面所引用的实验证据是在人们被准确告知相关概率的情境下产生的。事实上，人们在购买保险时，通常不知道相关概率，也不能确定自己为保险支付的钱是多了还是少了。这或许能够解释为什么人们会明显地超付航空飞行保险（Eisner and Strotz，1961）。他们想象中的事故概率要远高于实际概率。

问题可能不仅仅是投保人的概率知识匮乏；从根本上说，这类概率的客观证据可能就是不足的，这被称为真实不确定性（Knight，1921）或模糊性（Ellsberg，1961）。人们面对这些不确定性时的行为特征是很难用模型刻画的。[2]

Einhorn 和 Hogarth（1986）假设人们对不确定性存在一种直觉反应，他们会寻找相关概率的类比或暗示，并对此过度反应；Einhorn 和 Hogarth 把这种暗示称为锚（anchor），人们会通过考虑锚附近的数值来想象概率的其他可能取值。这种思维过程的结果是一个直觉性的修正概率；最终的结果取决于最初的锚，而不同的人所设定的锚可能会大相径庭。当保险公司所评估的概率低于顾客内心预期时，保险就得以售出。在 Camerer 和 Kunreuther（1989）构建的保险市场实验中，个人和保险公司的角色都由实验对象扮演，实验发现锚的不同会对保费和销售量产生影响。

当出现有关概率的根本性的模糊时，其他心理倾向会影响决策行为。潜在损失的生动性会起到与概率评估一样重要的作用。这种生动性受过去经历的影响，会将人们的注意力聚焦于成本。它也会受环境或想法的影响，这些想法可以提高人们对损失的警惕。Kunreuther（1977）发现购买洪水险或地震险的决策与教育和收入水平关系不大，但是那些选择购买保险的人往往是曾有个人受灾经历的，即使受灾时他们住在另一个社区，那里发生洪水或地震的概率与当前居住地完全不同。相比于任何客观的概率，购买飞行险的决策与想象和潜在风险的生动性的关系更大。因此，人们对收入下降或财产贬值的预期的生动性是很难预测的；这与时间和环境息息相关。

公司对保险的需求

相比预测个人需求来说，预测公司和其他组织的保险需求似乎更为容易。组织往往是由专业人士运营的，他们会花时间和精力去做决策，因此不太可能因为环境或其他心理因素而表现出不一致的行为。

事实上，期货市场主要为企业、公司和合伙组织所用，而非个人。公司作为这些市场上的买卖方是很重要的，因为只有这些组织里的专业人士才能理解和合理运用这些市场。专业人士有时间和动机去仔细考虑这些风险。考虑到个人有限的认知能力及有限的计算时间，心理学家和经济学家记录的很多明显偏离期望效用最大化预测的非理性个人行为，其成因可能是进行准确计算的成本（March，1978；Slovic and Lichtenstein，1983）。

另外，公司在期货市场上如此重要是很奇怪的。有些经济模型表明，理性的公司不会购买任何保险或对冲任何风险。公司风险由股权人和债权人来分担，他们可以自行在金融市场上分散风险。根据这一观点，投资者可以通过持有分散化的股票组合来规避公司的异质性风险。

公司选择保险的原因与"公司团队、制度和资产的特定价值"有关（De Alessi，1987）。每个公司目前所形成的价值都可能受到破产威胁。当雇员意识到自己与一家欣欣向荣的公司相联系时，雇员对公司的忠诚度、参与团队的意愿和对公司人力资源的自我投资都会增强。这种公司特定的资本非常重要。很少有公司会因为某一个特定的即将终止的项目而成立，这一事实也证明了公司特定资本的重要性。公司选择保险的理由，从根本上说一定与公司的存续性相关。

公司内部的专家的存在对个人利用风险管理服务管理个人风险可能也有所裨益，因为此类决定往往是公司人员集体决策的结果。

社会心理因素

社会心理学家很早就认识到，困难的或是模糊的决策容易受到社会群体观念的影响。在个人决策中，同龄人的观点通常比专家或媒体的逻辑论证更为重要（McGuire，1969）。

人们在做困难决定时向他人看齐的倾向是具有理性成分的；人们意识到别人通常会知道一些事，在游移不定时模仿他人或许是明智的。社会运动的起源可能是由于人们存在错误印象，认为其他人参与运动是理由充足的，这种情况也构成了理性均衡。这种社会运动被称为信息串联（information cascades），参见 Bikhchandani 等

(1990)和 Welch（1990）。

Kunreuther（1977）发现，在他所研究的关于洪水险和地震险的人中，是否认识已购买了保险的人与自己购买保险的决定明显正相关。从 20 世纪五六十年代的问卷调查中，Katona（1975）发现个人是否有已持有股票的亲戚朋友，可以有力预测其自身是否持有公司股票。Katona 用术语"社会学习"（social learning）来表示人群内部交换信息且加强彼此对信息的解读的过程。社会学习需要时间；其持续与否难以预料；社会关注可能会也可能不会聚焦于这些事情。

社会运动中通常有意见领袖，他们是有影响力的人，能做到让自己的观点为大多数人所知，为社会学习提供了激励因素。也正因此，在小群体中测试产品销售效果，通常难以成功预测市场需求；小范围的销售测试无法模拟大群体的内部互动，而正是这种互动最终决定了产品命运。例如，可口可乐新配方的销售测试结果颇为乐观，但该产品进入整体市场后却遭遇惨败。

因为社会学习的过程难以预测，所以除了祈祷社会运动能让市场提供的风险管理深入人心从而产生需求外，没有其他办法能一举在全国范围内启动新市场。

赌博行为

为了理解对冲风险的心理障碍，一个需要考虑的重要因素是有些人存在在期望收益为零的情况下，单纯博得风险的倾向，即赌博倾向。由于存在赌博冲动，我们看到除了为规避风险和提供保险而存在的机构之外，也存在另外一些为制造风险而生的机构。更有甚者，有些人还会利用对冲工具来创造风险。

对赌博的兴趣是普遍存在的，对于有些人来说甚至到了病态的程度。根据 1974 年的一项研究（Kallick et al.，1975），美国 61% 的成年人在那一年参与了某种赌博，1.1% 的男性和 0.5% 的女性很可能是强迫性赌徒。强迫性赌博是一种上瘾行为，会给个人命运和其财富积累带来灾难性后果。强迫性赌徒和边缘强迫性赌徒很可能被投机市场所吸引，而且他们的行为对市场也会产生影响。心理学家表明"控制错觉"是人性的普遍弱点，人们倾向于相信自我判断，相信自己会有好运气（Weinstein，1989a；1989b）。这种倾向可以解释金融市场的波动性。

因为赌博某种程度上是一种娱乐形式，且只服务于特定人群的特定风险，赌博本身不可能是大多数风险管理产品合理运行的主要障碍。但是赌博的动机被视为比娱乐形式更重要：隐藏在企业家精神的背后，是商界激励精神的组成部分，因而推动了大多数决策的完成。即使如此，在这种精神背后仍然是想要管控大多数风险，通过参与游戏来获得胜利，不想任凭运气决定大多数结果。对赌博行为的研究强调大多数赌徒具有活动偏好，他们喜欢熟悉的、自认为可以控制并精通的活动，这意味着他们并不是单纯地碰运气。因此，高度投机的投资者可能也是风险管理产品最热衷的使用者。受赌博动机驱使的投机者如果觉得某只股票将会表现很好，想要碰碰运气，那么可能同时会选择做空整体股市来对冲这只股票的市场风险。

有潜在可能获得大量收益的风险会唤醒和激活人类的本能倾向，

这很可能是有利的，是利于人类长期生存的自然演化的结果。这种倾向在有些情况下会引起生活的混乱和无序；它也可能部分造成了投机市场的波动。但是冒险的基本冲动是如此根深蒂固，是我们的智力中如此不可或缺的一个部分，以至于很难明确怎样的政策才能够在不过分违背人类天性的前提下，减轻这种无序所造成的损失。

我们应该注意到，对于风险规避者暂时缺乏兴趣的投机性市场，如期货市场，赌博动机可能为其存续提供了一线生机。但是仅靠赌博动机是无法长期支撑一个期货市场的。这是有道理的，因为如果一个期货市场仅仅依靠它对赌徒的吸引而存在，那么这个市场需要与其他吸引赌徒的赌博形式相互竞争。赌博行为不是纯粹的冒险行为；赌徒不仅仅想要冒险，他们也想要参与一场吸引他们的游戏。目前的法律阻止了期货市场吸引赌徒，所以赌徒在这些市场上只是次要的也就不足为奇了。

投机行为

投机行为的定义是企图从价格变化的主观预测中获利的冒险行为；想要靠碰运气实现低买高卖。投机行为不一定是赌博行为；投机者不一定是被风险本身或玩游戏的感觉所吸引。投机行为通常可以辅助确保价格反映了基本面价值。例如，如果在种植时期某农产品的期货价格异常低迷，那么农民大量种植该粮食的积极性可能就会受挫。其结果是该粮食的产量不足，因此当该粮食成熟收获时，供给较少而价格高昂。如果投机者意识到在种植期间农产品价格只是暂时性偏低，且愿意承担风险来赌一把未来其价格会上升，他们就会进入期货市场买入合约，推高期货价格。因此，投机者避免了低供应、高价格的情形的出现。投机者在市场中获得的利润可以视作搜集信息并将其提供给市场的补偿。[3]

但是投机市场也表现出高度的波动性，这似乎源于破坏稳定的投机行为，例如非理性泡沫的出现。非理性投机泡沫的定义是由一种恶性循环所引起的持续性价格增长：当很多人认为价格会上升时，他们的需求会导致价格进一步增长。每一轮价格上升都会吸引更多投资者的兴趣，因而催生新一轮价格上升。这个过程不可能永远持续：最终，泡沫一定会破裂，价格会急剧下降；正因如此，泡沫是非理性的。在这个泡沫的故事中，存在序列相关式的价格增长，进而突然暴跌。事实上这个故事是非常特殊的，在现实中，投机市场的价格一般不会呈现出这种时间模式，至少不会非常一致。然而，虽然现实更加复杂，但是这个故事已经可以揭示其重要实质。[4]

投机泡沫的典型故事只包含人们对价格变化的反应。但是事实上，投机价格波动也包含人与人之间的交流和投资者对彼此行为的直接反应；时尚和风潮是存在的。在有关价格的信息非常不完全且具有滞后性的房地产市场中，投机式价格增长也同样存在。在各种各样的社会运动中，完全不存在可观测的价格。因为，最准确的理解可能是，把投机价格变化看作社会心理学家所研究的广义社会行为的一种表现形式。

这种大众行为由于是由社会运动产生的，因此会引发相关风险——风险在资产之间存在关联，因此不能被完全分散。保险公司处理的是完全异质性的风险，如个人死亡或房屋火灾，其关联性很低，只需售出代表世界经济极小部分的保单，保险公司就可以完全消除自身风险。就人寿保险而言，只要销售几千份保单，公司自身承担的风险就几乎已经被完全分散，虽然几千份保险也不过是世界经济的极小部分。但是若风险之间存在相互关联，情形就有所不同了：不能再通过持有多份保单来抵消每份保单的异质性风险，保险公司只能进行风险分担安排来统一处理这些风险，比如在对冲市场上将这部分风险对冲掉。人们对不稳定性投机行为的倾向与其说是建立宏观市场的障碍，不如说是建立市场的理由。创造流动市场可以使人们通过对冲来规避被不稳定性投机所伤的风险。

当前金融市场所表现出来的过度波动性（LeRoy and Porter, 1981; Shiller, 1981; 1989）可能很大程度上是不稳定性投机行为造成的。支持不稳定性投机行为很重要的证据包括：失败者股票（过去几年价格明显下跌的股票）收益率高于平均值，胜利者股票（过去几年价格增长不少的股票）收益率低于平均值（DeBondt and Thaler, 1985）；同期内，收益率方差的增长缓于收益率增速（Poterba and Summers, 1988）；价格高于基本面的股票后续收益率偏低，价格低于基本面的股票后续收益率偏高（Fama and French, 1988a; 1988b; 1992）。

这些投机行为所导致的价格变化是建立主要新型对冲市场的隐忧。问题不仅是市场能否成功建立，还在于市场能否对社会有利。我们将在第三章和第九章对不稳定性投机行为的重要性展开进一步讨论。

促进宏观市场的合理公共使用

公司（如保险公司）可以发行风险管理产品，转而在宏观市场上对冲因发行产品而面临的风险。但这类风险管理产品的成功与否，取决于产品是否有合理的设计与配套的公共教育。若公共教育活动使人们熟悉风险管理工具的对冲价值，而非其赌博属性，或是这些产品的设计能够有效地吸引并服务于客户，那么风险管理工具的销售就更有可能取得成功。

如果零售公司利用社会关系进行产品供应，从而使上述社会心理因素发挥作用，公共教育就更易于实行。当收入保险以员工福利的形式供给，相比于保险推销员直接向个人销售的方式，相应工作场所内的社会环境会让员工更懂得欣赏保险的价值。当有利于员工的保险由公司或工会作为协议的一部分提出时，这种情况下的保单会被仔细研究。在这样的社会关系中，风险管理的好处会更受关注，同龄人之间的讨论也会更多，或许还会有意见领袖推动大家接受保险。

为了让风险管理产品能被大家接受，零售公司可以使用的另一个策略是把产品与其他已被普遍接受的风险管理工具相结合。这样可以显示出已被广泛使用的风险管理产品与新产品之间的相似性，增强人们对新产品的熟悉感。例如，正如之前章节所讨论的，房价险可以作为同一房屋的火灾险、洪水险和其他保险的一部分引入。如果房价险出现在房屋所有者保险申请单的选项之中，其吸引力也会有所增加。有关保险的决定需要专业保险顾问的建议，他们也可以帮忙做出购买房价险的决定。如今抵押贷款保险与住房抵押贷款相关联,但这可以被更全面的保险所取代,保障首付以对抗房地产市场可能出现的负面趋势;同样地,在申请房贷时,房屋所有者就有可能选择购买这样的保险。此外,当首付得到保障免于受到房价下降冲击时,违约风险也会有所降低,这对抵押贷款提供商也是有好处的;这样一来,贷款提供商或许也能收取更低的抵押贷款利率,从而提高这项首付保险政策的吸引力。

把新的风险管理产品包括在其他合约中也会由于附加物效应而提高人们的接受度:当某人决定要购买时,他可能也会愿意购买其他被视为所购买产品的附加物的产品。基于前景理论所假设的面对损失时的风险偏好行为,Thaler(1991)提出的心理账户理论(theory of mental accounting)认为,销售员会把收益分开而把损失合并;这意味着他们会跟顾客分别描述附加物的优点,而将其价格合并于总价中,不予单独提及。

根据心理学家 Tversky 和 Kahneman(1981,p. 456)的理论,"当保险被介绍为可以消除风险,而不是减少风险时,它看起来会更有吸引力"。因此,在迎合个人需求制定产品时,零售商的可行方法之一是提供一种本质上消除了某些风险的保险(在客户所采纳的"框架"下)。当然,没有保险能减少人们面对的所有风险;但是人们表现出将风险分区的心理倾向,若了解了这种倾向,供应者可以设计出一种可消除某一类风险的保险,比如规避整个农场价值波动风险的保险(第五章会讨论),而不是只针对该农场某种粮食的某季收成价格的保险。

如果有保险可规避工资率下降的风险,只要其针对的行业和地区范围足够小,这样的保险实际上就可视作消除了风险。这样一来,个人很有可能对这种保险产生兴趣。

心理障碍:总结

上述一些心理障碍似乎否定了我们建立最重要的新风险市场的努力。正如本章开头所记录的,最令人沮丧的事实是人们通常不会购买很多风险管理产品,而且期货市场所覆盖的商品范围还很窄。

但是我们所要强调的是,宏观市场将要对冲的是对个人和许多组织来说最重要的经济风险;每个人都一定程度上暴露于宏观风险之中。人们和组织在承担这种风险时所做的决定,可能与心理学家的实验发现大相径庭,亦不同于个人在面对保险销售员的奋力推销时的选择。有许多心理学理论试图解释为什么很多人不买保险,但是对于人们在面临重要制度变革时是否依然如此,这些理论的说服力非常有限。

当然,你可以合理质疑本章所述应对新风险管理产品心理障碍的方法的有效性。但是,我们不要太过悲观。如上所述,公众对任何新市场的兴趣都是以社会运动的形式发展的;而这样的社会运动的前景本身就是难以预料的。它们可能像新发明一样一蹴而就。似乎没有人曾经想要推动这样的重大社会运动,来规避大部分主要收入风险。既然规避此类风险是有意义的,我们不妨假设当人们足够重视和关注这件事时,使用这类产品的心理障碍将会消失。

第三章
对冲长期收入的机制

大多数人的收入是跨越数年的长期收入流；对他们而言，所需的最重要的保险即为对这个收入流的保险。我们已经提到过，传统的保险机制并不提供针对这个最重要的收入流的保障。本章会提出使其成为可能的工具。

值得重视的是，大多数人感兴趣的是对冲收入流索取权的风险，而不是下个月或明年的收入风险。这意味着，任何允许对冲者保护自己免受关于未来收入的不利信息影响的市场，一定是关于收入流现值（资本价值）的市场，而非关于收入本身的常规期货或期权市场。[1]

在当今世界上，大多数期货和期权市场是为资产价值定价的，而不是为合约期满时的收入流索取权定价。如今有许多股指期货和期权市场，但世界上还没有期货或期权市场的标的是股指组合在最终结算日的累积股息；如果这种市场有利可图，交易所早就创建这样的市场了。虽然我们不能排除有些人想要交易标的为股息指数的下一期价值的传统期货或期权合约,但是看上去人们更关心对冲投资项目价值的风险,这一价值把有关无限期未来股息的信息都纳入其中。出于同样的原因,相比于下期收入,个人对规避终身收入风险更感兴趣;相比于下期租金收入,他们更乐于规避房屋价值风险。

正如第一章所述,任何能有效提供这样保障的保险机制都自然地会对关于未来——甚至是很遥远的未来——收入的新信息做出反应,提高或降低其现值。如果一份保单承诺在未来支付个人收入的差额,那么当有关个人未来收入的信息到来时,这个保险的价值会不可避免地发生变化。只要个人没有与这个保险锁定,那么个人必然会在面对关于未来收入的新信息时获得资本损益。人们不愿意与一个现有的保险锁定:他们想要根据环境变化增加或减少他们的保险,或者改变保险的性质;所以他们希望能够卖出自己的保单并购买不同的保险。这样的买卖一定会反映出资本损益。

任何保障收入流免于负面事件影响的保险,其价值必然会表现出明显的逐日变动。这些变化很可能无法归因于任何含义客观可证的消息。关于消息的重要性将不可避免地出现争议,也很难对即将出现的消息性质进行预测;这诠释了创造有效保险以对抗坏消息的困难性。所以,人们需要的是一个针对收入流索取权的市场。这样的话,通过在市场上卖空相应的收入流,保险就能实现规避收入负面变化的风险;通过在市场上持有相应的多头,投资就可以分散这些收入流索取权的风险。关于信息重要性的争议会在市场中得到解决。个人只要买卖这些保险,其银行账户就会对这些信息做出相应反应。保险将会具有投机资产的特征。创建针对收入流的保险机制就自然地会市场化这些收入，创造出收入的市场现值。

在关于收入流的信息如此难以理解的情况下，我们要如何创建这样的市场呢？我们考虑了两种方法。一种方法是创建一类衍生品市场，以其他（相对流动性更差）针对同样收入流的市场中的可观察的价格指数为标的。住房的流动市场可以按这种方式建立起来；对此我们之后会展开讨论。这种对负面信息的保险方法类似于火灾险。火灾险的收入流是房产租金流（或者估算租金），最大的保险额则是从其他同类房产售价中推导出的这笔租金流的现值。另一种方法是创建永久或至少是长期收入流索取权的市场，不利用其他市场的价格信息。收入流可以是统计学家理论构建的结果，不基于任何可交易资产的分红。国民收入的流动市场可以通过这种方式建立，在本章及之后的章节中我们会对此进行讨论。

基于现货市场资产价格的结算

期货、期权、互换和其他合约都可以促进未来收入价值的风险规避，这些合约可以以衍生品市场的形式创建，其结算基于现货市场价格（标的资产已有交易的市场中的价格），只要相应的现货市场价格可以观测。要设计这样的合约，我们所面临的问题是如何客观观测这些价格。在这一部分，我会讨论以评估价值或资产交易价格指数为结算基础的合约。这部分内容是第六章到第八章所讨论的问题的简单介绍，即用于合约结算的价格指数理论。

如果现货市场的流动性很强，那么创建这样的合约是很容易的；但我们面临的是低流动性的现货市场：在这些市场中，所交易资产的异质性难以量化，资产交易频率很低。期货和期权交易所已经建立了很多衍生于流动市场的合约；为真正向前推进，我们须以此为开端来拓展。

期货市场最初用来解决现货市场商品质量度量问题的办法是结算时的实物交割：期货合约规定，至结算日还未平仓的空头需要在特定地点交割特定数量的商品给多头。为什么实物交割相比于基于价格指数的现金交割更有益处呢？在现货市场中，在有些交易日有相当多的高质量商品被交易，而有些时候高质量商品的成交量又很低。因此，即使任一品级的商品价格固定，由于不同品级商品的成交占比可能有所区别，现货市场每日均价也可能发生变化。在这种情况下，基于现货市场价格指数的现金结算是不可取的。否则，对于对冲者来说，期货合约并未减少风险，反而引入了额外的风险。在实物交割的情况下，合约中可规定所交易物品的质量；交割地的专家可以对交割的商品质量进行研究与测试。如果交易商品的数量很少，那么高昂的质量检测和评估费用在承受范围内，而这在现货市场是无法以低廉的成本实现的（Garbade and Silber，1983）。

但是结算时的实物交割并没有完全解决评估成本的问题。由于评估的成本（包括交割成本）的存在，期货合约还不能允许空头交割一揽子代表性的商品，现在它们只交割单一商品。合约也不要求空头在一系列代表性的地点完成交易，现在它们只在一个地点交易。

因此，所交割商品的价值不能代表该种商品的一般市场情况。如果合约选定的特定品种与特定交割地的商品，其价格路径不同于其他同类商品，那么对应的期货就无法有效对冲风险。

如果只有某一等级商品和某一个地点符合交割的条件，那么我们有充分的理由担心对于对冲者所持有的资产而言，期货价格的代表性很差。原因在于，实物交割本身可能造成合约指定商品的紧缺。所以商品交易所一般会允许空方在大量等级的商品中自行选择，并从大量可选交割地任择其一进行交割。若其选择的商品品级较差，或是交割地点不佳，则须按照事先约定支付罚金。

空头总会选择在成本最低的地点交割最便宜的那类商品。因此所交割商品的价值会是一系列合规种类和地点中对应的最小值。理论上，所有种类中的最低价格很难称得上是一个好的价格指数：最低价的确定取决于价格的尾部分布，而非整体分布。而且由于最低价类型在不同时期可能有所不同，指数价值的时间序列可能异于任何给定类型的价格路径。最低价作为指数的不合格已经被证实是一些期货合约失败的原因。Johnston 和 McConnell（1989）表明在最低价交割的债券变得非常不具代表性后，芝加哥期货交易所的政府国民抵押贷款协会债券期货市场宣告失败。

若我们明确建立一个用于期货合约现金结算的价格指数，情况会好于使用最低价。如今所用的期货合约实物交割从某种意义上说是另一个历史的偶然；它是历史遗物：此前没有统计学家能够可靠地创造出一个比最低价更好的指数。（当构建现金结算指数的数据获取成本很高或不可获取时，实物交割可能仍是有用的。)

当商品质量很难客观确定时，所交割商品价值不具代表性的问题就变得更加严重。这样的话，合约无法对交割劣等商品制定合适的惩罚，所交割商品的价值则会受到劣等商品可得性的影响。由于这个难题，现存期货市场所交易的价格与质量挂钩的商品，其质量衡量的困难程度绝不会高于中等水平。举例而言，咖啡质量量化就很困难，不过没有到无法建立高流动性的期货市场的程度。咖啡豆的质量参差不齐，而且咖啡商会销售十几种略微不同的品种。然而，基于对咖啡的主观品尝（也有客观测试），咖啡期货市场也已创立。显然，专业的咖啡品鉴者展示出了明显的判断一致性，市场参与者信任他们，并委以确立最终结算时所认可的咖啡最低质量标准的重任。

我们可能会想，能否仿照咖啡期货市场的制度，设立实物交割的房产期货合约，将房屋的最低质量交由专业评估师来判断。但由于买卖房屋的高昂成本，套利者可发挥的空间有限，很难实现现货市场和期货市场最终结算价保持一致，因此这种办法可能不太奏效。买卖成本主要反映市场价格发现的困难程度。评估师的收费虽然很高，但低于房产经纪人的佣金，这部分是因为评估师并未做出按评估价格购入房产的承诺。

对房屋做出判断不像品鉴者对一杯咖啡做出判断那样容易。对一所房屋的需求取决于非常多的因素，包括在该区域买房的人目前的房屋风格喜好、附近地区的就业机会、社区的特征、学校的特征、甚至学校的潜在未来特征。这些因素太多变了,以至于满足了房间数或楼层面积等客观约束的房屋,可能对个人来说几乎一无是处。只要所交易房屋的价格与所有房屋价格的关系保持一致,这个问题就不会太严重。但这样的关系看起来并不可靠,基于此进行期货合约的结算也是有风险的。即使过去的数据证实了这种操作的可靠性,这可能也不能作为其未来可靠性的有力证据。

作为实物交割的替代选择,现金结算可以基于房产估值的价格指数。如果估价是基于类似资产的价格,而不仅仅是贴现现金流或其他非价格指标,那么靠估值法就足以得出结算价格指数。然而如果要求估值足够谨慎,这种基于估值的指数的构建成本就会很高。出于代表性考虑,其所选用的样本必须够大。美国还没有针对大类房产的相关指数,高昂的构建成本必然也是其原因之一。在美国住宅房地产领域,基于估价的指数(比如公司选址偏好社区科威国际不动产房价指数)只参照了很少几个评估价格。而基于估价的商用房价指数,其所参照的样本并非随机选取的。美国最有名的基于估价的房价指数是 Russell/NCREIF 指数;它参照了大约 1% 的美国商业房地产。

我们假设期货合约的结算基础是价格指数,或者基于市场交易的租金,而不是评估师的判断。在房地产市场的例子中,我们可以(通过房产契约办公室)获得所有房产交易的数据,并用这些数据构建与股价指数类似的房价指数。但是我们面临一个问题——虽然这个问题也困扰着评估师,但这种方法中的该问题更加严重:同样的数据来源可以提供交易价格的数据集，但通常提供不了不同时间房产质量的丰富数据。

引用范围最广的指数是由全国房地产经纪人协会（National Association of Realtors）给出的单栋房屋的价格指数，但它也只是取了房屋售价的简单中位数，没有用到任何质量信息。他们的中位数表现出明显的季度噪声和虚假的季度性特征。大房屋或高质量房屋通常在夏季出售，而这显然导致了价格指数的伪季度性。中位数的变化反映了所售房屋规模和质量的变化。公寓没有相应公开的中位数价格，这是有一定理由的：公寓价格中位数不是一个可靠的指数。波士顿所售公寓的面积均值由1984年的831平方英尺增长到1991年的1 050平方英尺，增长了26%。房价中位数会呈现出虚假增长，它反映的是公寓面积的增大，而非实际价格的上涨。

为了构建出更好的交投不活跃资产的价格指数，我们可以使用特征价格指数或重复度量指数，或是两者的结合。这些方法的基础是，假设出售一次以上的资产的无法量化的特征在时间上是一致的。我们不能用这种方法创建咖啡价格指数，因为任何一批咖啡都不会被反复出售。但是既然我们的兴趣在于创建长期收入流索取权的市场，想必重复出售的情况并不罕见。我们会在第六、第七、第八章中讨论这种重复度量方法。

基于收入指标而非价格的结算

作为基于资产现货价格的新型市场的替代选择，我们可以基于对收入本身的观察建立新市场，而不依靠对这些收入流索取权价格的观察。这样的市场不要求存在另外的市场来为现金流现值定价。价格将直接产生于这类市场中。

本章介绍两种针对一系列总收入指数值的市场：永续索取权和永续期货市场。永续索取权可类比于股票交易中的证券，而永续期货则与期货交易中所交易的合约类似。

交易所担保的指数永续索取权市场

对于投资者（即多头持有者）来说，这里所定义的指数（比如国民收入指数）永续索取权就是一种永久按指数价值一定比例（我们可以简化为等于指数价值）支付利息的证券。例如，指数价值可以是以某一个基准年的 100 美元为标准的国民收入，那么利息则等比于所公布的国民收入。每更新一次指数价值，就会有新一轮付息。因此，月度指数对应每月分红，而季度指数对应每季度分红。与其他证券一样，投资者可以在任何时候买卖这种证券，因而既有分红又有资本利得。

要建立流动的指数（如收入指数）永续索取权市场，也并不是非要有某些机构来承诺永久支付指数价值对应的资金流。我们只需要建立一个具有清算中心的交易所，帮助人们把指数价值资金转移到投资者手上。通过每日重新结算（逐日盯市）的方法和期货交易所已使用的保证金制度，交易所可以有效地保障指数价值资金的持续流动。

在交易所担保的永续索取权市场，卖空者，即那些自由进入永续索取权合约另一方的人，会支付股息。只有卖空者支付股息，所以每个多头头寸都对应了一个空头。卖空者不需要持有与其需支付的现金流相等的收入流，也不需要实物交割。通常来说，他们也无法持有或交割这样的收入流证券，因为一般也不存在被客观界定为收益等于指数价值的其他资产；永续索取权市场的目的正是创造这样的资产。

相比于多头，卖空者被要求上交保证金（margin）来保证他们的行为。他们的保证金账户每天都记录永续索取权的价值变化，当账户余额低于维持保证金（maintenance margin）时，他们被要求增加保证金，否则就会被强制反向交易平仓，即被强制要求持有多头头寸来抵消其空头头寸。通过对保证金账户进行审慎监管，管理这些账户的证券交易所和经纪公司就能够保障指数价值的无限期支付。因此，即便在每个个人都无法保证永远支付股息的情况下，也是可以建立起永续证券市场的。支付股息的人一直在变，但是只要市场存续，股息流动就不会中断。因为这个市场中的所有头寸（多头和空头）的总净值是零，所以这个市场与期货市场很像。但是我不会这么称呼这个市场，因为这类合约在签订时的价值不是零；对于多头来说，这是一项投资。

在本书中，我将强调使用永续索取权，而非有限期工具。其原因有二。第一，永续索取权的期限不会随着时间的推移而缩短，所以我们不需要一系列不同程度接近到期日的市场。第二，更重要的是，永续索取权代表对由指数价值所表示的整个收入流的索取权，所以它们可以确定对应现金流索取权的价格，因而可以创建现金流的资产价值。一旦其资产价值被确定，在需要的时候，人们可以很容易地基于永续索取权市场中的价格来构建有限期合约。[2]

尽管应用场景有所不同，但在创建所述永续索取权市场时，本书所采用的方法脱胎于 1989 年 5—8 月在美国证券交易所和费城证券交易所交易的指数参与（index participations，IPS）所应用的方法。[3]指数参与是为了有可于交易所交易的一篮子股票组合而创建的。证券交易委员会在 1987 年股市崩盘后提议（1988 年），应创建可于交易所交易的一篮子证券，指数参与应运而生。其中的"指数"表示股价指数，而非对应的股息。指数参与的投资者所收到的股息同比于与股价指数对应投资组合的累计分红。股息通常由卖空者来支付，他们会提交 150% 的初始保证金以确保支付。创建这些合约的目的是创造另一个一篮子股票的市场，来与已经可交易一篮子股票的股指期货市场竞争。由于空头未持有相应现货资产，在指数参与是证券还是期货合约这一点上一直存在争议。因而，关于指数参与证券应归属于商品期货交易委员会监管，还是归属于证券交易委员会监管，也存在一定争议。美国证券交易委员会批准了指数参与的交易，但在美国芝加哥上诉法院判定指数参与证券的司法管辖权由商品期货交易委员会所有后，相关交易就此终止。

我把这里所建议的新证券叫做永续索取权而非指数参与，这主要是出于以下两个原因：第一，术语"指数参与"的含义已经被新合约篡改了。从 1989 年起，它不再表示空头，而代表持有按照指数支付股息的资产的基金。考虑到本书的预期应用，创建这样的基金几乎是不可能的。第二，最初美国证券交易所和费城证券交易所的指数参与是附带兑现期权的，多头可以在任何时候要求取得股指价值。当多头行权时，空头会被随机匹配来完成交易，他们会按照股指而非指数参与价格被平仓。兑现期权被放进合约中，是因为担心指数参与价格可能无法很好地跟踪股指价值；兑现期权的存在可以防止指数参与价格跌至低于股指价值。（空方没有兑现期权，是因为交易所希望指数参与被当作投资工具，因此不想让多头被兑现的可能性所困扰。）但在我们的应用场景中，几乎没有与股价指数相类似的可观察价格来作为兑现期权的基础。永续索取权市场的目标正是要创建这样一个价格。本书的应用目标与美国和费城证券交易所的应用之间的基本区别是清晰的：它们对价格发现完全不感兴趣，它们希望市场不要发现指数参与价格明显偏离于其他已有的指数价值。

在我们的股市中，卖空相对不重要，基本只占流通价值的很小部分。但就像在所有现存的期货市场中一样，卖空在这些永续索取权市场中则是非常重要的。人们没有其他方法对冲收入风险。但他们只需要卖出股票，就可以对冲股票收益的风险了。所以相比于在股市中而言，人们更有可能在这个市场中做空。

可以预见，以总收入衡量的永续索取权将会有持续的需求（多方）和供给（空方）。总收入永续索取权的多方为投资者，空方为对冲者，而空方本身也是其他永续索取权市场的投资者。举一个有关这些市场预期用途的例子，如用国民收入永续索取权市场来对冲风险。这样的市场可用于对冲个人收入风险。个人只需在自己本国永续索取权市场上卖空,他就卖出了个人收入中归属于国民收入的部分。然后,对冲者希望将做空所得投资于其他更安全的资产中,如全球收入永续索取权的投资组合。为了让收入永续索取权市场良好运作,我们需要假设对冲者将被允许那样使用卖空收益。我们接下来要讲的永续期货市场实质上就实现了这一可能。

永续期货

永续期货市场的设计目的与指数永续索取权市场一样,但是对许多人来说,在永续期货市场中进行交易可能更为便捷与有效。此外,我们可以对永续期货市场进行设计,使其价格基于与永续索取权市场不同的贴现率。购买合约的人不需要立即支付:这种合约不是关于今天资源的投资,而是在之后完成某样东西的交易。永续期货不是永续索取权市场的衍生品;它们不是关于永续索取权的期货。永续期货市场是永续索取权市场的替代选择;我们不需要先拥有永续索取权市场,就可以建立永续期货市场。事实上,我们也很有可能只建立永续期货市场。永续期货的运行同样可以由交易所通过上述针对永续索取权的每日结算和保证金机制来保障。

在永续期货市场中,每天都会有现金结算,由空头支付给多头;时间 t 的结算金额 s_t 由以下公式给出:

$$s_t = (f_t - f_{t-1}) + (d_t - r_{t-1} f_{t-1}) \quad (3.1)$$

其中,f_t 和 f_{t-1} 分别是 t 和 $t-1$ 时的永续期货价格,所以 $f_t - f_{t-1}$

是 $t-1 \sim t$ 时的资本所得，d_t 是 t 时的收入指数，r_{t-1} 是 $t-1 \sim t$ 时的替代资产的收益率。[4] 字母 d 是股息（dividend）的缩写，在这里我们用来表示收入指数，因为它可被视为永续索取权的股息。s_t 的公式也可以作为每日结算或每日调整的参考。值得注意的是，除了在公布收入指数的交易日，其他交易日的股息 d_t 都为零，因此与证券价格（比如股价）一样，永续期货价格在除息日会下降。

永续期货市场的现金结算公式（3.1）有两种可能的解读。第一种是，市场把传统期货的每日重新结算和传统期货市场中只发生在到期日的最终现金结算结合在一起。在传统的现金结算期货市场中，最终结算日之前的每一天 t 都有因期货价格变化导致的现金结算 $f_t - f_{t-1}$。在最后交易日 T，最终结算不是由期货价格变化来决定，而是由 $p_T - f_{T-1}$ 来决定，其中 p_T 是交易日 T 的现货市场价格指数。因此对于传统期货市场来说，存在两种不同的结算公式，分别用于不同时期。与此对应，在永续期货的情况下，我们可以把每日重新结算和最终现金结算看作每天都会发生。根据这种解读，第一部分 $(f_t - f_{t-1})$ 对应通常的每日重新结算，第二部分 $(d_t - r_{t-1} f_{t-1})$ 对应最终现金结算（但对于永续期货来说，这并非最终，因为合约会一直持续）。永续期货的最终现金结算部分看上去有一点不同：收入（即股息）指数取代了公式中的现货价格指数，而且 f_{t-1} 的永久收入部分 $r_{t-1} f_{t-1}$ 取代了 f_{t-1} 本身。而对结算公式（3.1）的第二种解读则将其视为两项资产的收益率之差：其一为永续索取权，在 $t-1$ 时其价格为 f_{t-1}，且它在 t 时支付股息 d_t；其二则为另一种替代资产，在 $t-1 \sim t$ 时，其收益率为

r_{t-1}。永续索取权相对于替代资产的超额收益率则为s_t。

结算公式中替代资产的运用使得这种合约与现有的期货合约看上去非常不同。但事实上，由于现有的期货合约在发起时是零价值的，它们在某种意义上也必须包含一种替代资产。通过忽略传统结算公式中的替代资产，交易所会使期货价格本身掺杂着替代资产收益。期货定价的标准教科书描述表明期货价格与现货价格不同，两者的价差受到替代资产——无风险利率——的影响（见本章附录）。历史上确实存在这样的期货合约：1993年在芝加哥商品交易所开始交易的滚动现货货币期货合约（Rolling Spot currency futures contract），其中一种利率（在这个例子中是两个国家之间的利率差）在每日重新结算中起了重要作用。该合约之所以如此设计，是为了尽可能缩小现货市场与期货市场之间的价差，以便让期货市场成为现货市场的替代品。在永续期货市场中，替代资产作为结算流程的一部分就更为重要了；从永续的时间维度来看，在结算时忽略替代资产收益会使期货价格严重偏离永续索取权价格。

由于一种收入流（被指数代表）索取权的收益与另一种资产的收益互换，所以把这些合约称为永续互换似乎更合适。然而，永续期货市场具有不同于互换市场的价格发现功能。永续期货市场所定义的价格与互换市场的相关价格不同；在替代资产的收益是流动市场所交易的某种资产的真实收益的情况下，我们认为永续期货价格代表了指数永续索取权的价格，这个价格在其他地方可能无法观察。此外，术语"互换"通常适用于对手方确定的远期合约，而非期货交易所匿名交易、由清算中心协助结算的合约。若某人参与到一个互换中，同时在另一个互换里进行反向交易，没有对应的清算机制来抵消头寸。在现有的互换市场制度下很难创建永续互换合约，因为合约双方的信贷风险不能被永久保障。

如果存在这样的永续期货市场，价格 f_t 是如何在市场中被确定的呢？这个问题的答案当然取决于结算公式（3.1）所使用的替代资产的性质。利率 r_t 可以是一个不随时间变化的固定常数（见本章附录）。然而，我一般会假设：r_t 是某高流动性、可交易资产的收益率，如短期政府债券收益率；如果可行的话，它也可以是指数化债券的名义收益率。从本章附录中可以看到，若假设替代资产存在流动市场、无交易成本，且模型允许欧拉方程分析，那么替代流动资产的收益率 r_t 并不会影响价格 f_t；价格 f_t 就是股息流为 $d_{t+1}, d_{t+2}, \cdots$ 的永续索取权的市场现值。

期货价格与永续索取权的市场价值相同的关系是稳健的，不依赖于可用欧拉方程的模型，只需假设一价定律（law of one price），即任何投资组合的价值都等于其成分的价值。[5] t 时市场对结算 s_{t+1} 的定价一定是零（不考虑交易成本），因为任何人都可以通过进入一个期货合约来得到这个结算额。所以 t 时 $f_t(1+r_t)$ 的市场价值等于 t 时 $d_{t+1}+f_{t+1}$ 的市场价值。既然 $f_t(1+r_t)$ 的市场价值一定等于 f_t，那么 f_t 一定等于 t 时 $d_{t+1}+f_{t+1}$ 的市场价值。同样的逻辑也适用于 f_{t+1}，通过递归替换，并假设当 k 趋于无穷时，t 时 f_{t+k} 的市场价值趋于零，我们可知 f_t 就是 t 时永续索取权的市场价值。

对 f_t 是永续索取权市场价值的另一理解是：支付 f_t 即可获得无限期的股息流。他可以购买一个期货合约并且投资 f_t 于替代资产中。在接下来的任一期 $t+k$（$k>0$）内，他都投资 $f_{t+k}-f_t$ 在替代资产中。由于一价定律，以及 f_{t+k} 的现值会随着 k 趋于无穷而趋于零的假设，期货价格 f_t 一定与永续索取权的价格相等。

既然替代资产的选择（只要资产具有流动性）不会影响价格，有人可能会认为选择何种替代资产都不要紧。但由于交易成本的存在，替代资产的选择并不是无关紧要的。在考虑使用哪种替代资产时，我们必须考虑市场最想与哪种收益互换其特定收入风险。一种观点认为市场最想与和消费者价格指数相联结的无风险债券互换收益，那样的话市场可以消除所有的实际风险。然而，在均衡中，并不是每个人都愿意互换以实际价格定价的无风险债券，因为其实际收益率可能相对较低。既然在均衡中不是每个人都能规避所有风险，以实际价格定价的无风险债券收益率可能就会低。

使用始终高于某些流动资产的收益率的 r_t，对提高永续期货市场的接受度可能是有所帮助的。虽然期货合约是永续的，但这样做本质上缩短了合约的久期。期限没有那么长的合约在潜在交易者看来可能就显得不那么神秘了。

归根结底，替代资产收益率 r_t 最好是总收入永续期货全球投资组合的收益率；我们会在下一章讨论这种可能性。但是这种合约的实行必须等到收入永续期货的流动全球市场建立之后。在接下来的大部分内容中，我们都假设结算公式（3.1）的变量 r_t 为传统流动资产的收益率,如无风险利率。

理性投机泡沫

因为永续索取权和永续期货的净供给都是零(每一个多头都对应一个空头),所以可能存在这样的均衡:价格持续增长,偏离基本面。具体来说,若在 f_t 的基础上加上 x_t,x_t 由 $x_t=(1+r_{t-1})x_{t-1}$ 确定,这种变化对式(3.1)中的 s_t 没有任何影响。所以即使收入流 d_t 不随时间变化,f_t 也会趋向正无穷或负无穷(取决于 x_t 的初始值是正还是负),并且不会影响结算额 s_t。这种价格路径被称为理性泡沫(rational bubble):价格偏离现值,且偏离值不断增大,但不影响超额收益(这里是结算)。[6] 在永续期货的情形下,不存在套利机会来使期货价格与现货价格保持一致,因为永续期货没有最终结算日,不能将期货价格和现货价格在某日期绑定。只要期货交易所允许期货价格为负,价格持续下跌的负泡沫也是可能出现的。一价定律不再成立,由于理性泡沫的存在,期货市场价格可能不同于现货市场价格。

因为价格只会以结算公式(3.1)的差分形式出现,有人可能会说永续期货的泡沫不要紧;然而事实上,这种泡沫可能会在价格中引入与所定价事物无关的随机性。如果 f_t 被附加项 x_t 污染,而 x_t 由差分方程 $x_t=(1+r_{t-1})x_{t-1}+u_t$ 决定,其中 u_t 是不可预测的白噪声(动物精神或市场情绪),期望结算额和结算额与其他收益率的协方差都不会受影响,但是市场的波动性会变大。额外的波动可能会通过每期的 u_t 进入市场,而且我们有充分的理由相信这样的额外波动会持续冲击永续期货市场。Milton Friedman（1953）提出过著名的观点：由于投机者平均而言会赔钱，所以不稳定的投机行为不可能无限期存在。但这一观点在此并不适用。[7]我们还没有很好的有关这些市场的理论来表明这样的额外波动不会被引入永续期货市场。

有人会怀疑，市场真的会预期价格偏离基本面并趋向无穷吗？理性投机泡沫存在的可能性是一个相当学术的问题。除非人们感觉泡沫会永远持续，否则泡沫的产生就是非理性的。[8]尽管如此，为了让永续索取权和永续期货价格保有现金流d_t现值的信息，设定一些价格限制也不失为一个好办法。对于期货交易所来说，禁止永续期货价格为负是很自然的。永续索取权和永续期货的价格也可被限制在收入流的一定范围内；即使这个范围设定得很宽泛，这也足以排除理性泡沫存在的可能。结算公式可以被相应改写，若市场的f_t超限，则用限制额取代f_t。

当然，这样的价格限制不能排除非理性泡沫，即由投资者行为的羊群效应或从众心理所导致的暂时的价格偏离。相比于理性泡沫，非理性泡沫看上去是一个更为严重的问题。所有投机性投资都对这种泡沫很敏感；永续索取权或永续期货也不例外。由于这种非理性泡沫存在的可能性，我们还不知道若同时存在永续索取权与永续期货，期货价格能否很好地跟踪现货价格。封闭式共同基金（相比于其组合中已持有并享有相应股息的资产，封闭式共同基金常以较大折扣或溢价进行交易）的例子表明，永续期货价格与对应的永续索取权价格可能也有重要区别。[9]即使如此，封闭式共同基金的例子同时也表明，永续期货和永续索取权都能很好发挥风险规避媒介的作用。封闭式共同基金的折扣和溢价一般保持稳定，所以卖空这些共同基金可以发挥对冲标的股票风险的作用。

第三章附录：期货市场

现代金融理论的一个重要部分是一类以个人追求跨期效用最大化和现值效用函数为假设的模型。这一理论由 Merton（1973）、Lucas（1978）、Breeden（1979）等人发展起来。这一理论对永续期货市场的定价极具指导意义。虽然该理论在描述真实金融市场方面成果有限（Mehra and Prescott, 1985），但是回顾这一理论可以帮助我们对我们所提倡的市场与传统期货市场进行对比。

根据这一理论，家庭会最大化期望效用 U，即 t 时消费 c_t 的即时效用 $u(\cdot)$ 的期望现值：

$$U = E_t \sum_{k=0}^{\infty} \lambda^k u(c_{t+k}) \tag{3.2}$$

其中，λ 是贴现因子，为主观时间偏好率加 1 的倒数。

首先，让我们回顾一下该理论对下期即将现金结算的传统期货市场定价的预测，此时 $s_{t+1} = p_{t+1} - f_t$。对于考虑在 t 时购买这样的合约的家庭来说，其如果追求效用最大化就必须满足如下欧拉方程：

$$E_t(m_{t+1} s_{t+1}) = E_t(m_{t+1}(p_{t+1} - f_t)) = 0 \tag{3.3}$$

其中，$m_{t+1} = u'(c_{t+1})/\pi_{t+1}$ 是 $t+1$ 时一单位货币的边际效用（π_{t+1}

是 $t+1$ 时的消费者价格指数）。显然，如果不满足该方程，那么家庭可以通过买入更多合约（若等式左边为正）或卖出更多合约（若等式左边为负）来提高期望效用。由于我们假设家庭会最大化效用，该方程必须成立。根据两个变量乘积的期望是它们期望的乘积加上其协方差，期货价格应等于现货价格的期望加上风险溢价，其中风险溢价为 $t+1$ 时一单位货币的边际效用 m_{t+1} 与现货价格 p_{t+1} 的协方差：

$$f_t = E_t p_{t+1} + \frac{\text{cov}_t(m_{t+1}, p_{t+1})}{E_t m_{t+1}} \qquad (3.4)$$

虽然传统期货价格取决于未来现货价格的期望值，但同时我们也可以说，若现货市场资产是可储存的，那么期货价格由今天的价格和利率决定。考虑到零成本储存的可能性以及存货为正的假设，可以推出：

$$m_t p_t = \lambda E_t(m_{t+1} p_{t+1}) \qquad (3.5)$$

此外，若有在 $t \sim t+1$ 时支付利息 i_t 的无风险资产，我们也可以推出另一个欧拉方程：

$$m_t = (1+i_t) \lambda E_t m_{t+1} \qquad (3.6)$$

由式（3.3）可得 $f_t = E_t(p_{t+1} m_{t+1})/E_t m_{t+1}$，而且进一步代入式（3.5）可知，$f_t = m_t p_t/(\lambda E_t m_{t+1})$。因此，根据式（3.6）可得[10]：

$$f_t = p_t(1+i_t) \quad (3.7)$$

式（3.7）通常被解读为期货价格与未来价格的期望无关，而只由今天的价格决定。但由式（3.5）可知，今天的现货价格与未来现货价格的期望之间存在联系，所以说期货价格由未来现货价格的期望决定也没错。期货价格与未来现货价格的期望有关的推断可能是更加基本的，因为这不依赖零成本储存或 t 时存在现货市场的假设。（在我们所说的永续期货情况下，不一定总是存在一个具有明显流动性的现货市场。）

现在让我们来看看，如何修正以上分析以使其适用于永续期货。永续期货基础的欧拉方程如下：

$$E_t(m_{t+1}(f_{t+1}+d_{t+1}-(1+r_t)f_t))=0 \quad (3.8)$$

显然，如果此方程不成立，家庭可以通过买入或卖出期货合约来提高期望效用；既然家庭被假设为追求效用最大化，那么就必须满足此方程。与方程（3.3）类似，该方程把期货价格与未来现货价格的期望相联系，是针对永续期货市场的修正。由此可知：

$$f_t = \frac{E_t(m_{t+1}(f_{t+1}+d_{t+1}))}{E_t(m_{t+1}(1+r_t))} \quad (3.9)$$

我们可以考虑一种特殊情况，其中 m_{t+1} 与 $f_{t+1}+d_{t+1}$ 无关（如果现货市场很小而且与世界市场状况无关，就可能会出现这种情形），且 r_t 是一个常数（等于 r）。那么可从式（3.9）中消去 m_{t+1}，我们会发现期货价格 f_t 是 $f_{t+1}+d_{t+1}$ 以贴现率 r 贴现的现值。向前递推这一关系，并忽略外生泡沫（extraneous bubble）的可能性，我们会发现期货价格是未来分红的期望以贴现率 r 贴现的现值。因此，期货交易所可以通过设定 r 来为任意所需的贴现率创建现值市场。若合约中 r 的取值高，则意味着永续期货市场是相对短期的。通过创建一系列不同的 r 所对应的市场，期货交易所可以创建一系列前瞻性不同的期货市场。这样一系列合约可视为与期货交易所目前所提供的不同期限期货合约相类似，只是这里的每个合约都是永续的。其期限不会随着时间的推移而缩短，所以参与者无须进行展期。然而，期货价格等于以贴现率 r 贴现的期望现值的结论依赖于 $f_{t+1}+d_{t+1}$ 与 m_{t+1} 无关的假设；更一般地，现值公式中的贴现因子可能会依赖于和此相关性有关的风险溢价。

本书的普遍假设是：r_t 是可自由交易的一种竞争性资产的收益率。对于任何一种这样的资产，都存在欧拉方程 $m_t = \lambda E_t(m_{t+1}(1+r_t))$。将这个方程代入式（3.9）的分母，我们发现：

$$f_t = E_t((f_{t+1}+d_{t+1})\lambda\, m_{t+1}/m_t) \qquad (3.10)$$

这是一个现金流为 d_{t+1}，d_{t+2}，…的资产价格 f_t 的常规欧拉方程，也就是永续索取权的欧拉方程。由此可得，如果永续索取权可交易，而且没有外生泡沫，永续期货合约的价格会等于永续索取权的价格。从这个角度来看，只要替代资产可以自由交易，交易所为现金结算所选取的 r_t 就不会影响价格。

第四章
国民收入与劳动收入市场

为了规避生活水平变化的风险,逻辑上首先要看的是关于总收入的市场。奇怪的是,目前并不存在这样的市场,而且此前也没有人提出过要建立这样的市场。对人们来说,会有什么经济变量比总收入更重要,又有什么经济风险比总收入风险更要紧呢?

通过对冲总收入流的资本价值的风险,永续索取权市场、永续期货市场、长期互换市场或与它们类似的零售市场可以实现长期收入风险的管理,这种长期风险对个人和组织来说才是真正重要的。国家或其他群体可以利用这些市场来保障自己免于生活水平下降,免于陷入相对贫穷的境地。对冲这样的风险可以消除使收入差距变大的冲击,因此这些宏观市场可以减轻收入不平等,实现收入收敛的自然倾向。所以,这些市场的建立可以推动显著的进步,使财富在国家、地区和群体之间长期趋向于平均分布,从而达成在个人中的平均分布。

世界上的每个国家都可以建立起对冲总收入、国民收入或劳动收入波动风险的市场。此外，国界未必是出于对冲风险目的制定收入总量的最佳参考标准，所以也可以按照其他区域划分办法来创立市场。收入市场还可按其他方式划分。我们可以建立与职业、人力劳动特征或人力资本投资相关的总收入市场。

劳动收入占了人们收入的一大部分，是人们服务的收益。所以建立总收入市场很大程度上意味着建立劳动收入市场。关于总收入的市场使人们可以规避劳动收入风险与其他收入风险。另外，劳动收入市场可与其他收入市场一起使用以规避总收入风险。建立总收入市场，还是劳动收入市场，或是两者兼备，并不是我们关心的主要问题。我想这取决于其他收入市场的存在性与流动性，以及对冲操作是否方便、简单。

市场结构与相关制度

让我们考虑在永续索取权或永续期货市场上可行的针对国民收入的风险管理办法。首先，让我们假设家庭会直接参与永续市场交易，即便大多数交易都是由零售机构来担当中介的。为了说明方便，假设家庭收入与宏观经济总量完全相关，而这个总量可以由永续索取权市场代表。风险对冲的家庭会卖出一定数量的永续索取权，使其所支付的股息恰好等于收入。随后，它会利用卖空所得去投资于股息更稳定的资产，如全球收入永续索取权的投资组合。如果该家庭此后维持这些头寸不变，那么实质上它实现了自身收入流与另一个更稳定的收入流的互换。

当家庭首次持有这些头寸时，总头寸净值为零。随着自身收入的永续索取权市场和替代资产市场价格变动，家庭所持有的头寸价值也会上升或下降。若头寸价值变得过低，家庭就会被迫追加保证金（margin call），必须把资产转移到保证金账户上。这种转移对保证人们的行为是有必要的，因为若个人的头寸价值变为负值，他就有动机不履约。如果个人的头寸价值为正，那么他就会拥有一种可以随时出售的资产。但如果这样的头寸能够继续提供稳定的收入流，他就没有必要出售资产。这种资产很有可能会被传给下一代。

若假设永续期货价格与永续索取权价格相同，上述规避风险的目标也可通过永续期货来实现，因为永续期货实质上是由一个永续索取权多头和一个等值的替代资产空头组成。个人可以从在永续期货市场上做空开始。随着时间的推移，他可以继续持有永续期货的空头，并且将资本所得投资于替代资产中，并将替代资产所产生的股息用于消费。

那些所在国家国民收入非常不确定的人，未必一定需要支付保险溢价，即他们为规避收入风险所持有头寸的期望损失。这个期望损失类似于传统期货市场中贴水所致的损失。如果一个国家收入市场的价格既不确定又与世界市场显著相关，那么我们就有理由认为，这个国家收入的永续索取权的期望收益率会高于平均值，其风险溢价也高于平均值，因而对冲者的头寸平均而言会亏损。但若某国国家收入市场的价格是相对确定的且与世界收入不太相关，我们就有理由认为，该国收入永续索取权的期望收益率会低于平均值；该国永续索取权的价格中几乎不包含任何风险溢价。该国居民参与市场（做空关于自己收入的永续索取权，投资世界范围的永续索取权组合）可能更多是为了分担世界风险从而获得期望收益，而非减少自身风险。[1]

值得注意的是，如果每个在区域性市场上做空的人都想要在世界市场上做多，那么创建一个永续期货合约并以世界宏观市场收益作为结算公式中的替代资产收益可能是有利可图的。每个期货合约本质上就会是特定收入索取权收益与世界收入索取权收益的互换。如果在世界收入索取权的收益率r_{t-1}的定义中，不同特定收入的权重对应于其期货合约空头数量，那么支付给该市场中空头的结算总额会是零，且该市场中可以只有空方。（在一个市场中做多，实际上等价于在其他所有市场中做空。）用n_{it-1}来表示市场i在时间$t-1$的合约总数，用N表示期货市场的数目，我们可以如下定义r_{t-1}：

$$r_{t-1} = \frac{\sum_{i=1}^{N} n_{it-1}(f_{it} - f_{it-1} + d_{it})}{\sum_{i=1}^{N} n_{it-1} f_{it-1}} \quad (4.1)$$

但是只有在世界宏观期货市场建立起来以后，基于这样的替代资产收益率的结算公式才能适用。也许，创建宏观期货的可行方法是基于世界利率来结算，而非基于如方程（4.1）所定义的那么宏图广阔的利率。此外，如果这样的市场是关于国民收入的唯一流动市场，那么人们可能无法将流动资产投资于世界收入永续索取权；我们仍然需要其他市场来使其成为可能。

当然,在现实中,单个家庭收入不会与国民、地区或其他收入总量完全相关。家庭可能不会想在单一收入市场完全对冲风险,而会分散于很多收入市场中进行风险对冲,其中每个市场都一定程度上与其收入相关。

强制赔付损失的问题

总收入市场所面临的一个重要问题是,对冲风险的家庭在遭受损失后,可能无法足额提供保证金。如果家庭的收入远超其流动资产的价值,上述问题就会发生。若家庭耗尽了流动资产储备,由于卖出未来收入索取权时有保证金要求,家庭就无法再对冲收入风险。这种可能性的存在并没有完全破坏宏观市场的风险规避功能;它只意味着不是每个人在任何时候都能利用宏观市场来对冲风险。

如果个人可以签订合约,用他们自己的未来收入来交换今天的现金,以满足保证金要求,这可以减轻永续收入市场中损失可能超过流动财富的问题。当然,在实践中,个人卖出未来收入索取权的能力是相当有限的。这部分是由于难以强制执行合约,部分是由于个人破产法规限制。Friedman(1962)出于发展教育的目的曾经提倡允许私人出售未来收入的索取权份额,即使这样做很有可能招来非理性的公众谴责。

当然,创建机制允许人们出售自己未来收入索取权与创建关于这种索取权的市场是类似的,但这不同于创建关于永续未来收入流的流动市场。若要出售未来收入索取权,家庭只需要寻找愿意购买其未来收入索取权的内行（如当地的银行家）。人们可以出售这些索取权来获得现金，以满足对冲市场的保证金要求（或者通过中介完成等价的对冲行为）。这样的索取权天生就具有异质性，其支付结构和违约风险不同，因此相应市场的价格指数可能无法很好地应用于期货合约的现金结算中。

我们的法律和制度应该为此做出改变，使人们出于规避风险的目的，能更容易地出售未来收入索取权来满足保证金要求。这并不意味着我们应该抹去保护人们权益的法律和制度，放纵他们因愚蠢而大肆挥霍未来收入，从而使自己终身受困。这只是意味着我们的法律应该允许人们为了对冲风险的合理目的而出售其收入索取权。政府最终是可以强制执行个人赔付的（看看我们的所得税法吧），因此它们应该也能够处理宏观市场损失所导致的赔付问题。

除非人们相信政府会在未来强制个人赔付，否则人们不会交易未来收入索取权。当一个国家的人在宏观市场上对别国欠下巨债，他们会继续支持让他们赔付的政府吗？他们的选择很难下定论。我们有理由来保持乐观。在今天，即使身处不利经济情形中，大多数国家仍会支付它们的国际债务。而收入市场损失多发于经济环境相对更好时，所以这种损失不会难以承担。此外，社会心理学家和政治学家认为大多数人都强烈地意识到领导人采取正当程序的重要性。虽然人们会为了他们的特殊利益进行游说，但如果他们感受到强制赔付合理且领导人相对公平，那么他们通常愿意接受大额损失（Leventhal et al., 1980; Tyler and Caine, 1981; Folger and Martin，1986)。

在实践中，不太可能短期内对法律和制度做出改动，以便于人们出售关于他们未来劳动收入的索取权。[2] 但是我们仍然可以利用总收入市场规避收入风险。即便一个家庭由于无法承诺在未来偿付款项而很难对冲全部收入风险，但只要它能够承诺用部分未来收入（如财产所得）进行支付，它就可以对冲部分风险。家庭可以参考在宏观市场对冲一定比重收入风险的策略，并根据收入情况同向调整对冲比重。若收入下降，家庭就会在宏观市场上获得收益，这能提高其满足保证金要求的能力，因而家庭的境况会更好，它们就不需要对冲太多风险。这样的策略可称为动态投资策略，它相当于在收入市场复制了一个价外看跌期权（out-of-the-money put）。若家庭能够按照收入波动合理调整其对冲比例，它就相当于买入了对于保证金的看跌期权，可保证其收入现值不低于某小于当前收入现值的数额。若该数额足够小，这个看跌期权的有效价格也会非常低。因此，即便家庭可能由于无法承诺未来兑付而未能完全将收入平稳化，它们也可以购买保险来避免收入的灾难性下降。[3]

总收入市场的其他使用者

除应用于直接对冲个人收入风险外，总收入市场的对冲功能也可能通过其他非直接渠道发挥作用，以减少生活水平波动风险。公司也会参与宏观市场来规避生产成本波动风险。一国总收入指标与公司雇佣工人和使用其他资源的成本有关。通过直接对冲这些成本变化的风险，或与提供相应保险的中介交易，公司可以更有效地利用国际成本差异。因此宏观市场可以促进因生产成本差异而造成的国际资本流动,鼓励工厂搬迁到生产效率最高的地区。这类资本在流动上还存在相当大的障碍,这是有据可查的。如今,每个国家的资本投资很大程度上由该国家的总储蓄决定,这反映了国际资本配置的严重低效率。[4]

实际收入市场还是充分就业收入市场

关于收入风险管理的合约,应该针对群体实际总收入(total actual income)还是其充分就业收入(full-employment income)呢?充分就业收入的变化代表所得收入比率的变化。当说到劳动收入的时候,我们可以将充分就业收入视为正比于工资率。由于就业或利用率的时间变化,实际收入与充分就业收入在概念上有所区别。两者都可能存在市场空间。

建立实际收入市场可能是最自然的。拿劳动收入来说,工人会想要规避失业导致的收入波动风险及其他收入波动风险。保险公司可以零售用于应对频繁低就业状态下终身收入的现值风险的个人收入保险,虽然这可能意味着需要处理道德风险问题。假设保险公司得以售出个人失业保险,那么它们就会想要对冲因弥补个人收入损失所面临的总风险;对它们来说,基于总劳动收入的合约是理想的选择。

然而,基本问题在于,在就业状况恶化和劳动时间减少的同时,所付出的劳动将会减少且闲暇将有所增加,这些好处可能抵消失业造成的恶果。出于这个原因，工人不会把劳动时间减少所导致的收入下降与工资率下降所导致的收入下降相等同。可以想象，对他们来说，只要工资率保持不变，劳动时间减少是完全没有成本的。的确，劳动时间的变化可能很大程度上反映了工作意愿的变化，在长期变动上尤其如此，而永续市场又对长期变化比较敏感。我们不希望看到工人因决定享受更多闲暇而减少工作，却能因此收到永续合约收益。对冲劳动成本风险的公司是合约的另一方，即使是工人主动选择减少工作，公司也会因此被迫支付给他们相同的金额。

每周劳动时间的变化趋势从某种程度上也反映了偏好变化以外的东西。随着生活水平的提高，每周劳动时间可能呈现下降的趋势；这种下降趋势或可预示收入水平的变化，由于这一关系实质上不存在不确定性，因此不会影响对冲市场的运行。

相比于劳动收入，以工资率来制定合约可能对利用对冲市场管理劳动成本风险的公司更有利。我们想要为这种对冲需求量身打造一个市场；例如，我们可以以美国劳工统计局（US Bureau of Labor Statistics）公布的就业成本指数为基准，建立如永续索取权等长期对冲市场。

度量问题

若要作为宏观市场合约现金结算标的，很多已有的总收入、工资或就业成本指数并不理想。这些指标不能准确代表人们想要对冲的个人真实禀赋随时间变化的风险。

国民收入受到出生、死亡和移民的影响；这些变化会降低国民收入作为个人收入代表的有效性，且这些变化是不可预测的，所以它们可能减弱对冲市场规避风险的作用。以人均国民收入而非总国民收入为交易基础，或能缓解这个问题，但并非彻底解决。人口年龄分布的变化能够在不影响任一个人收入的情况下，对人均国民收入产生影响。迁出与迁入的人群收入水平也可能有所不同。

此外，考虑建立以每周工资中位数为基础的永续索取权市场，每一职业分别有其对应的每周工资中位数指标，职业类别划分可参考美国劳工统计局。由于各职业类别中的劳动力可能随着时间的推移有所变动，其对应的每周工资中位数指标也会发生变化。随着时间的推移，某职业类别中的高工资行业或繁荣或衰退，因此即使个人没有遭遇收入变化，中位数工资也会改变。此外，职业划分不能反映个人禀赋，因此人们可以自由转换所属职业类别。例如，医务工作者的每周工资中位数反映了该领域相对低工资个体的收入情况，而非医生的情况。大多数医疗行业的低收入个体未大量投资接受医生培训，若医务工作工资降低，很多人都会选择转移到另一个职业类别。

因此，构建能够捕捉特定类别人群的收入或投资变化的收入或工资指数是至关重要的，所用方法可参照第六至第八章的内容。[5]此外，人群类别的划分要能代表禀赋，使人们很难切换其所属类别。[6]

最明显的类别划分是国家；公民身份很难改变，而且出入境移民的程度有限。只是出于这个理由，国民收入在创建宏观市场方面才比其他收入总量更有优势。但客观金融市场与政治无关，所以政治边界对金融市场的意义有限。我们也应该考虑其他收入总量。

对于很难改变或改变成本很高的特定职业类别，如医药或法律，也应建立相关收入市场。目前已有一类关于医学工作的远期市场，医生可以在那里对冲收入下降的风险。[7]关于医学收入的现有现货市场总价值不容小觑，与具有活跃期货市场的现货市场所产生的收入不相上下。

建立职业收入市场的问题之一是职业类别繁多。我们可以尽力把市场工资同向变动的职业组合到一起。Reich（1992）提出，工作可以被分为三大类：常规生产服务、即时当面服务（in-person service）和符号分析服务，而且在他看来在当今国际化经济体中，一个人的职业类别比他的国籍更能反映收入前景。在如何定义这样的类别上，我们还需要更多的研究。

若要将就业成本指数应用于风险管理合约的结算，那么这些指数当前的生成方法或需改进。我们应更关注劳动组合的变化并予以控制，基于单个工作者的重复度量框架或许是较为合适的选择。

度量收入现值的不确定性

国民收入现值存在多少短期波动？这些短期变动会引起永续索取权或永续期货市场的价格波动。对冲市场要想取得成功，价格就必须存在足够的变化来引起交易者的兴趣，也必须有足够的不确定性才能引起对冲者的关注。

通常而言，国民收入和其他收入指标随时间的变化相当平稳。这种平稳意味着总收入的现值几乎不存在不确定性。若收入序列非常平滑，那么简单外推（extrapolation）就可准确预测其未来价值。如果未来价值几乎没有不确定性的话，那么人们就没有动机来对冲风险，资产价格也不会有太多波动。

收入序列的平滑不能证明收入永续索取权的价格也会平滑。公司股票的股息也表现得相当平稳（公司会尽量平滑名义股息），但股票价格并未因此而表现平稳。

当然，如果收入平稳到靠外推法就可以成功预测到对现值产生重要影响的未来时期的收入，那么未来收入的现值也就不会有太多不确定性，关于这些收入的永续索取权市场也不会有太多波动性。如果除了收入本身以外，存在与收入现值相关的其他信息变量能成功预测收入，那么上述情况也会发生。在这些情况下，假设价格是未来收入最优预测的现值，那么收益率不会有太多变化。在极端的例子中，若未来被完美预测，那么未来收入就是完全确定的，因此收入市场的收益率也不会有变化了。当面对收入序列时，我们必须要确定的是这个序列的现值的可预测程度。

各个国家的结果

为了探究现值的可预测性，以及可预测性与永续索取权市场价格变化之间的联系，我将采用约翰·坎贝尔（John Campbell）和我发明的对数线性形式的现值模型（1988；1989）。[8]该模型详见本章最后的附录。运用这个模型，我们可以估计收入永续索取权收益率的标准差，这与国民收入变化的标准差完全不同。当然，我们所估计的标准差是采用该模型条件下的最优解。就像附录中所讨论的，这个模型估计收益率标准差的方法似乎存在偏差，所得到的标准差总是显著低于股市的真实值，因此我们所估计出的标准差是偏保守的。

我们可用这种方法估计世界各国收益率的标准差，其中实际国内生产总值（gross domestic product，GDP）的数据来自宾夕法尼亚大学世界表格 5.5（Penn World Table Mark 5.5，Summers and Heston，1988；1991），数据跨度为 1950—1990 年。[9]在应用这种方法时，年贴现率 ρ 的取值与 Campbell 和 Shiller（1988；1989）为股市所选取的一样：0.936。[10]我们将自回归滞后期数 k 分别设定为 5、10、15 年；因为结果基本相似，所以这里只汇报 $k=10$ 的结果。

我们可以设想各国均有实际国内生产总值的交易市场，并用如上方法从理论上估算其收益率的标准差，具体计算公式请见本章附录中的公式（4.9），估算结果为表 4.1 的第（1）列。从中可知，国民收入永续索取权市场的收益率标准差有时会非常大，几乎与高度投机性资产的收益率标准差相当。

当然，如果采用其他预测变量，如 Barro（1991）所选择的，收益率变化的估计值可能会减小。在预测回归式中加入简单的时间趋势项可能也会显著减小方差。但是正如上面所讨论的，由于最终存在自由度问题，我们无法确定国民收入的可预测性可以提高多少；潜在的预测变量实在太多了。

在美国、英国和一些其他英语国家，国内生产总值索取权市场的收益率标准差尤其低。部分欧洲国家也是如此。这意味着，在样本所覆盖的时段，国民收入现值的可预测性是很高的。由于英美等国极有可能是众多创新型风险管理合约的测试场所，所以这些国家的极低收益率标准差对我们来说似乎是不利的。但从另一个角度看，以美国为例，即使标准差只有 1.62%，但因为国民收入现值比公司收益现值要高出一个数量级，国内生产总值市场可对冲风险的总价值也是远远超过以这种方法所推出的股市总价值的。我们还应注意，1950—1990 年是一个高度可预测阶段，但并不能将这一事实简单外推于其他时段，这并不意味着在其他时段国内生产总值的可预测程度是相同的。数据表明，若将美国的样本区间扩大至 1889—1992 年，用人均实际国民生产总值（gross national product，GNP）数据估计所得的 1900—1992 年间收益率的标准差为 4.72%。[11] 从其他国家的经历来看，我们也可以推断美国对巨大的冲击也是非常敏感的。近来公众对美国在国际市场上竞争力减弱的担心也表明，美国国民收入永续索取权市场可能的确会有显著波动。

表 4.1　有关理论年收益率和价值的统计：
人均实际国内生产总值的永续索取权市场

国家	(1) 标准差[a]（%）	(2) 国家价值[b]	(3) R^{2}[c]	(4) β[d]
阿根廷	9.86	2 460	0.05	1.14
澳大利亚	3.18	4 479	0.30	0.92

续表

国家	(1) 标准差[a]（%）	(2) 国家价值[b]	(3) R^{2c}	(4) β^d
奥地利	3.18	1 608	0.44	1.09
比利时	3.71	2 201	0.47	1.34
玻利维亚	5.45	178	0.14	1.08
巴西	5.86	9 776	0.12	1.09
加拿大	2.56	8 155	0.31	0.73
智利	4.90	978	0.29	1.38
哥伦比亚	3.42	1 783	0.30	0.99
哥斯达黎加	6.35	170	0.19	1.46
塞浦路斯	3.22	98	0.31	0.94
丹麦	3.56	1 201	0.14	0.71
多米尼加	6.75	285	0.00	0.20
厄瓜多尔	5.89	450	0.00	0.07
埃及	3.33	1 669	0.01	−0.13
芬兰	3.43	1 288	0.06	0.44
法国	5.27	13 570	0.44	1.83
联邦德国	4.39	15 638	0.43	1.44
希腊	7.87	1 107	0.12	1.46
危地马拉	6.13	316	0.27	1.67
圭亚那	11.04	14	0.03	0.98
洪都拉斯	4.58	120	0.23	1.16
印度	5.10	14 619	0.01	−0.20
爱尔兰	2.79	507	0.15	0.57
冰岛	4.53	59	0.02	−0.31
意大利	5.08	13 543	0.43	1.71
日本	8.38	29 934	0.36	2.67

续表

国家	(1) 标准差[a]（%）	(2) 国家价值[b]	(3) R^{2c}	(4) β^d
肯尼亚	4.40	355	0.00	−0.02
卢森堡	2.40	111	0.10	0.41
毛里求斯	6.20	110	0.01	−0.28
墨西哥	6.01	7 608	0.12	1.08
摩洛哥	3.01	855	0.04	0.30
荷兰	4.72	3 193	0.34	1.45
新西兰	2.85	684	0.32	0.85
尼日利亚	10.74	1 179	0.08	1.54
挪威	2.21	1 049	0.01	0.09
巴基斯坦	3.07	2 612	0.01	0.12
巴拿马	7.08	97	0.00	0.25
巴拉圭	6.11	157	0.00	0.17
秘鲁	11.06	984	0.00	−0.29
菲律宾	3.68	1 602	0.01	0.15
葡萄牙	7.00	1 115	0.24	1.81
萨尔瓦多	9.20	209	0.03	0.89
南非	8.68	2 272	0.08	1.29
西班牙	6.60	5 631	0.09	1.04
瑞典	3.75	2 194	0.00	0.12
瑞士	4.33	1 986	0.35	1.33
泰国	5.02	3 125	0.22	1.21
特立尼达和多巴哥	8.75	157	0.01	0.49
土耳其	3.59	3 151	0.01	−0.16
英国	1.14	13 616	0.05	0.13
美国	1.62	81 044	0.49	0.59

续表

国家	(1) 标准差[a]（%）	(2) 国家价值[b]	(3) R^{2c}	(4) β^d
乌拉圭	4.44	236	0.11	0.76
委内瑞拉	9.18	2 385	0.01	0.35

资料来源：表中数据为作者利用 1950—1990 年的年人均实际 GDP 和人口数据计算所得，两项数据都来自宾夕法尼亚大学世界表格 5.5，相关数据描述请见 Summers 和 Heston（1988；1991）。

说明：a. GDP 永续索取权市场的收益率的标准差。

b. 1990 年实际 GDP 的期望现值，以 1990 年 10 亿美元计。

c. 国家收益率对世界市场收益率做回归。

d. 对应于 GDP 永续索取权市场的收益率。

世界市场收益率与 β

通过比较世界投资组合的方差与单个国家国民收入永续索取权市场收益率的方差，我们可以判断国民收入未对冲风险的程度。给定当前不存在市场来应对国民收入风险，若世界投资组合的收益率标准差小于国家投资组合的收益率标准差，那么利用永续索取权或永续期货市场来将个人收益率与世界收益率进行互换，对这些国家而言是有利可图的。

为了进行这样的比较，第一步我们应计算各国国内生产总值的期望现值，将其作为计算世界投资组合收益率的权重。各国期望现值可由该国当年实际国内生产总值除以当年理论实际股息价格比（dividend-price ratio）计算［即本章附录的公式（4.7）计算的比值，公式（4.7）以该国实际收入的滞后增长率作为输入项］。表 4.1 的第（2）列为以 1990 年美元计价的 1990 年各国实际 GDP 的期望现值。[12]应注意的是，期望现值，即所得各国价值，要比通常定义的国民财富大得多。例如，美国在 1990 年价值为 81.044 万亿美元，这远大于其资金流动账户（Board of Governors of the Federal Reserve System，1992）所显示的价值 18 万亿美元的国内财富。[13]当然，这种差异是我们意料之中的，因为历史上几乎四分之三的国民收入是劳动所得，而这部分收入的资本化价值不被包括在传统财富指标中。

在得到实际收益率序列和 54 个国家所对应的权重后，我们可以计算这些收益率的加权平均作为世界实际收益率；各国在给定年份的权重与该国当年 GDP 永续索取权市场价值成正比。当然，由于我们对实际信息集所知有限，又很难将投机性价格变化模型化，这样估计出的世界收益率不太可能准确估计世界收入市场真实收益率。但是它可以让我们大致了解世界收益率的变化情况，以及不同国家的收益率的相关性。

图 4.1 所示为 1961—1990 年世界实际收益率序列。世界实际收益率的标准差（由于这一实际收益率基于回归式的残差，所以这一计算经过了自由度修正）仅为 1.90%，这意味着国民收入的大部分风险可以在国际市场上被分散。因此，世界市场的风险溢价会很小，而且在永续期货市场中几乎不会出现贴水。但我们仍然不能低估世界市场的波动性；在历史上的部分时刻该收益率序列表现出了非常重要的转折，如在 1973 年的石油危机以后，两年期收益率降为 -7.36%。

虽然这种方法可能无法很好地度量世界市场收益率，但是由此

计算国家的 β 仍然是具有意义的,我们可以从中了解不同国家在面临世界风险的程度上有何不同。通过将国家收益率对市场收益率做回归,我们可得 54 个国家永续索取权收益率的 β。表 4.1 的第 (3) 列为各回归式的 R^2;我们注意到,R^2 普遍比较小,这反映了各国承担的异质性风险很大。表 4.1 的第 (4) 列为 β 的估计值。不同国家的 β 差异很大。美国的 β 只有 0.59。有人可能会预期更高的美国 β,因为美国在世界收益率序列中占有主要权重;它占据了 1990 年世界市场价值 264 万亿美元中的 30.7%(当然,此处未计入苏联、中国和其他一些国家)。但是由于美国收益率的标准差估计值很低,因而它对世界收益率的直接影响很小。

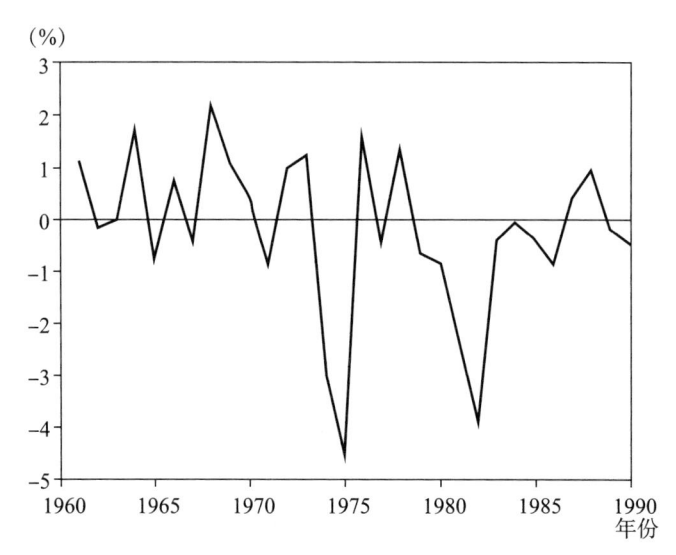

图 4.1 世界收入市场收益率估计值(扣除平均值后),1961—1990 年

资料来源:如正文所述,据 1950—1990 年实际国内生产总值数据计算而得。数据来自宾夕法尼亚大学世界表格 5.5。

交叉对冲

市场参与者可以在除宏观市场以外的其他金融市场持有头寸来规避总收入风险吗？可以设想，永续索取权的市场价格与公司股票的价格有很强的相关性。那样的话就没有必要建立新市场了。

既然我们现在还观察不到关于总收入流索取权的市场价格，搞清楚交叉对冲的作用有多大是非常重要的事。我们目前至多能够通过对比总收入流与现有金融资产利息流来做出推论，或是利用上述理论价格。我们必须谨慎选择，将流量与流量进行对比，或是将存量与存量进行对比，但不能将流量与存量进行对比。[14]

通过对比美国人均实际 GNP 的长期时间序列与标准普尔综合股价指数（Standard and Poor's Composite Stock Price Index）的实际股息序列，我们发现两者几乎不相关。图 4.2 展示了 1894—1992 年间这两个序列的五年期增长率。在 1894—1992 年间，标准普尔综合股价指数的实际股息的五年期增长率与人均实际 GNP 的五年期增长率之间的相关性只有微不足道的 2.81%；实际营收的五年期增长率与人均实际 GNP 的五年期增长率之间的相关性也只有 20.66% 而已。[15]

利用前述计算收益率的方法，我们也可以比较美国 GNP 市场的收益率估计值与公司股息收益率估计值。与此前一样，我们采用美国人均实际 GNP 对数变化的十期滞后自回归模型，其中被解释变量的范围是 1900—1992 年。通过这种方法，我们可得美国股市收益率估计值［收益率的估算基于本章附录的式（4.8）和股息序列］与式

(4.8) 得出的美国 GNP 市场收益率之间的相关系数为 24.99%。在更近的样本区间 1964—1992 年，其相关系数为 18.14%。由此我们发现 GNP 市场收益率与股市收益率之间几乎不相关，几乎没有交叉对冲的空间。

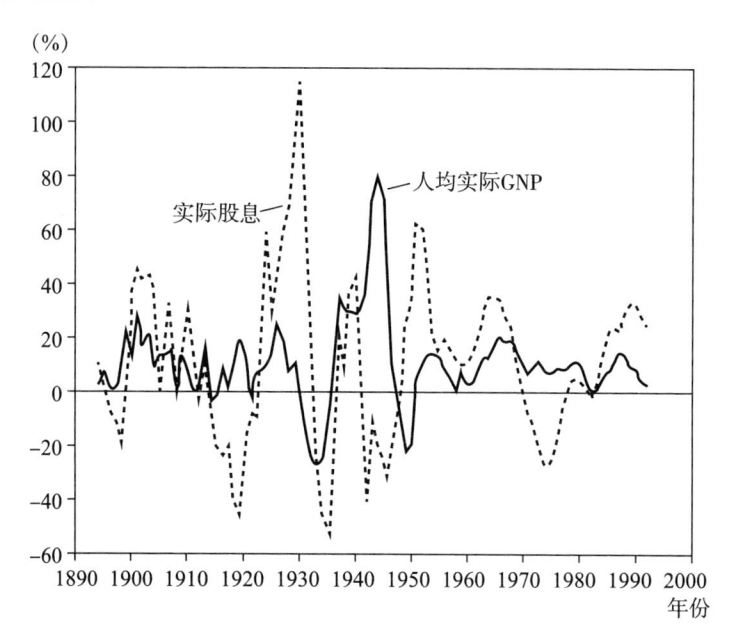

图 4.2　美国实际股息与人均实际 GNP 的五年期增长率（以五年期期末计），1894—1992 年

资料来源：标准普尔公司、Shiller (1989) 和美国商务部。

我们有充分的理由相信，在现有的资本市场中很难对冲地区或国民劳动收入风险。公司股息索取权的价值与地区或国民收入中劳动收入索取权的价值大相径庭。这两个市场为不同的生产要素定价。公司的产出通常在国际市场上出售，因而反映了国际环境。公司日益国际化，其生产运营遍布世界各地。但劳动力的流动性相对更差，并且很大部分劳动力所从事的活动与公司行为没有直接联系。

对于上述计量研究中所选取的大多数国家来说，股票市场对自身经济体的重要性都不如美国，还有很多国家根本就没有股市。对于这些国家来说，在现有市场上交叉对冲来有效减少收入风险就更是希望渺茫了。

结果解读

本章的实证证据表明 GDP 市场存在大量未规避的收入风险，这意味着国民收入或劳动收入的对冲市场是非常有意义的。对于我们研究的一些国家来说，估算的收益率变化的估计值与美国股市的计算结果大致相同（该方法估计出的股市波动是偏小的）；对很多国家来说，收入风险至少与股市风险相当。我们也看到，现有的资本市场不允许交叉对冲这种风险。本章所提议的宏观市场提供了逻辑导向，让我们可以寻找方法减少这些波动对人们生活的影响。

国民收入索取权市场的价格波动经常被拿来与股价波动做比较，这看上去是出人意料的。股权持有人是剩余索取者，在所有其他人得到偿付后才能获取其所拥有的公司利润。这样看来，这种索取权的价格似乎应比总收入流索取权的价格波动性更大。事实上，虽然股票似乎应该更具有波动性，但历史数据显示并非如此。Siegel（1994）利用美国 1802—1992 年的数据，证明公司股票的 20 年期实际收益率的波动要小于相应期限的长期债券或国债的收益率的波动。实际上，剩余索取者承担了更少的风险。

本书为先前的相关证据做了补充，证明了已有的国际风险分担不是最优的。通过比较各国的消费增长模式就可以得到以上结论，因为如果存在跨国的完全风险分担，那么各国的消费增长率会完全相关。Backus 等（1992）发现，自 1960 年以来，美国与其他 11 个主要国家同期消费（已用滤波消除了低于经济周期频率的短期波动）之间的相关性很低。只有加拿大与美国的相关系数超过 0.5；有 3 个国家与美国的相关系数为负。[16] 然而，低相关性可以归因于国家的不同文化冲击，从而影响了人们的储蓄，而非由于未能对冲风险（Stockman and Tesar，1990）。这种文化冲击似乎是合理的，这使得消费相关性不再能反映未规避风险的程度。

Atkeson 和 Bayoumi（1991）想要找到证据，搞清楚现有的资本市场能否规避劳动收入波动的风险。他们对各个不同地区的数据进行时间序列回归。在每个回归式中，地区人均资本所得的变化为被解释变量。解释变量包括幅员更广的地区人均总资本所得的变化、该地区人均劳动所得的变化和该地区人均资本品的变化。最后一个解释变量是从生产角度而不是收入角度衡量的。我们感兴趣的是人均劳动所得变化的系数：如果该地区的人利用资本市场来完美对冲风险的话，我们会看到人均劳动所得变化的系数为 -1。Atkeson 和 Bayoumi 施加了额外约束，要求不同地区估算出的系数相同，并在此约束下进行回归估计。当所选地区是 1966—1986 年的美国各州时，人均劳动所得变化的系数估计值是 -0.004。虽然这个系数在传统统计学意义上是显著的，但是它离 -1 很远；这个系数在取值上可以说是微不足道。人均总资本所得变化的系数是 0.983，约为 1.000；人均资本品变化的系数是 0.022，可视为 0。若所选地区是 1970—1987 年欧洲共同市场的六个成员国（德国、法国、英国、比利时、荷兰和希腊），且以这六个国家的收入总和作为人均总资本所得的计算基础，人均劳动所得变化的系数是－0.045。这个系数的绝对值比美国各州的例子中的结果要略大一点，但仍然远不到－1。他们的证据表明现有市场的收入风险对冲几乎是完全失败的，这也进一步确认了国民收入宏观市场的潜在价值。

第四章附录：计量方法

对数线性化的现值模型或者"股息率模型"（Campbell and Shiller, 1988；1989）很受欢迎，是因为现值公式采用变量的变化百分比的形式，而非变量的水平值；假设前者是平稳随机过程更为合理。因为价格可能并不是平稳序列，所以模型用一个比率——股息与价格的比率——来取代价格。我们定义 δ_t 为股息价格比的自然对数（扣除平均值），它等于 $d_{t-1}-p_t$（扣除平均值），其中，d_{t-1} 是滞后一期的对数股息，p_t 是对数价格。由于 δ_t 和 p_t 是在 t 期期初被度量和公开观察到的，所以股息需要滞后一期。t 期支付的股息 d_t 的数据在 t 期期初是不可得的，无法成为比率中的分子；因此，一般定义股息价格比时，我们采用滞后一期的股息作为分子。δ_t 可以近似看作对数股息未来变化的现值 δ_t^* 的期望：

$$\delta_t = E_t \delta_t^* \tag{4.2}$$

$$\delta_t^* \equiv -\sum_{j=0}^{\infty} \rho^j \Delta d_{t+j}, \ 0 < \rho < 1 \qquad (4.3)$$

其中，Δd_{t+j} 是 $t+j-1 \sim t+j$ 期间的股息增长率（自然对数股息的变化），是经过扣除平均值的。变量 δ_t^* 是"完美预测"或"事后理性"的对数股息价格比；如果每个人都知道所有未来股息的信息，那么根据现值模型，我们会得到这个对数股息价格比。虽然 δ_t^* 有下标 t，但是我们在 t 期并不知道它的取值，只能观察到它的条件期望 δ_t。这可以这样解读：若预期股息在与现值有关的未来会降低，对数股息价格比很高，而若预期股息上升，对数股息价格比很低。参数 ρ 是贴现因子，由线性化所选取的点决定。Campbell 和 Shiller (1988；1989) 把这个值设定等于 $e^{-(s-g)}$，其中 s 是贴现率（通过计算历史样本的市场实际收益率平均值可得），g 是实际股息增长率（通过计算历史样本的平均增长率可得）。虽然现实中贴现因子 ρ 的变化很有可能导致资产价格波动性增强，但是这里我们假设 ρ 不随时间变化。我们还将持有一期的收益率线性化近似为 ξ_t：

$$\xi_t = \delta_t - \rho \delta_{t+1} + \Delta d_t \qquad (4.4)$$

从以上定义可得：

$$\delta_t - \delta_t^* = \sum_{j=0}^{\infty} \rho^j \xi_{t+j} \qquad (4.5)$$

这意味着今天的对数股息价格比与事后理性的对数股息价格比之间的差额是持有期收益率（扣除平均值）的现值。此外，由于持有期收益率在这个模型中是序列不相关的，式（4.5）右侧的和的方差等

于其各部分方差的和。因此,

$$\operatorname{var}(\xi_t) = (1-\rho^2)\operatorname{var}(\delta_t - \delta_t^*) \tag{4.6}$$

所以,收益率的方差与δ_t^*中不可预测成分的方差成正比。因为我们没有关于总收入索取权的市场,所以我们无法观察到δ_t^*的市场预测值δ_t,也不能写出上述表达式等号右侧的方差。如果我们要估计ξ_t的方差,那么我们必须设定一个信息集和股息预测模型。

如果我们愿意对接近时间序列末期的Δd_t的取值做一些假设,那么我们可以利用真实股息数据序列来计算δ_t^*,这对理解这里的问题会有所帮助;如果时间序列足够长,这个方法能够得出δ_t^*的近似值。如果用一个早于我们的时间序列数据结束的样本,我们可以接着计算构造出来的δ_t^*的方差,这样我们就可以大概估计出真实δ_t^*的方差。但为了得到收益率ξ_t标准差的估计值,我们必须先了解δ_t^*的方差可预测程度。我们可以进行时间序列回归,以构造的δ_t^*为被解释变量,一系列t期可得的信息变量为解释变量,来估计ξ_t的方差。如果我们假设市场基于这个信息集构建线性预期,那么回归式残差的方差估计值可以用作式(4.6)中$\delta_t - \delta_t^*$的方差,从而估计ξ_t的方差。

归根结底,我们很难估计δ_t^*的方差的可预测度有多高。这是因为这个序列由长期或说低频变化所主导。δ_t^*的独立观察值并不多,有效自由度也不足。同时,很多经济变量具有很强的低频成分。相比于有效自由度的数量,可以用于预测δ_t^*的候选变量实在太多了。然而,我们知道由于δ_t是δ_t^*基于t期公开信息的条件期望，δ_t^*的方差是$\delta_t-\delta_t^*$的方差的一个上限，因此$(1-\rho^2)$乘以这个方差是ξ_t方差的上限。

当然，我们永远无法确认信息集中是否遗漏了有助于预测δ_t^*从而减小$\delta_t-\delta_t^*$的方差的其他变量。如果我们考虑公众可能具有额外信息，那么我们的方差估计值可以视为一个上限［这就是韦斯特不等式（West inequality），1988b］。

尽管δ_t的可预测程度存在严重的不确定性，但是我们还是有必要去探究Δd_t短期变化中所观察到的平滑性是否意味着δ_t^*是可预测的。为了搞清楚这个问题，以及避免采用构造δ_t^*时所使用的近似方法，我们可以应用Campbell和Shiller（1988；1989）的时间序列模型。考虑一阶向量自回归模型$z_t=Az_{t-1}+u_t$，其中z_t是k维向量，其第一个元素为Δd_{t-1}，其他元素为t期可得的其他信息变量，k维向量u_t是一个向量误差项，它的（非退化）方差矩阵为Ω。由于我们假设p_t是t年年初的价格，所以p_t定价基于的信息集要包含滞后股息，而非t年的股息。z_t中的其他信息变量包括Δd_{t-2}，Δd_{t-3}等，因此z_t的一阶向量自回归模型就相当于Δd_t的高阶数量自回归模型，而且u_t的元素除第一个外都是零。根据Campbell和Shiller的模型，因为$E_t z_{t+k}=A^k z_t$，所以：

$$\delta_t=-e1'A(I-\rho A)^{-1}z_t \qquad (4.7)$$

其中，$e1$是k维向量，第一个元素是1，其他都为0。由此也可以推出ξ_t与z_{t+1}中的误差项u_{t+1}成正比[17]：

$$\xi_t = e1'(I-\rho A)^{-1}u_{t+1} \quad (4.8)$$

因此：

$$\mathrm{var}(\xi_t) = e1'(I-\rho A)^{-1}\Omega(I-\rho A)^{-1'}e1 \quad (4.9)$$

由此我们就可以估计 z_t 的时间序列模型，因而若假设市场利用这个模型来预测，我们还可以估计出 ξ_t 的方差。从 West（1988b）的角度来看，由于市场可能具有更多信息来进行预测，这种方法得到的结果也是 ξ_t 的方差的一个上限。

为了对这种由股息数据估计收益率方差的方法进行验证，我首先利用 1871—1992 年标准普尔实际股息来估计标准普尔股票收益率的方差，以此来看看收益率的方差估计值与真实方差取值有多接近。[18] 以往将类似方法应用于股市数据的经历表明，ξ_t 的方差估计值低于真实收益率的方差。这也就是我们所说的"过度波动性"（excess volatility）[参见 Shiller（1989）或 West（1988a）]。但这些方法确实表明股市存在显著的波动性。[19] 在这里，矩阵 A 由利用最小二乘法将向量 z_t 对 z_{t-1} 做回归而得，其中 z_t 有 k 个元素，即 Δd_{t-j}（$j=1,\cdots,k$）。假定 ρ（贴现因子）价值为 0.936，与 Campbell 和 Shiller（1988；1989）研究美国股市所取的值相同。当实际股息自回归模型采用一期滞后的形式，即 $k=1$ 时，方程（4.9）推出的股票收益率标准差为 14.67%，但是随着 k 的增大，估计值逐渐减小。当 $k=3$ 时，ξ_t 的标准差是 12.13%，$k=5$ 时为 10.90%，$k=10$ 时为 10.47%，$k=15$ 时为 8.14%，$k=20$ 时为 7.00%，$k=30$ 时为 5.29%。[20] 在 $k=10$ 所对应的样本区间

(1882—1991年)内,由这些数据计算得到的实际收益率的标准差是18.13%,高于理论推算出的任一收益率标准差。在这一样本区间内,实际收益率与理论收益率的相关性为0.36。这说明期望现值模型在预测收益率方面并没有取得成功,尤其是考虑到同一期间股息增长率与股市收益率的相关性是0.94。[21] 理论收益率的标准差随着 k 的增大而减小的趋势反映了 Campbell 和 Shiller (1988;1989) 的发现,即股息与股息的长期移动平均之间的相对关系可以预测股息趋势:当实际股息对数值低于其长期移动平均值时,股息对数值会上升;当股息对数值相对较高时,它们会下降。股息的这种变化模式反映了股息偏离平均值的历史趋势会被扭转。这种模式类似于股息的均值回归,而其均值随着时间也在慢慢变化。在 k 很大的例子中,回归系数一致为负,而且粗略来看,系数随着滞后期呈指数衰减。按滞后期指数加权的过去增长率正比于最新对数股息扣除按滞后期指数加权的对数股息,即正比于当前对数股息减去滞后期对数股息的长期均值。

虽然我们用股市数据对这种估计方法进行检查的结果表明,这一方法并不能极为精准地预测收益率的标准差,但是这一方法或许已足以让我们对国民收入永续索取权市场将呈现的波动性的数量级有一个粗略的判断。

第五章
房地产与其他市场

除了国民收入和劳动收入外，其他收入因素也会给个人和组织带来不确定性，其影响程度与当今金融市场中交易的许多风险相当。若保险公司在制订针对收入或服务流的保单时，能根据不同客户的风险暴露程度进行私人订制，那么由于其为客户提供了保险，它们也需要在对冲市场上消除所承担的收入因素变动风险。本章将对其他收入因素市场中最重要的一些进行介绍。

本章会考虑房地产、非法人企业和私人公司、消费者和生产者价格指数期货、农业、艺术品和收藏品等市场，也会对如何系统性地寻找对创立新市场最有意义的主要收入风险因素展开讨论。

房地产

目前已有行业专门致力于承保房地产物理损坏，但对于房地产价值下跌的风险，人们几乎无从规避。房地产的投资组合倾向于高度单一化，往往集中于小范围地区，因此个人和组织承担着区域房地产价格波动的巨大风险。包括住房抵押贷款持有人、住房抵押贷款支持证券投资者、私人房贷保险公司在内的房贷出借人对这样的风险也很敏感。

1990 年，美国住宅房地产价值据估计达 6.1 万亿美元，工商业房地产价值为 2.7 万亿美元。[1] 这些估计值表明住宅房地产价值几乎为整个美国股市价值的两倍，而商用房地产价值几乎等同于股市价值。[2] 当然，正如上一章所强调的，若将劳动收入价值包括在内，国内财富并不代表全部的国家价值。但是，这些数字仍然意味着，美国房地产相比于高流动性的金融市场中所交易的许多资产而言要重要得多。令人惊讶的是，竟没有优质的流动市场可用于对冲房地产总风险。

住宅房地产与城市土地市场

在很多时候，住宅房地产市场的价格变化是令人震惊的。全国房地产经纪人协会公布的美国城市现有房屋的价格中位数（经过美国消费者价格指数平减处理，以实际价格计价）反映了过去 20 年间房地产市场多次的繁荣与萧条。[3] 繁荣表现为不同时期不同城市的实际房地产价格持续显著上升：旧金山 1976—1980 年房价年均增长率为 9.3%，波士顿 1983—1987 年为 17.7%，纽约 1983—1987 年为 16.9%，华盛顿特区 1986—1988 年为 10.2%，旧金山 1987—1989 年为 19.1%，檀香山 1987—1990 年为 21.2%，西雅图 1988—1990 年为 22.3%。此外，不同时期不同城市也存在急剧的房价下跌：休斯敦 1985—1987 年房价年均变化率为 −14.6%，俄克拉何马城

1986—1989 年为 −12.2％，纽约 1988—1991 年为 −10.1％，波士顿 1989—1991 年为 −13.5％。应注意的是，繁荣与萧条并非同步；这意味着房地产对冲市场的区域划分应以小于美国的地理区划为宜。

在美国以外的一些房地产市场，其价格起伏甚至更大。实际上，据估算，日本 1987 年的土地价格升值额甚至超过了当年日本国内生产总值。在 1988—1991 年间的每一年，韩国土地价值的估计升值额都超过了其当年国内生产总值；1989 年的升值额甚至超过了当年国内生产总值的两倍。与此相对的是，自 1986 年后，这两国的股市升值额都不曾高于其国内生产总值的 34％。[4] 在这两个国家中，人们普遍忧心于土地价格变化引起的财富再分配，而且土地价格一旦崩溃，还有可能引发进一步的经济动荡，这种潜在的灾难性后果也令人担忧。

人们必须承受房价波动带来的后果，这着实令人苦恼。当房地产价格暴涨时，那些等待买房的人会发现自己已无法负担购房开支。为避免这种可能，很多人会选择在他们尚不需要房屋的时候就早早购入房产。而当房地产价格暴跌时，用积蓄支付房屋首付并购入房产的人们将看到，其积蓄随房价下跌而急剧贬值。暴跌的房价引发了美国储蓄信贷协会、银行和房贷保险公司破产。房地产市场繁荣时的过度建造导致了房产过剩，而这又为随后的价格暴跌埋下了伏笔。若我们可建立并应用房地产价格市场或房地产收入永续市场，那么所有这些风险都能有所保障。

房地产市场的繁荣与萧条既有理性因素，也有心理成因。1988

年 5 月，Karl Case 和我（1988）通过同时在 4 个不同城市给购房者派发相同的调查问卷，记录了最近房价上涨的心理因素。在加利福尼亚州的阿纳海姆和旧金山，住宅房地产市场当时正处于繁荣期，单栋房屋的价格年均上涨约 20%。与此同时，波士顿正处于单栋房屋市场的繁荣后期，经过 20 世纪 80 年代中期房产价格翻倍后，房价保持水平且处于高位。（20 世纪 80 年代末期波士顿房价急剧下跌，但在我们进行问卷调查时，该情况还未发生。）同一时期在密尔沃基，房地产市场不曾有且最近也从未表现出繁荣或衰退的征兆。通过比较同一时期不同城市的同一份问卷，我们可以利用自然实验（natural experiment）来分离出与房价上涨有关的因素。我们发现在 4 个城市中，人们对未来价格变化的预期大相径庭。我们在问卷中问道："在未来十年间，你预期自己的财产价值平均每年变化多少？"不同城市的被试者对此问题的答案均值如下：阿纳海姆 14.3%，旧金山 14.8%，波士顿 8.7%，密尔沃基 7.3%。基于房价过去的表现，以及加利福尼亚州房价已处于高位的现状，我们很难将加利福尼亚州的两个城市对未来十年房价上涨的预期视作是理性的。当被要求写出做此预期的理由时，人们用词极为含糊，没有引用一些定量或权威的证据，而只是说一些陈词滥调（"加利福尼亚是一个宜居的地方，每个人都想来这里"），或是列举一些稍做游览就能看到的生动例子。

如果这些房屋所有者能够对冲风险，且其社区总风险可以被投资者所分担，那么这些引发投机性繁荣与萧条的惊人现象将不复存在。当然，对冲市场的存在本身也有可能吸引一些专业的投机者参与其中，他们可能会创造出本来未有的市场繁荣或衰退。但总的来说，通过减轻相对信息不足的房屋所有者的负担，以及向不受当地趋势影响的国际投资者打开市场，创建流动的房地产市场并向专业投资者敞开大门会降低当地房价剧烈起伏的可能性。

由于参与者通常将大量财富投入当地市场，而且他们可能通过抵押贷款承担着高杠杆，所以住宅房地产市场的投机性繁荣与衰退可能比金融市场的波动更具有破坏力。此外，房地产市场萧条的场景触目惊心，房屋所有者对此的反应要远大于公司管理者对净值下降的反应。一些过渡性社区房价的快速下跌经常伴随着大批相关房主的离开，他们想要在价格进一步崩溃之前逃离；而这加速了社区质量的恶化。

大多数房屋所有者很可能不会直接在对冲市场上交易，而是通过中介间接交易。吸引房屋所有者的零售品可能会类似于保险；事实上，它们是关于单栋房屋价值的现金结算看跌期权。房屋所有者不想放弃房屋价格上涨带来的潜在好处，只想规避损失的风险，那么这样的保险（看跌期权）对他们来说就很有吸引力，其形式也更接近于他们所熟悉的保单。

房屋所有者最想规避的是其个人房屋价格变化的风险。但是，直接保障单栋房屋价格的保险政策是存在问题的。房产评估师在评估房屋价值时很难保持客观中立，由于其估值影响到合约结算，将涉及大额损益，评估师给出的估值很难令利益相关方满意。房产交易并不频繁,所以在合约结算时很可能没有可观测的市场价格。即便这样的市场价格存在,它也很可能是有偏的:例如,房屋所有者可能进行非对等交易(non-arm's-length sale),以低廉的价格将房屋出售给其亲属;又或者,房屋所有者并未花精力去寻找合适的买主。除此之外,若保单能保障任何价格下跌风险,房屋所有者可能就不会费力去定期进行房屋维护。设定按保价比例支付的保险免赔额或能一定程度上减少此类风险。

虽然基于某房屋真实价格的保单能最有效地减少乃至消除房屋所有者的价格风险,但由于房屋所有者有滥用房产的动机,以及房产评估师有蓄意扭曲估价的可能性,这样的保单可能是无效的。因此,这种保单很难以公众可接受的价格出售。

可选替代方案之一是设计保单来保障房屋所有者对冲整个地区的房价下跌风险,而非其自有住房价格下跌风险。例如,伊利诺伊州埃文斯顿的房屋所有者可以购买芝加哥地区的房价保险,若芝加哥地区的房价下跌,保单就会赔付。指定地区的房价变化可以用住宅房地产价格指数来衡量,在此后的第六、第七、第八章我们会对指数的构建展开讨论。这样的保险合约不会激励个人进行非对等交易,房主也不会因此减少寻找合适房屋买主的努力,或是偷懒不维护其房产。既然保单不会被滥用,那么它就能以相对低廉的价格供应给房屋所有者。然而,这样的房屋保险或许不能很好地规避风险:埃文斯顿的房价未必与芝加哥地区的房价同步。社区房价可能反映该社区特定的税率、学校质量和犯罪情况等。若提供给房主的保险金与他们所承担的风险并不十分相关,即风险对冲的效果不好,那么可能根本没有人需要这类保险。

房价保险的理想形式可能是保障房主对冲其所在社区的相应房产类型的价格风险。对每个地区编码(zip code)可以分别设置高价格、中等价格和低价格房屋的价格指数,房主就可以通过交易与自己房屋相关联的指数来规避风险。区域性的保险公司会发行该地区的各种保单(以期货合约为代表),且他们可以通过在地区房地产期货市场上做空来规避发行保单的风险。

在芝加哥,一款对冲社区影响个人房产房价风险的保险在发行三年后已经卓有成效。这款"房屋净值保证计划"(home equity assurance program)于 1990 年经全民公投创立。注册该项目的人需要支付一笔 125 美元的一次性估价费用,并且此后每年多缴纳 12~25 美元的税款,具体金额取决于房屋估值。五年之后,若注册者房屋出售价格低于其估值,那么他可以就任何由于社区条件恶化所引起的损失得到补偿。(该项目自成立至今未满五年,因此其补偿机制还未经实操检验。)对于房屋价值损失是源于社区条件恶化,还是其他原因所致,项目管理者拥有裁决权。只有少部分符合条件的房主支付了估价费用注册该项目。该项目可能还没有受到足够的公众关注,也未得到意见领袖的支持。此外,在现有的规划下,房主必须主动采取行动,只有承担注册费用才能加入该项目。如果这个项目作为申请房贷或购买房屋保险流程的一环,人们可能更愿意加入。其结算环节依赖于项目管理人的裁决,这无疑阻碍了这类项目的发展。

虽然在营销方面更有优势,但在找到更有效的损失判定方法之前,私人公司也很难提供这类房屋净值担保。

对冲市场对现货市场无效性的影响

住宅房地产市场看上去非常低效。价格具有极大的惯性：价格趋势会持续数月乃至数年。大量文章记录了美国住房市场的价格惯性,如 Case 和 Shiller（1989）, Poterba（1991）, Kuo（1993）。Ito 和 Hirono（1993）的研究表明东京住房市场价格也存在惯性。从一些住宅房地产价格指数中很容易看出这种规律,而且这些指数的构建方法确保销售房屋的种类差异或者样本误差不会破坏指数的正确性。图 5.1 所示为洛杉矶地区 1984 年 1 月至 1993 年 3 月间的住房价格指数。注意图中所示的时间序列十分平滑。[5] 这个指数的构建过程并未进行平滑处理；图中的平滑趋势表明真实的价格趋势就是平滑的。一两年内指数变化方向确实可能有较大（统计显著的）转变,尤其是在样本的最后阶段,但是价格长期平滑变化也是真实存在的。

在流动市场中,价格强惯性是无法维系的；对于那些惯于处理低利润率的专业投机者来说,图 5.1 中的强惯性代表着巨大的获利机会。他们只需要在价格不断上涨时买入、在价格不断下跌时卖出就可以了。

在这样的非流动市场中,由于交易成本的存在,通过交易从序列相关的价格中获利是很难的,甚至是不可能的。根据定义,非流动市场是指成本高昂、交易困难的市场。出售房屋的佣金通常占房屋价值的 6%～8%,因无法快速出售房屋而产生的仓储成本则更高。

出于投资需求而买房要承担一定的风险：这个房屋可能不具有代表性，质量不过关，除了有类似投资需求的人，其他人不会想以该价格购买。此外，非流动市场不具备流动市场所具有的价格发现功能；交易者可能都不能察觉到近期的价格上涨。房地产市场也是如此，很难从日常证据中分辨价格变化。如果投机者不知道近期价格变动，那么他们就不能根据已知信息进行交易，也就不能通过交易来减缓价格的惯性变化。

图 5.1　凯斯-希勒住房价格指数，洛杉矶，月度，1984 年 1 月至 1993 年 3 月
资料来源：凯斯-希勒-韦斯公司。

作为对比，图 5.2 所示为同期标准普尔综合股价指数。其中的序列更接近资产价格的"随机游走"（random walk）性质，这一特性也为这些市场上的交易者所熟知。虽然这一序列也表现出上涨趋势，但这里的趋势是不平滑的，其价格变化的序列相关性明显要比住房价格的序列相关性低得多。[6]

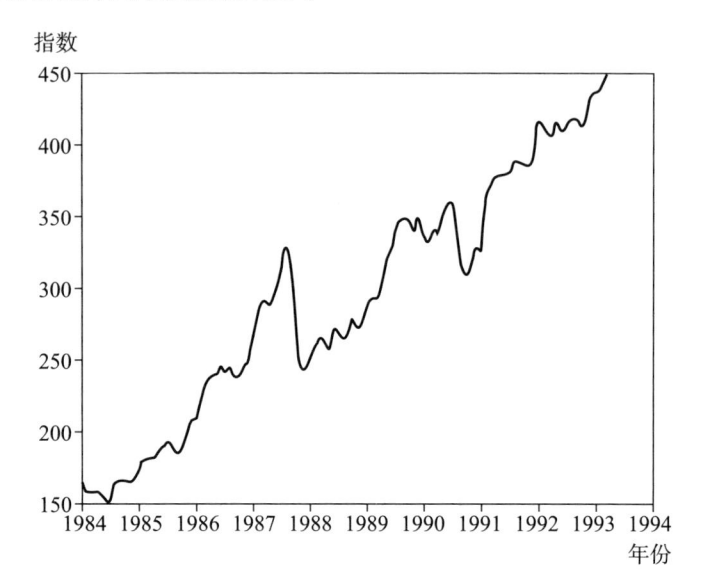

图 5.2　标准普尔综合股价指数，月度，1984 年 1 月至 1993 年 3 月
资料来源：标准普尔统计服务。

　　流动市场上的价格会接近随机游走，价格变动的方差会与时间区间长度成比例增大。两个月价格变化的方差大约为一个月价格变化的方差的两倍，三个月价格变化的方差约为一个月价格变化的方差的三倍，依此类推。当价格是随机游走序列时，在哪个区间上度量方差并不重要；一个区间上的方差总是能够转换成另一个区间上的方差乘以区间长度的比例。熟悉这样的价格变化的人会习惯于认为某一区间上价格变化的方差与另一区间上的没有本质差别。但是，在价格变动序列正相关的非流动市场上，这并不适用。对于非流动市场的价格序列，其条件方差会随着预测区间的拉长而增大。对于这样的价格序列，计算方差的区间选择就非常重要了。如果只考虑很小的时间区间，我们会发现方差很小，看上去几乎没有不确定性需要规避；但若选择不同的时间区间来度量价格变化，结果可能截然不同。

价格不确定性的差异意味着交易合约的差异，以及交易量的差异。在未来数月内，关于房价的不确定性很小。所以，住宅房地产期货合约的期限应该较长，甚至可以设计成永续合约或永续期货。当我们将时间区间拉长至数年时，指数价值还是存在很大不确定性的。

建立相应的对冲市场，如期货或期权市场，可能会提高房产市场的效率，使现货市场价格看上去更近于随机游走序列。房产市场可能会出现基准定价（basis pricing）的趋势：房屋的卖价可能会基于期货市场价格来设定，并自动根据市场做出调整。销售合约也会基于期货市场价格定价。如果房价在结算日前发生变化，合约的一方可能会想要撤回交易，采用新销售合约则可减少此类风险。上述做法可以消除房产市场无效性的一大重要来源，让现货市场对流动的期货市场迅速做出反应。

如果不考虑投机的影响，我们可能会预期建立房产对冲市场会提高房屋价格，尤其是从短期来看。如果人们可以对冲风险，那么他们会更渴望持有房产。换种说法，当投资者把房屋看作分散投资组合的一部分时，房产投资的贴现率会下降。

在考虑建立房产对冲市场的长期影响时，我们必须考虑房屋供应对房价上涨的反应程度。如果房产价值全由地产价值来决定的话，那么房屋供应不会有明显变化；建立对冲市场的长期影响就只有价格上涨。如果只需要支付固定成本就可实现房屋再造，那么建立市场的长期影响包括增加房屋数量，而非成本。现实情况介于这两种极端情况之间：长期来看，地价会上升，房屋供应量也会增加。典型房屋（地段和结构）的价格会有所上涨；但是相较于没有对冲市场的时候，其供应量也会增加。我们不应将地价上涨视作社会成本；恰恰相反，这是由风险管理技术进步、期货市场建立所带来的国民财富增加。

当然，我们无法确保房产市场的投机压力不会抵消上述宏观趋势。建立流动市场会带来一批新的投资者，他们的态度会影响这个市场的均衡。如果建立期货市场使做空房产更加容易，那么在被高估的房产市场上，房价会下跌。[7]

商业房地产

商业房地产价格和租金的波动导致了与住宅房地产市场同样的资源错配问题。办公楼市场经历着周期性的繁荣和衰退。价格上涨时人们过度建造仓库设施，导致了此后大量房产空置。在公司决定选址时，它们可能会发现公司和雇员所面临的房地产成本对其不利。公寓租金的变化引发的动荡如此之大，以至于许多地区的市政府采取了租金控制措施，设定租金的上限。如果存在流动的对冲市场，人们（或组织、城市）可以规避自身（或雇员、客户、居民）所承担的房地产价格或租金变化的风险。

由于商业房地产对住宅房地产来说并非完全替代品，其价格走势也大相径庭，因此，需要建立与住宅房地产相分割的商业房地产专用市场。不同类型的商业房地产，如公寓建筑、零售区域、办公区域、工厂和仓库等，其价格变化趋势可能也迥然不同。当然，与住宅房地产相同的是，由于不同区域价格变化不同，商业房地产的风险管理合约也必须划定地理范围，而不是整个美国一概而论。

然而，相比于住宅房地产市场，在定义新市场这一问题上，商业房地产面临着更严峻的挑战。由于商业房地产的交易量远低于住宅房地产，我们很难得出商业房地产的价格指数。此外，在交易量稀少的情况下，通过现货市场的销售可以轻易操控期货市场。在不同的交易中，商业房地产的本质会更加不同，而且交易所伴随的金融合约和其他财产转移也使得商业房地产交易更为复杂。

尽管存在这些困难，但一个基于指数的房地产互换市场已经初见雏形了。1993 年 1 月，摩根士丹利公司（Morgan Stanley & Co. Inc.）与 Aldrich, Eastman & Waltch 有限合伙企业完成了一笔 2 000 万美元的房地产互换交易，这也是历史上第一笔房地产互换交易。交易一方是一家养老基金公司，它同意基于 Russell/NCREIF 指数向摩根士丹利公司支付，同时收取伦敦银行间同业拆借利率（LIBOR）。另一方是一家人寿保险公司，它支付短期利率并收取房地产收益率。

若除了以估价为基础的 Russell/NCREIF 指数外，能有更好的指标用于合约交割，这种形式的风险分担就能得到进一步发展。指数的定量特征肯定会引出关于客观性的问题。此外，评估师也无法履行客观评估房地产的责任，更不用说建立基于交易的房地产价格指数了。或许，我们可以将第六、第七、第八章所讨论的重复销售指数应用于商业房地产市场。

建立出租公寓（apartment）价格指数的一种方法是利用自有公寓（condominium）的价格指数。如果可将出租公寓与自有公寓区分开，当两者都处于在建状态时，自有公寓价格与出租公寓价格之间应高度相关。因为自有公寓的交易量远大于出租公寓，其现货结算价应更为准确。自有公寓的销售可以看作出租公寓的分割销售，虽然在现实中，整栋出租公寓的价格与相应的自有公寓的价值总和之间存在很大差异。

因为很难找到基本无差异房产的重复交易，所以更有效的做法是建立商业房地产的租金指数，利用永续索取权或永续期货市场来发掘现金流的现值。我们只需要通过调查问卷来搜集目前商业房地产的租金数据。商业租金的协定通常是多年期的，所以其数据是滞后的。为使指数更有前瞻性，如今有些商业租金指数试图搜集并加入新协商的租金数据。但这种指数创建方法不适用于永续索取权或永续期货合约的现金清算。我们可将前瞻性交由市场考虑；无论数据是多么滞后，创立实际支付租金的指数都是必要的。

蕴含自然资源的土地

石油是可储存商品，建立石油期货市场是再自然不过的事情了。不论期货市场采取现金交割还是实物交割的形式，石油储存者都会很需要它。此外，既然石油产地的所有权实质上就是其中所储存石油的所有权，那么同样的期货市场也可以用来对冲该土地价格的风险。

然而，我们有理由认为油价是土地分红的测度。这样的话，石油产地的期货市场最好是一个永续市场。

首先，生产和储存石油是有成本的。地下和地上的石油不可以随意转换。在油价高涨时期，生产石油的成本会急剧上升，因为现存提取、运输和加工石油的设备都会非常紧俏。当石油储量耗尽时，可能会出现暂时性的石油短缺。随后，油价很有可能会偏离以往的随机游走特征，油价可能会下跌。但是石油产地的地价不会下跌太多。

此外，与人们预想的不同，对于像石油这样的自然资源，地下储量与已开采储量是不能等同的。只要有足够的已开采黄金储备来满足生产需求，金矿所有者就不应继续开采黄金，这样只会无端产生生产和储存成本。为了解释为什么有持续的黄金生产，Brennan（1990）提出了一些理由。其原因之一为金矿所有者害怕如果不开采黄金，政府会剥削或者以其他形式制裁他们。另一个原因是，矿主必须进行黄金开采，才能向市场证实并传达地下确有黄金这一信号。自然资源，如石油，其价格在短期内会被卡特尔（cartel）的行为所影响，典型例子即为石油输出国组织（Organization of Petroleum Exporting Countries，OPEC）对石油价格的管控。

建立关于石油产地的期货市场是有可能的。这很重要，因为石油产地的价值远远高于储存罐里的石油价值。当然，石油产地与其他土地不同，其价值由世界范围内的油价预期决定。因此，不太可能出现区域性的价格变动。但是石油产地天然地不可能是流动资产，因为我们无法证明其所蕴含石油的价值。因此，石油产地的所有者很难通过出售土地来分散自己的投资风险；在石油土地价格期货市场上做空则相对容易许多。

石油土地价格期货市场的建立可以石油产地实际销售价格为基础，但是这很难实现。由于难以证实土地的质量（地下石油的类型和总量），不同产地差异较大，因此价格指数的构建必须依赖于同一资产的重复交易信息（第六章会讨论该问题）。但在石油土地这个问题上，即使重复销售指数也有自身的问题，因为随着时间的推移，石油被逐渐耗尽，土地的价值也会逐步下降。

关于油价的永续索取权或永续期货市场或许是实现规避石油产地价格风险的好方法。我们预期，在这样的市场上，暂时性冲击不会影响价格，价格只会对长期影响油价的信息做出反应。[8]

非法人企业和私人公司

在美国，非法人企业创造的收入可与法人企业营收相媲美。根据美国国民收入和生产账户（National Income and Product Accounts），1990 年非农业主总收入为 3 254 亿美元，而法人企业税前总利润是 3 323 亿美元。事实上，法人企业的现金流小于非法人企业的现金流。法人受到公司利润税的约束；1990 年其税后总利润是

1 970 亿美元。分红仅为 1 337 亿美元；自 1959 年以来，无一年年度分红收入超过非农业主收入的一半。

美国国民收入和生产账户报告的分红收入大于上市公司的分红；私人企业同样会产生分红。

当然，目前没有交易非农业主或私人企业索取权的大型流动市场。我们可以设想，或许可以建立现金结算的、基于收入的永续索取权或永续期货市场。

至于用于合约结算的指数，首选自然是国民收入和生产账户。利用这些数据，我们可以创立业主收入和分红（包括私营企业和上市企业的分红）的永续期货。然而，这些数据是存在一定缺陷的。这些时间序列衡量的不是固定的某些企业的成功程度；即使没有哪个企业收入上升，每当新企业成立时，总分红就会有所增长。美国过去几十年引人注目的服务业增长可能只意味着在这一时段里成立了很多新的非法人企业。

但为了大致了解收入和分红的市场收益率变化情况，我们还是有必要分析国民收入和生产账户数据。为此，我们从中抽取了业主收入（包含存货价值和资本消费调整）、公司分红、GDP 这三个时间序列，数据时段为 1959—1990 年，数据频率为年度数据。三组数据都经 GDP 平减指数处理为实际值，并且根据美国人口数据转化为人均水平。

这三组数据彼此之间独立性很强。人均实际业主收入的五年期增长率与人均实际分红增长率之间的相关系数仅为 0.354，而前者与人均实际盈利（earnings）增长率之间的相关系数也只有 0.424。但是人均实际业主收入的五年期增长率与人均实际 GDP 增长率之间的相关系数达 0.571，这表明业主总收入的大部分风险可以通过 GDP 期货市场来对冲。

上一章附录中估计假想永续期货市场的收益率标准差的方法同样可以用于处理这些人均数据。假设实际贴现因子 ρ 取值与之前相同。每个时间序列都采用十期滞后的自回归模型，参考之前的方法，我们可以估算出其各自理论收益率的标准差。应注意的是，估计结果与此前保持一致：我们在此用不同的数据与样本区间所得的结果验证了上一章的结果（采用 Summers 和 Heston 的数据），美国 GDP 永续期货市场的标准差的确很小；在此我们所估计的标准差（采用美国国民收入和生产账户数据）为每年 1.53%，与上一章的估计值非常接近。业主收入市场的收益率标准差也很小：仅为每年 1.68%。尽管该数据看起来微不足道，但重要的是业主收入市场的理论收益率与 GDP 市场之间的相关性很小，仅为 0.37，这说明无论这个市场的风险具体是什么，它都无法通过 GDP 永续期货市场完全对冲。正如此前所述，这些标准差估计值可能会低估真实值。运用同样的数据和方法所得的公司分红市场的理论收益率标准差为每年 5.66%，远低于股市每年收益率的真实标准差。业主收入永续期货市场的理论收益率与分红市场的理论收益率之间的相关系数仅为 0.45，说明在公司分红市场上对冲业主收入风险的作用不大。

当然，选用战后美国国民收入和生产账户数据得到的结果并不能说明业主收入和总分红市场收益率的未来变化情况。在上一章中我们看到，美国 GDP 市场收益率的变化在世界各国中处于较低水平；美国经济体在这一时期非常幸运，没有经历意料之外的重大动荡。未来业主收入可能会经历更大幅度的变化。此外，基于特定范围现有企业收入指数的期货市场收益率可能也会有更大的波动。考虑到业主收入市场的规模，根据其不同的业务范围，永续期货市场可能会有长足的发展空间。

消费者和生产者价格指数期货

消费者和生产者价格指数由政府计算得出，我们可以据此建立许多重要的新风险市场。消费者价格指数代表了现有债券实际现金流的倒数。这些指数也是任何约定以名义价格支付的合约（比如租赁合约和劳动合约）的实际现金流的倒数。

此外，政府统计部门公布的消费者和生产者价格指数构成中还包括了耐用品（如铁路设备、航空设备和船只等）的投资价格，该价格的变化构成了资产持有者的风险。

综合价格水平风险

目前世界上还不存在可对冲通货膨胀风险（也即货币购买力变化的风险，购买力的变动可用消费者价格指数变动来衡量）的期货或期权市场。在一些国家中已存在通货膨胀指数联结债券，投资于此类债券可自动对冲通货膨胀风险。指数联结债券也可有其他用途：构建如下投资组合，做空指数联结债券，并买入非指数联结债券，我们将获得一个纯通货膨胀投资组合。然而，由于做空困难，且很难有票息和到期日都完全匹配的非指数联结债券，而政府债券流动性又相对更低，这样的市场无法替代真实的期货市场。

在理想状态下，几乎所有跨期合约，不论期货还是期权，都应以实际价格而非名义价格计价。也就是说，合约应与通货膨胀挂钩。人们最终关心的是他们的购买力，而不是持有的货币量；制定合约应考虑人们的真实需求。货币只是交换媒介，它本身并不重要。如果所交易货币数额的实际价值发生明显变化，那么名义合约会使人们很难搞清楚财富的真实价值。

大多数政府债券是以名义而非实际价格计价的。名义价格计价的结果是，若人们将养老金投资于长期债券，通货膨胀率的长期增长事实上对于其财富是有所损耗的。这种购买名义债券、将养老金实际价值与价格水平挂钩的做法，实在很难看出其有何潜在好处。如果价格水平或多或少与其他影响生活水平的变量相关，投资名义债券而非实际债券的行为还是可以理解的。但是我们几乎找不到任何现实例子，可用于支持出于保险目的而把债券的实际价值与价格水平挂钩的行为。

基于相同的理由，以名义价格计价的长期商品期货合约似乎也不太理想。若有谷物商储存谷物以备后续出售，并假设他会在谷物期货市场做空来对冲风险，若以CPI衡量的物价总水平突然显著增长，平均而言，其储存的谷物价格也会近乎同比例上升。谷物的实际价值没有变化，但是该商人在谷物期货合约交割上处境非常不利。

通过出售谷物期货,谷物商实际上锁定了谷物的名义价值,而非实际价值。若通货膨胀非常严重,他的财富可能会因此消耗殆尽。但假若他并没有对冲风险,反而不会受到任何实际影响。显然,若能以实际价格计价,谷物期货市场就能更好地服务于谷物商:这样的话,在期货合约交割的时候,商人实际出售谷物的价格是合约价加上根据 CPI 或其他价格指数调整的项。同样地,永续期货合约可以使用指数化收益作为式(3.1)中的替代资产。

  如果有些人同时持有其他以名义价格计价的合约,那么将期货合约与 CPI 通货膨胀挂钩仍然会有问题。假设谷物商通过固定名义利率的长期贷款来购买这批谷物,那么只在与 CPI 挂钩的期货市场上对冲,依然不能使其免于通货膨胀的影响,因为通货膨胀还会影响债务的实际价值。如果期货市场与 CPI 挂钩,通货膨胀对商人来说是天降之喜:谷物的实际价值不变,但是债务的实际价值大幅缩水。但反过来,若通货膨胀小于预期,商人也会因此遭受损失,因为谷物期货的实际价值不变,而债务的实际价值高于预期。问题不在于期货合约本身,而是名义利率贷款引入了通货膨胀风险。如果商人以实际利率贷款,即发行与 CPI 挂钩的债券,那么通过在与 CPI 挂钩的谷物期货市场上做空,商人即可保护其资产的实际价值。又或是,商人可以借入非常短期的名义贷款,随着时间的推移不断借新还旧,这样的话他也可不受通货膨胀影响。其原因在于,即便债务是名义计价的,但在每个债务合约的期限内,通货膨胀的程度都是已知的。在合约更新、借新还旧时,市场倾向于保持实际利率不变，因此，这样的贷款序列实际上接近 CPI 指数联结序列。若市场的确如此，商人则会倾向于选择与 CPI 挂钩的期货市场，而非名义期货市场。在现实中，由于通货膨胀存在不确定性，能实现短期贷款实际利率不变的程度较为有限。

如果套利者面对的贷款市场没有与 CPI 挂钩，用实际价值计价的商品期货合约也会影响其套利行为。若已有与 CPI 挂钩的谷物期货市场，期货价格远高于现货价格，套利者会在现货市场买入谷物，并在期货市场卖出，锁定实际收益。但若套利者必须以名义利率借钱来购买商品，那么由于实际利率的不确定性，套利收益也是有风险的。

在美国，对于与 CPI 挂钩的商品期货市场的讨论并不多。[9] 人们对此意兴阑珊的原因之一可能是人类天生有"货币幻觉"（money illusion），人们接受货币是衡量标准，即使货币价值会发生改变。[10] "货币幻觉"不是永固不变的，经验表明，在货币价值发生重大变化的时期，人们确实会学着采用更好的标准。更接近真相的理由可能是，在大多数期货合约的期限内，美国通货膨胀水平很大程度上是可预测的。通货膨胀率是宏观经济学家最容易预测的经济变量之一；通货膨胀率是显著序列相关的。它之所以不是完全序列相关的，一定程度上是由于数据搜集过程的噪声，并非通货膨胀序列的本质变化所致。[11]

如果在期货合约的期限内，通货膨胀率比商品期货市场的价格更容易预测，那么期货以名义价格还是实际价格计价就无关紧要了。

如果一个经济变量（在这里就是通货膨胀率）在合约期限内有足够的确定性，它除了会按比例放大或缩小期货价格之外，对合约计算几乎没有任何影响。通货膨胀率对期货价格的影响几乎不会涉及结算，因此根本没有实质影响。

对大多数商品来说，在合约期内，商品价格的不确定性远高于CPI的不确定性。因此，关于名义合约和实际合约的讨论更多是学术层面的。但是，如果我们延长合约期限，或是采用永续期货（这样的话，在合约期限内，通货膨胀的不确定性就变得重要了），又或是选择合约期限内价格不确定性低的商品（即选择的结算公式对结算日的商品价格相对敏感，因而合约本身会具有明显的不确定性），那么实际与名义合约之争将会有重要意义。

如果资产的现货市场流动性差，那么将期货市场与CPI挂钩就尤为重要。由于现货市场的价格短期内可预测性高，合约期限需要设置得更长。如果维持短期设定，合约会很大程度受到CPI不确定性的影响。

CPI期货合约最好以永续索取权或永续期货市场或其他长期期货市场的形式流通。因为在短期内通货膨胀几乎没有不确定性，通货膨胀不确定性的绝大部分来自长期变动。我们可将挂钩CPI的单一永续期货与任意其他永续期货联合使用，实现另类投资收益从名义利率向指数化利率的转变。[12]

消费者或生产者价格指数的组成部分

消费者或生产者价格指数具有不同的组成部分，可对应于不同的风险市场。对于所承担的风险集中于其中某部分的人，对不同组成部分分别建立分割的风险市场，对于其风险对冲而言是更有利的。消费者或生产者价格指数的组成部分包括：航空、船只、铁路设备、卡车、农业机械、电脑、运输设备和电力设备、石油开采和天然气开采机械、矿业机械、造纸业机械等。拥有其中某类资产的人很可能会有对冲资产价格变化风险的需求。

遗憾的是，现有的生产者价格指数并不是合约结算的理想指标。生产者价格指数衡量的是新生产商品的价格，而非已有资产的投资价格。我们需要建立新的指数。这些指数的建立可以采用重复度量法，接下来的第六至八章会对该方法进行具体描述，所需要数据为已使用资产的重复销售数据。另一种方法是基于现有资产租金指数建立永续期货合约。

这些资产的价格指数，或是其永续期货合约价格，可能迥异于其生产者价格指数对应的部分。例如，资产的价格指数可能会明显表现出价格随着时间的推移而下降的趋势，这反映了资产折旧及其他因素。在合约的现金结算中，指数呈现这样的趋势是没有问题的。实际上，指数反映折旧变化意味着投资者可以利用风险管理合约管理折旧的不确定性，就像管理其他真实价格风险一样。

农　业

历史上第一个期货市场是关于农业产品的；这些市场目前发展良好，流动性很强。但是它们不能很好地服务于农业风险管理；很明显，农民几乎不参与这些市场。因此，我们首先需要了解农业期货市场，因为它看上去可以给农民提供有用的风险管理服务，却又未能很好地服务于此目标，我们需要了解其背后的原因；在此基础上，我们可以再探究新市场的构建。我们发现，农民似乎对风险对冲持令人不解的抵触态度。这种抵触可能部分源于其对对冲成本的理解困难，以及适宜对冲工具的长期缺位。由此，我们提议，可以建立农业土地价格期货市场，或是农产品价格的永续期货市场。

农民对农业期货的使用

风险对冲的经典例子就是农民在种植期对粮食价格风险的对冲；金融教科书常讲的故事是，农民在种植期做空期货合约，并于丰收期交割。教科书解释说，通过在期货市场做空，农民到期期货结算值与粮食价值负相关，因而降低了农业经营风险。假定存在期货市场，农民好像也没有理由将农业生产与粮食价格投机相结合；他们可以专注于农业生产，把粮价投机留给能更好地分散风险或是愿意承担风险的人来运作。

农业期货市场已经普及超过一百年了，农民有足够多时间去学习如何利用市场。他们对于对冲风险也有足够的个人需求，因为其收入很大程度上取决于某种粮食的价格。借钱给农民的贷款人也有理由去鼓励农民对冲风险，因为这样可以降低违约概率。农产品价格变化性很大，历史上存在周期性农业危机，已导致无数农场破产。

在粮食生长期，农业期货合约的未平仓量（open interest）往往不高，这证明了农民不是期货市场的主要参与者。很久以前就有人强调过（Working，1953），未平仓量大略是随着销售者持有量变动而上升或下降的；这说明，未平仓量的快速上升将始于农产品收获季节，而非其生长季节。

Helmuth（1977）对年产品销量超过 10 000 美元的美国农民做过一项问卷调查。其结果表明：在 1976 年，只有 5.6% 的农民买卖过商品期货。随着农产品年销量的增加，交易期货的农民比例也在上升：年销量在 10 000~19 999 美元范围内的农民，有 1.0% 参与了期货市场交易；而在年销量大于 100 000 美元的农民当中，参与期货市场的人数比重提升至 13.1%。但即便是在大型农场的农场主当中，参与期货交易的也只是极少部分。

在参与期货交易的农民当中，仅 33.4% 的人交易与其生产相关的农业期货合约，可见大多数人进行期货买卖是出于投机目的，而非受风险对冲需求驱使（当然，有些农民会交叉对冲，如用玉米期货对冲高粱或大麦的风险）。在那些交易与其生产相关的期货合约的农民中，74.9% 买入（随后卖出）合约，只有 51.5% 卖出（随后买入）合约。这说明他们更倾向于持有多头，而非空头。Helmuth 总结道："这表明粮食生产者倾向于投机"，尽管养殖业农民可能会出于对冲投入品价格的目的选择持有农产品期货多头，"但他们的持有量很有限"。

Helmuth 的问卷中问道："你不进行期货合约买卖的原因是什么？"问卷提供了 9 个可能选项及 1 个"其他"选项。被选最多的选项是"不熟悉期货市场运作"，有 28.0% 的回答者选择了它。这并不出乎意料，现实中农民极少使用期货合约；这着实不该是不对冲的理由，而是选择不对冲所造成的结果。第二受欢迎的选项是"农业生产的规模太小了，没必要使用期货合约"，有 20.1％的人选择此选项。的确，合约规模大于一些农民的粮食生产规模，这反映了期货交易所对吸引小型农户参与市场兴趣不高。第三受欢迎的选项是"期货市场风险太大了"，13.3％的参与者选择了此选项，这说明很多回答者假定期货市场是用于投机，而非风险对冲。目前市场确实很少被用于对冲，他们这么想倒也是无可厚非。其他选项都没有超过 10％的人选择：仅 9.8％的人选择"缺少足够的资本"（期货交易需提交保证金），9.2％选择"没有时间认真关注期货市场"，6.2％选择"不认可期货市场"，3.9％选择"担心自己会因期货价格的微小波动而被'套牢'"，2.8％选择"过去一年没有合适的交易机会"，1.9％选择"当地市场基差（现货价格－期货）太不稳定"，以及 4.8％选择"其他"。当然，仅从简短的问卷中，我们很难确定农民不参与期货市场的真正缘由。

很多农民参与其所生产的农产品的价格投机，这并不违背理性行为；在他们生产的粮食市场上，由于其直接参与生产过程，农民确实拥有信息优势，所以选择在该市场而非其他市场投机也合乎逻辑。通过运用所掌握的知识，他们的投机行为可能对提升期货市场效率有所助益。然而，理性的风险管理会要求农民更多地做空自己的产品而非做多。由于农民对于价格变化的切身体会，加上自身参与其中，他们可能会更倾向于过度投机自己的产品。

农业期货市场中的对冲行为更多是由谷物经销商和加工商完成的,尽管它们看上去对冲的动机似乎更弱。如果这些经销商和加工商为投资高度分散化的投资者所持有,其实际的风险已被极大程度分摊,这相比于单个农民所面临的风险要小得多。

个体农民不参与市场的原因之一可能是,只有在所面临的风险足够大时,他们才会花精力对风险进行复杂的思考与决断,如在大农场运作中,农场主通常会聘用专业人士来完成此类工作。Gray(1977,p.339)写道:

> 期货市场的发展起源于对冲需求,而利益与价格高度相关的专业人士对此有着最为清楚的认知。例如,商人和面粉厂无一例外地一直使用小麦期货,而面包师则几乎无一参与。在过去,随着养牛业专业化程度的提高与规模的扩大,生牛期货交易的增长速度曾远高于生猪期货交易;而随着生猪专业化企业的出现,生猪期货交易规模也开始扩大。

在 Gray 看来,只有那些大企业参与生产加工的农产品种类,其价格风险才会被很好地对冲。

中 介

经济理论认为,农民本身确实不适合参与期货市场,但是他们可以与中介交易,让中介代其在期货市场对冲风险。农民可以在种植期签订远期合约,按约定价把粮食卖给经销商,而经销商可以对冲远期合约的风险。这种做法优于农民自己参与期货市场，首先是因为经销商可以在不同农场之间分散风险，因此可以保障单个农民免受当地农产品价格变化的基差风险。其次，通过与不同农场交易，经销商可以提供更有效的合约条款，允许农民交割农场的实际生产量，而不是事前约定的交易量，因而合约的规模可以贴合粮食产量。最后，经销商的工作人员在当地农产区工作，他们更了解农民的信用，因此或可免去保证金及其相关的保证金追加制度。总而言之，当地工作人员可以提供农产品的联合交易，扮演了类似银行的角色。有些农民很难缴纳所需的保证金和进行后续追加。

但是，未平仓量的证据说明农民也并未间接参与期货市场。如果大多数农民间接参与了市场，我们就会看到未平仓量在作物生长季迅速上涨。

对于农民来说，远期合约似乎比期货合约更有用。根据 Heifner 等（1977）的问卷调查，在 1974 年，20%的玉米采购、14%的小麦采购、20%的大豆采购是通过远期合约完成的，价格确定于结算日前的 30 多天。虽然仍然只有小部分作物交易对冲了风险，但是我们确实看到很多人采用远期合约来满足自己的对冲需求。相比于农民而言，收购商明显更倾向于对冲价格风险。Helmuth（1977）引用了美国农业部粮食工业调查局（US Department of Agriculture Grain Industry Survey）的报告，其中提到，72.7%的中端谷仓、58.6%的终端谷仓、67.2%的出口谷仓、81.4%的大豆设备、41.7%的饲料谷仓都会对冲风险。只有乡村谷仓对冲倾向较低：只有 16.5%会对冲风险。

有些农民出售远期合约事实上并不是为了对冲风险,而是出于其对价格下跌的预期。农民在远期市场(或者期货市场)提前出售作物,可能仅仅是利用这个工具来进行投机,期望当价格下跌时从中获利。Allen 等(1977)注意到在种植期,当额外的需求量突然把粮食价格推高时,远期合约往往就开始涌现,农民想要锁定他们的利润。他们注意到在 1973 年,当棉花价格在种植期异常高时,采购者"匆忙地准备产品供应",40% 的美国棉田产量以远期合约的形式在种植季节前售出;75% 的棉田产量在收获季节前就已签约出售(Allen et al., 1977, p. 2)。当然,单凭这一信息,我们无法判断农民之所以突然愿意以远期合约的形式出售粮食,是因为他们预期价格会下跌,还是因为他们感到价格异常高时波动率太大了。

有些农民通过中介对冲风险,而有些农民在远期市场上故意投机于自己所生产的作物,反倒承担了更多风险。农民在签约售出其农作物时,通常采用基差定价:交割价与期货市场价格相关联。交易价格为期货价格减去一个协商的数值,该数值被称为基差(basis)。尽管也可以提前商定价格,但以这种形式制定远期合约的农民,其实只确保了其生产的作物得以售出。他们故意选择了承担本可在签订远期合约时自然消除的价格风险。根据 Heifner 等的问卷调查,在 1974 年,基差定价法是 66.0% 的终端和中端谷仓以及 28.4% 的乡村谷仓的常规操作办法。

很多农民以推迟定价的方式出售作物,这是一种与远期出售完全相反的方法：农民将粮食作物移交给经销商，经销商承诺在此后某日按公式给农民支付货款（基差定价，或是在未来该日经销商的卖出价）。若选择推迟定价，在完成粮食作物的交割后，农民与作物的自然联系已经断开，所以在此阶段农民实际上是在对粮价投机。根据 Heifner 等的问卷调查，在 1974 年，8％的玉米、18％的小麦、11％的大豆采购采用的是推迟定价。我们注意到，在小麦采购上，相对于提前 30 多天锁定价格，更多农民选择推迟定价。

这个关于农民对冲作物风险的例子表明，单凭市场存续时间本身不足以保证对冲市场的成功；在期货合约发明后的一百多年来，普通农民似乎依然没有对冲风险。我们也能理解为什么很多农民选择不参与市场对冲风险：首先，要证明对冲是有利的是极为困难的；其次，通过分散其作物品种，农民已经可以实现部分风险对冲了。

谷仓在让农民认同风险管理服务方面取得的成果微不足道，其主要障碍可能在于很难向农民证明这种服务的优势，且在满足他们的对冲需求方面上，合约本身亦有不足，对此我们接下来将进行详细讨论。

衡量保值成本的困难

农民不愿意对冲风险的重要原因之一是，他们认为风险管理的成本远大于其所带来的好处。他们很怀疑在付出了这些成本之后，风险管理是否真的于己有利。这一理由并未被列于 Helmuth 的问卷中。在很多情况下，农民也很难说清楚其原因，只是感觉他们不能完全信服对冲合约的利益。

风险管理的交易成本易于说明。然而，现货溢价（backwardation）引致的成本很难量化，期货市场空头平均而言会亏损（平均而言，期货价格会随时间上涨），农民很可能会高估成本。

Berck（1981，p.473）列举了棉花期货市场现货溢价的证据，期货价格趋于上涨，因而参与市场的农民承担了额外的成本（风险溢价或保险成本）。利用种植期风险对冲的数据，他估计"做空棉花的损失约为每磅9.3美分，这大概占每磅棉花生产利润的一半"，他总结道，大多数农民很有可能放弃参与对冲市场，因为参与市场的成本太高了，而他们有能力通过分散所生产的作物种类来降低价格风险。但是Berck关于现货溢价的证据统计上不显著。其他关于农业期货价格的分析也没有发现现货溢价的显著证据。

验证现货溢价的程度比较困难，因为期货价格的噪声太大了，任何因素都可能导致价格呈现上涨趋势，即使采用先进的计量方法，也无法准确估计平均涨幅。农民不知道现货溢价的程度也就不足为奇了。

更直接地说，即使拥有了数年的市场经验，农民也不知道参与市场是否对他们有利。认识到参与市场可以降低风险很容易，但要通过个人经验了解降低风险的成本有多大则非常困难。若要比较农民参与市场的实际收益与其在不做对冲情况下的可能收益，我们依然面临着与此前学者判断现货溢价存在性相同的问题，即统计的显著性。农民不参与市场的可能收益受到的扰动太大了，我们几乎无法估计出它的均值。

经济学家通常认为在期货市场对冲风险的好处是不证自明的，都没必要估计现货溢价的程度，对冲是有利的这一判断几乎总成立。而其观点源于市场均衡理论，这种理论认为现货溢价本质上是为承担合约相应风险所支付的市场出清价格。期货合约的多头可以通过买入不同种类粮食作物和资产来分散风险，他们可以选择投资于与合约标的作物相关性不强的其他作物或资产，因此承担这种风险对他们来说是不要紧的，他们也不指望因此获得额外收益。但是，我们不能想当然地认为农民们会理解并接受这一理论。我们至多只能期望意见领袖能够让他们了解这一理论的通俗意义。

农民风险管理的短期对冲不足

正如前文所提到的，关于农民使用对冲工具的典型故事就是他们分别对冲每季收成的风险；这可以被称为年度对冲（annual hedging）。在年度对冲的情况下，当农民开始种植作物时，他们会做空合约来规避这种作物的价格风险。但是在作物生长期间，农民所面临的某种作物的价格风险可能尚不明晰，因此对冲市场可能作用有限。

另一种利用现有农业期货市场进行对冲的方法是连续展期对冲（sequential rollover hedging）。例如，一个农民想要对冲接下来 n 年的收成，那么他在当年会卖出当年收获量 n 倍的期货合约，在第二年接着卖出 $n-1$ 份期货合约，依此类推，直到最后一年，只卖出一份合约。

假设我们忽略交易成本和基差风险（到结算日时，期货价格未收敛到当日现货价格的风险），若每年作物价格变化相互独立，以及有关价格变化的信息只出现于丰收之前的生长季，那么不论 n 取值多少，选择年度对冲都是最优的。在上述假设下，若价格变化是随机游走序列，那么展期对冲是最优的。在前一种情况下，年度对冲可以消除所有风险，但是展期对冲反而引入了风险，这种做法在本期多创立了 $n-1$ 份合约，这与接下来的作物收成风险无关。在后一种情况下，展期对冲可以消除所有风险，但是年度对冲则无法规避本期未覆盖而且与未来风险相关的价格变化。

当然在现实中，这两种极端的例子都不太可能出现：关于未来现货价格的信息既不会在历年间相互独立，也不会是随机游走序列。在这种情况下，利用现有的市场无法规避所有的风险；只有多年期期货合约（multi-year futures contracts）可以实现这一目标（忽略基差风险）。

基于目前市场计算交易成本的方法，用展期对冲法对冲长期作物的风险成本极高。为了在今年对冲 n 年的作物风险，农民不得不支付 n 倍的交易成本。即便每个合约每年交易成本只有1%，这种方法的操作成本也会抵消所有利润。

但是，根据 Gardner（1989）的研究，虽然年度对冲不会产生高昂的交易成本，但它无法消除农民所面临的大部分风险。利用1973—1985年的数据，Gardner 发现，若伊利诺伊州中部的农民对大豆进行三年期年度对冲（芝加哥期货交易所），其三年期未规避风险的标准差为每蒲式耳59美分，而在采取连续展期对冲或多年期期货的情况下,该数额分别为33美分与8美分。(由于多年期期货事实上并不存在,最后一个数值是根据伊利诺伊州中部现货价格得出的基差风险。)若将大豆换为玉米(芝加哥期货交易所,伊利诺伊州中部现货),该数额则为每蒲式耳44美分、15美分与4美分,棉花对应的数值(纽约棉花期货交易所,孟菲斯现货)为每磅11.2美分、3.7美分与0.7美分。如果我们选择比三年更长的期限,年度对冲的未规避风险与多年期对冲的未规避风险之间的差距会更大。

从这个角度来说,大多数农民不参与保值市场就不足为怪了。前文提到过,只有当保险合约可以几乎消除全部风险时,购买保险才会具有吸引力。在这里,年度对冲几乎对消除风险起不到什么作用。

值得注意的是,如果商品价格下降,农民是可以选择更换另一种作物的。若此操作可行,这意味着农民对于多年期期货的需求就更少了。这一选择的重要性因人而异;有些农民的土地、设备和劳动力只适用于某一种作物,而有些农民的生产工具自由度则更高。

创立农业的长期对冲市场

相比于现有市场,更长期的对冲市场可以更好地服务于农民。对于土地或其他投资只适用于特定作物的农民来说,农产品价格永续期货将极为适用。如果农民所拥有的土地、设备和人力资本只适用于某种农产品,那么该产品价格的永续期货就等同于关于农民投资价值的期货。若农民的土地、设备和人力资本适于耕种两三种不同农产品,那么他可以在所有相关期货市场上对冲风险。当然,永续期货合约或其他零售合约的交易成本没必要像连续展期期货一样高。[13]

保障农场和设备价值的期货市场可能比作物价格期货市场更贴合农民需求,同样地,相比于对作物价格市场,农民对保障农场、设备的零售市场可能也更感兴趣。农民会转换作物种类,因此单一作物价格与农民投资于农业生产的长期风险关系不大。第三章的讨论提出了建立这类市场的两种方法:其一是建立区域农场收入的永续期货市场;其二是建立区域农场价格的普通期货市场。

农地收入比商业用地、住宅用地收入更易于量化,这提高了利用永续期货市场对冲风险的可能性。我们可以通过设计关于每英亩税后农场收入的问卷调查来获得现金结算公式(3.1)中的分红数据。

另外,农地价格可能比农地收入更能反映农场风险。农地价格对土地的其他用途很敏感,而且如折旧方法的选取等会计准则对其影响不大。与住宅房地产价格指数一样,也可以利用农场销售数据来构建农地价格指数。[14]但是相对于住宅房地产价格指数,刻画农地价格指数的问题更多。农场的销售量远低于房屋,所以其价格指数会具有更多噪声。此外,农地相比其他地产更可能被切割后分块出售。围绕城市中心建造小型农场的趋势已然显现,因而土地上建造的房屋价值也成为农地价格中日益重要的组成部分。

艺术品和收藏品

相比于所讨论的其他市场，艺术品和收藏品的对冲市场看上去最难以付诸实践。这是因为从交易量上说，艺术品市场远低于许多金融市场。此外，相比于传统商品市场，不同艺术品的质量天差地别。但把这个没什么前景的市场当作一次案例分析也是很有趣的，我们可以把这当作一次实验，说不定未来某天就真的能实现呢。

单件艺术品的价格风险可以通过收藏大量艺术品来分散，但是艺术品仍然有很大的市场风险。利用 1716—1977 年重要画作的重复销售数据（资料来自 Reitlinger 和 Mayer），Goetzmann（1992）估算发现单幅画作五年期价格（自然对数）变化的标准差非常高：每年 79.2%，这几乎与最具投机性的股票相当了。这种风险不能通过同时投资于大量画作分散：单一画作价格风险中的市场风险部分，即样本中所有画作价格（自然对数）变化的标准差，其估计值高达每年 56.5%。不同画作表现出相似的价格变化，这一趋势也可以从苏富比艺术品指数（Sotheby's Art Index）中看到。20 世纪 80 年代末期是画作市场繁荣时期，所有种类的画作（古老的大师作品、19 世纪的欧洲绘画、印象派作品、现代派作品和美国作品）都快速升值。所有种类画作的价格都在 1989—1990 年达到巅峰；在 1990—1991 年间，全部品类画作的价值都有所下跌。

收藏艺术品和其他贵重品的人天然地就无法分散风险；有人会说收藏家对艺术品有自己的私人价值，因而他们不会对冲艺术品的风险。博物馆可以从投资者那里租借艺术品展出，但这种操作并不常见。博物馆通常认为，日常展出艺术品可以提高它的价值，所以它们希望现在拥有或将来买下其展品。无论是机构还是私人收藏家，他们都想要预测哪件作品会变成高价，所以实际上他们都是投机者。这个称呼可能使他们的行为遗憾地暗含了商业意味。我们不否认对许多收藏家或机构来说，纯粹的美学动机是超越升值激励的存在；但是，大多数收藏家很难忽视所从事工作的投机性，也肯定有动机去投资他们认为会升值的艺术品。

然而，这些收藏家也不会希望投机于整个艺术品市场。就像任何其他投机性资产的投资者，收藏家拥有的私人信息可以让他们的投资获利，但不能让他们了解整个市场的动向。私人信息往往是关于特定作品、艺术家或艺术流派的。因此，收藏家依然有动机去做风险对冲，使其藏品免受整体艺术品市场风向变动的影响。因担心藏品价格下跌而选择临时出售是很难实现的：收藏品是流动性最差的投资，好的藏品需要花费数年时间精力去搜寻、研究，而除此之外还会有其他成本。因此，收藏家有动机做空艺术品市场以对冲市场风险。期货合约的另一方，即多头，则无须选择单件艺术品，就可以实现投资于整体艺术品市场。这项投资可视为其增大金融组合分散化程度的一部分。

在没有艺术品对冲市场的情况下[15]，收藏家可以利用现有的期货或期权市场来对冲风险。股指期货市场是可能的选择之一。Goetzmann（1992）发现画作市场价格变化与股票市场价格变化之间具有正相关性。他将1720—1986年通货膨胀调整后的艺术品收益率（基于其重复销售价格指数）对同期伦敦股票交易所的实际资本升值率做回归，所得R^2为0.30。（β系数为1.39。）但是这个R^2较为有限，交叉对冲无法有效降低收藏家的风险。

建立艺术品对冲市场有一个问题：根据共同约定，大型博物馆很少会出售艺术品，除非为了筹集购买其他艺术品的钱款。艺术博物馆馆长协会（Association of Art Museum Directors）会惩罚不是出于购置新藏品的目的而出售艺术品的会员；例如，1991年，布兰迪斯大学玫瑰艺术展览馆（Rose Art Gallery of Brandeis University）出售藏品来补贴运营费用，因而受到了惩罚。如果博物馆从未打算将藏品变现，那么艺术品市场价格的起起伏伏都与它们无关，它们也就没有动力去对冲风险。

当然，反对净出售的约束只适用于博物馆，私人收藏家和美术馆行业并不受限。甚至博物馆有时也是净出售者，即便它们只会在面临极端情况或是极其遥远的未来才有可能出售藏品，藏品的销售潜力对它们来说也是有价值的。艺术品收藏是收入的一个后备来源，机构可以用它来抵押借钱。例如，大学的资金借出方一定会对大学艺术收藏品的潜在价值有所了解。因此，机构会在意藏品价值是否下跌，因而有动机对冲所持有藏品的价格风险。

然而，考虑到对出售艺术品的抵制，博物馆在艺术品期货或期权市场上进行对冲可能存在一个严重的内在问题：若市场上涨而非下跌，博物馆必须弥补期货市场损失。这有时会迫使博物馆净出售艺术品。由于存在净出售限制，博物馆可能不愿在期货市场上做空，即使风险的另一面是收益：在下跌的市场中，它们将获得资金购买更多的艺术品，成为净买家。

建立艺术品和收藏品期货或期权市场的另一个问题是，很难建立有效衡量这些市场价格的指数。当然，期货或期权市场的运作必须依赖价格指数；合约标的应是艺术品价格指数，并进行现金结算。在这些市场上，单笔销售不具代表性的问题有时很严重：例如，在 20 世纪 80 年代末，毕加索的多幅作品售出，价格迅速上涨；而近期，毕加索的主要作品在拍卖会上都没怎么出现。若毕加索作品的价格与整个艺术品市场的走势相似，那么代表性问题可以用重复度量价格指数方法来处理（见第六章）。Goetzmann（1992）创建了这样的艺术品价格指数。然而，不同种类的艺术品价格变动不同，任何方法对这一问题的处理都非常有限；这些艺术品的价格变动因而将很难被识别。

相较于房屋出售的走势，艺术品通过拍卖出售的走势更多地与其本身特征有关。房屋周转的普遍原因之一是工作变动和家庭结构变化，而这在艺术品市场则并不存在。因此，为创建用于合约现金结算的艺术品价格指数，艺术品特征将非常重要，我们将在第六章和第七章中对此展开讨论。将细化特征甚至是艺术家身份纳入考量在艺术品估值中将非常重要。

当前艺术品价格指数可能无法太高频。艺术品市场的活跃有重要的季节性因素，主要的拍卖会于春秋两季进行。由于这个原因，苏富比没有编制月度指数；通常情况下，指数中的板块每年更新3~4次，比这更频繁的指数可能就不可靠了。当然，虽然这可能意味着期货和期权市场的交易量具有一定的季节性，但这种季节性并不会明显阻碍市场成功。若合约月份与市场活跃期一致（或紧随其后），那么在中间时间，没有指数也不一定会产生问题。只有在现金结算日，指数才是绝对必要的。因此，对于一年结算两次的期货或期权市场来说，半年期指数就足够了。若用上中间时期的少数销量数据，指数的频率可以更高，但是对于中间时期来说，指数的噪声可能会非常大。当然，那些参与市场的人会意识到，在艺术品销售旺季之外的时期，指数是不可靠的。因此，若没有合约基于中间时期的指数进行结算，公布这些指数值也无妨。这样的话，期货或期权市场的价格将为艺术品和收藏品提供最及时的市场价格信息。

在任何艺术品或收藏品期货或期权市场开始交易之前，我们需要非常谨慎地评估价格指数，这将是现金结算的基础。苏富比艺术品指数（唯一主要的已发布的艺术品指数）可能不适用于此目的。该指数并非严格以实际销售为计算依据。指数分为13个板块，比如古代大师画作就是板块之一，每一个板块都有一个固定的市场篮子，平均每个篮子包含30~40件艺术品。每当一个板块更新时，负责该板块的专家就会为对应篮子中的每一件作品评估一个销售价格，也就是作品在当时的预估卖出价。但是，对于一件最近未有交易的作品，专家该怎么估价呢？苏富比艺术品指数的变化其实很大程度上是猜测。相较于以估价为基础的房地产指数，苏富比艺术品指数似乎有更大的潜在问题，因为识别类似的最近出售的艺术品比找到类似的房地产需要有更多的主观判断。

寻找其他市场的系统性方法

在本章，我们列举了很多可能的新对冲市场，其中最重要的是对冲个人和组织收入（包括服务所产生的现金流）风险的市场。

通过对收入变化趋势建模，系统性地识别最重要的组成成分，我们就可以找到新的市场。我们或许可以利用因子分析模型（factor-analytic modelling），寻找收入索取权价格变化中蕴含的各种因子，把这些因子作为合约现金结算的基础。这种做法类似于 Ross（1976）和 Chen 等（1986）对于证券收益率的因子分析，不同的是这里没有收益率的数据。我们可以通过对收入进行时间序列分析，从而推出收益率的条件方差矩阵。

我们可以得到许多细分职业、细分地理区域、细分公司种类的收入时间序列数据。我们也可以获取细分品种或是细分地理区域的房地产收入流（或价格）数据。

有很多技术可以用来计算所需要的因子。在构建永续索取权收益率的表征变量后，我们可以使用因子分析，其中，因子可以看作观测值的线性组合。把因子看作其他变量的函数，可用的估计方法有因子模型和多指标多原因（multiple indicator, multiple cause, MIMIC）模型。地理估计模型和聚集模型则可应用于定义用于合约结算的区域。

在实践中，使用这些模型要非常小心，因为估计所得因子可能没有简单直观的经济学意义，估计所得的因子结构在未来的适用性也存疑。在找寻新市场的重要因子这个问题上，之前所提到的非正式方法也许已经足够了。

第六章
合约结算指数的构建

当我们创建用于期货合约（或永续索取权或期权，或互换，或场外市场交易的远期合约或零售保险合约）现金结算的指数时，关键是要让每个指数能够代表一份对未来收入（或服务）的标准化的索取权。我们要让合约结算能反映收入流索取权的价格，这样的市场就可以用于对冲索取权相关的风险了。但问题在于，我们所观测到的价格或收入未必与索取权标的等同。

若构建房屋价格（未来住房服务的索取权价格）指数，我们要考虑到在有些时候，优质房屋更易于售出，所以房屋均价变化可能反映的是全部所售房屋的组成变化，而非单栋房屋的价格变化。我们很难控制房屋质量，因为缺乏确切客观的房屋质量衡量指标。若是创建某地区或某职位的收入指数，我们要确保指数变化反映的不是人口情况的变化（比如出生率变化可能导致该地区年轻人口比重提升），也不是该地区或职位的人口流动，因为新进入的人口收入水平可能有所不同。若是创建业主收入指数，我们要确保指数代表的是特定已有投资所产生的现金流，而不是新增投资。

指数是用于合约结算的，我们所追求的指数标准化对市场流动性有至关重要的作用。市场流动性的来源即为资产的标准化。在流动性差的市场上，资产之间往往异质性强，所售资产的质量特征往往是独有的，资产通常难以描述与量化。在狭义商品的市场上，商品类型（质量和产地）被完全框定，因此即便这些市场上每天都有大量各类价格、租金或收入衡量指标，这些市场的深度依然非常有限。

已有大量文献讨论过消费者和生产者价格指数构建中的质量变化问题。但是大多数文献关注的都是建立新生产商品的价格指数，而非未来收入或服务索取权的价格指数。本书的贡献在于关注这些索取权的价格或收入指数的构建方法，以及扩大文献覆盖范围，研究单个价格或收入被观测到的频率很低的情况（比如，房屋价格只有在房屋出售时才可被观测）。

本章首先回顾一些现有的指数方法，然后扩展这些方法来处理新问题。我们会回顾链式指数（chain index）和特征指数（hedonic index），并且证明普通的重复度量指数（repeated-measures index）是这些方法中的一个特例，与现有的用于合约结算的指数有非常类似之处。我们会介绍特征重复度量指数（hedonic repeated-measures index），这个指数可以控制质量的价格变化，同时保留重复度量的设计方法。

在本章和接下来两章的讨论中，我会结合房地产价格指数的具体应用来讲解价格指数的构建方法。这样的话，每一个个体即为一个独立的房产，而每一个测度是对应该房产的售价。当然这些方法的实际应用范围很广。房地产是指数构建应用的一个好例子；只有当房屋出售时，价格才能被观测到，因而观测值频率很低，所以指数构建者所面对的困难也尤其严峻。

对比用于合约结算的其他指数

先了解现有用于合约结算的指数对我们或许有所帮助。我们不会生搬硬套其他理论框架，我们关注的是指数的哪些方面有助于合约结算，并指出其与之后所介绍的新指数的相似之处。股价指数和消费者价格指数都被广泛应用于合约结算。股价指数被用于结算期货、期权、互换和其他金融合约，而消费者价格指数则被用于与生活成本相关的合约条款，如劳动合约。

创建公司股价指数的人可能也面临如下问题：如何确保他们的指数适用于标准化产品？单只股票的质量很难定义。我们无法简单概括一只股票。在不借助相关股票市价信息的前提下，评估师也很难为股票估价。幸运的是，我们建立了股票市场，一家公司的所有股票都是对于相同现金流的索取权凭证，所以对公开交易的主要股票，我们可以每期都观测到其每股价格。因此，我们就可以完全基于公司股票的重复交易来构建主要股票的价格指数。我们可将股价指数视作完全与质量信息无关，只是基于每项资产重复交易的观测值（同一家公司的不同股可以看作是同一资产的重复交易），并且创建基于单个资产价格变化的指数。

以标准普尔综合股价指数为例[1]，价值加权法（value-weighted arithmetic，VWA）计算股指的理论基础为，若按个股流通价值占比创建股票投资组合，这一组合的具体组成会每期调整以反映其流通市值变化，而所创建的指数应当复制这一投资组合的价值变动。这一投资组合的价值变动完全取决于其成份股的价格变化。因此，这样的指数构建是完全基于重复交易数据的。这样的组合代表了市场，它的价格变化是可观测的，因此作为用于对冲市场风险的合约结算的基础，它是非常有吸引力的。用于指数构建的投资组合无须随价格变化相应调整，成份股占比与其流通价值占比相同，当只有价格变化时，这种关系并未因此而改变。但是，若流通股数有所变化，如有增发新股，或者股票回购，那么组合所持有的股数也必须做出相应调整。

根据链式指数公式，在任何时期 t，价值加权法价格指数 I_{VWAt} 都由上一期指数来决定：

$$I_{VWAt} = (\sum_i Q_{it-1} P_{it} / \sum_i Q_{it-1} P_{it-1}) I_{VWAt-1} \quad (6.1)$$

其中，P_{it} 是公司 i 在时期 t 的每股价格，Q_{it-1} 是股票 i 在时期 $t-1$ 的流通股数，对所有公司进行加总。在基期，此处假设为 $t=0$ 期，指数被设定为一个任意值，此处为 1.00（虽然 100 更普遍）。分母的第 i 项是第 i 家公司在 $t-1$ 期的所有股票价值。因此，分数 $Index_t / Index_{t-1}$ 是价格比（t 期的价格除以 $t-1$ 期的价格）的价值加权

(V_{it-1}是权重,$V_{it-1}=P_{it-1}Q_{it-1}$)算术平均值(按照公司平均,以$i$做指标)。

Irving Fisher(1911)首次提出链式指数,用来衡量生活成本。〔此后 Divisia(1925)对链式指数进行了完善,他提出了类似式(6.1)的连续时间价格指数,以及一个类似的数量指数,数量指数与价格指数的乘积始终等比于总售出价值。〕它之所以被称为链式指数,是因为指数计算基于$t-1$期和t期的数据,t期指数与上一期的指数相关联。链式指数与更传统的固定基准指数是有区别的,那些指数使用单一形式的权重Q_i,不会随时间而调整。

若用i来代表股份,而非公司(公司无须额外下标指代,虽然在数据中,同一时期一家公司的所有股份的价格是相同的),式(6.1)可以被改写为:

$$I_{VWAt} = \frac{\sum_{i \in q_t} P_{it}}{\sum_{i \in q_t} P_{it-1} / \text{index}_{VWAt-1}} \quad (6.2)$$

其中,q_t是$t-1$期流通的所有股票的集合。当指数被写成这种形式时,我们看到t期加权平均指数是基于$t-1$期流通的所有股票的价格简单加总,即指数价值等于t期股票价格的和除以基期的价格之和,通过加入$t-1$期的指数,我们将$t-1$期的价格平减到了基期。我们也可以说,t期的指数是$t-1$期流通股票在t期的平均价格除以它们在基期的对应价格。

在式(6.1)和式(6.2)中,指数是一个股票组合的价值,这个组合在每期都会做出调整，保证所持有每只股票的价值等比于其当期的流通价值，因此这样的指数是可复制的。指数套利者可以构建一个组合，使其价值追踪指数价值。然而，第一份股指期货合约——堪萨斯城交易所的价值线合约——使用了股价的几何指数，这是不可复制的。因为非负数的几何平均值总是小于其算术平均值，所以相对于算术指数，几何指数存在下偏的误差。若任何一只股票的价格跌到零，基于几何平均的整个股价指数都会下降为零。如今，堪萨斯城交易所价值线合约中所用指数已被替换为算术指数。

　　从某个角度来说，美国生产者价格指数也可以看作一个关于其主要成份的链式指数［即"成份指数"（cell indices）］，并按固定权重将各成份加权，得到综合指数。式（6.1）有时被用于估计成份指数（见美国劳工部，1986，p. 113），其中 i 表示某类或某型号的商品，Q_{it} 为 t 期 i 类型的权重，当该类型被摈弃时，权重则被设为 0。随着型号和公司样本的变化，用于计算指数的权重 Q_{it} 也会相应调整。但是，当把成份指数汇总为更综合的指数时，权重是固定不变的（除非时间区间很长）。链式指数法往往用于处理质量变化。例如，在某型号的电视机停产后，指数构建者可能会用一种新型号的电视机来取代它，并且按照新旧型号的价格比来调整。然而在应用式（6.1）时，他们可能会使用一种被称为"联系以显示无变化"（link to show no change）的方法（见美国劳工部，1986，p. 98），在式（6.1）中，他们假设任何停产的型号（Q_{it} 为 0）在 $t-1 \sim t$ 期没有发生变化，因而分子中的 P_{it} 等于 P_{it-1}。这是因为不太可能有可以同时观测到新旧型号售价的时期；即使这样的时期存在，旧型号也可能只是在清库存促销中，所以若直接使用式（6.1），指数就会下偏，因为它忽略了旧型号停产后的质量变化。

虽然构建收入（或服务）索取权价格指数的方法类似于生产者和消费者价格指数，但是两者背后的理论是有重要区别的。对于生产者（或消费者）价格指数来说，Q_{it}代表该时期第i项产品（消费品）的数量。对于消费者价格指数来说，Q_{it}是在给定价格和收入的预算约束下，代表性消费者最大化的效用函数求得的数量。相反，对于像股指之类的指数，Q_{it}是投资资产的持有量，而不是消费量。消费者价格指数相关文献的结论未必适用于我们这里讨论的情境，例如，消费者价格指数的文献认为链式价格指数的问题是，即使所有P_{it}和Q_{it}在两个非相邻时期内都是相同的，链式价格指数在这两个时期也未必相同（若中间时期的Q_{it}不同）。而这在我们所讨论的情境中并不构成问题：按比例持有所有流通股的投资者也不会指望投资组合价值在两个时期内完全相同，因为在这两个时期内投资组合的组成比例可能不同。

与价值加权算术平均股票指数不同，也有一些股票指数的创设目的就是为了反映一部分代表性股票的价格变动。道琼斯工业平均指数（Dow Jones Industrial Average Index，以下简称道指）的计算是基于30只被选为工业股代表的股票的均价。道指与价值加权指数（如标准普尔综合股价指数）的区别在于股票权重不同，如之前的计算公式不同，道指中的权重并不对应于股票价值，只有特定的股票才被赋权。如果投资者的投资组合等同于道指成份股篮子，那么道指会是合约现金结算的适宜标的。但是对于更典型的投资组合来说，道指不是一个好选择。即使投资者只持有道指成份股，他可能也会更倾向于基于代表全市场的价值加权股指来进行结算，因为后者对流通股份多的股票赋予了更多的权重。如果道指成份股不随时间调整，这一指数可能会逐渐失去代表性。道指一开始选择了 30 只最重要的股票，但随着时间的推移，不断有新公司涌现并取得成功，最初选择的 30 只股票可能就不再重要了。道指创建者通过间或新增或剔除股票来处理这一问题，但其决定是基于主观判断。与此相对应的是，在链式指数中权重每期都会调整，因此这一问题得到了连续的处理。

任何给定股票组合所对应的指数都会出现样本逐渐过时、丧失代表性的问题，在某种程度上消费者价格指数中也存在类似问题。消费者价格指数，如美国劳工统计局公布的那些，应代表消费者购买一篮子代表性商品所支付的价格。问题在于，所消费的商品组成会发生变化。例如，很久以前，在鱼子酱供应充足时，它的消费量很高。但此后，鱼子酱稀缺，其消费量大幅缩减，价格急剧上升。为原来市场定价的消费者价格指数不再能代表现在人们所支付的价格，因为人们几乎不再消费鱼子酱了。长期来看，这个问题可以通过重新选择指数基础、更新市场篮子来解决。如果每期重新估计每种商品消费量的成本不高的话，采用式（6.1）所展示的月度链式指数也许是构建消费者价格指数的更优方法。

把链式指数应用到低频交易资产

上面所讨论的链式指数不能直接应用于房屋等流动性差的资产，因为这样的资产不会每期都出售，交易频率可能非常低。若不加调整，这种指数构建法也不能直接用来创建收入或工资指数，其相关数据一般是从个人或家庭处，每隔一段时间对同一个体进行回访、轮换搜集得来的，如当前人口调查等。因为数据搜集耗费成本，所以收入数据是基于轮换制（a rotation basis）的。但是上一部分的内容可以为我们创建指数提供灵感。接下来，我们会比照股价指数或消费者价格指数来找到与其最接近的处理这些数据的办法。

因为很难将房屋与公司做类比，所以，式（6.2）比式（6.1）更适合如房屋等非标准化的产品。若可将房屋划分为有限类，且在 t 期同类房屋价格相同，那么我们就可以把一类房屋类比为一家公司，并利用式（6.1）来构建指数，其中 Q_{it-1} 是类型 i 在时期 $t-1$ 现有房屋的数量。但是单个房屋价格并不完全由类型决定，也无法由任何基于可观测特征的公式精确计算得来。我们无法基于可得信息完美预测单个房屋价格；任何类型划分都是不完美的，我们无法精确定义资产质量，未观测到的质量也可能随着时间变化，而我们始终暴露于这种风险之中。

由于公式中的多数价格是不可观测的，所以我们无法直接应用式（6.2）。以房地产为例，只有在资产出售时，我们才能观测到价格。链式指数 I_{Ct} 与式（6.2）相似，适用于现有的数据，其具体形式更加正式：

$$I_{C_t} = \frac{\sum_{i \in q_t} P_{it}}{\sum_{i \in q_t} P_{it_{it}}/I_{C_{t_{it}}}} \quad (6.3)$$

其中，q_t 是在 t 期已有二次或更多次可观测记录的所有资产的集合，t_{it} 是资产 i 上一次有可观测记录的时期。这一公式与式（6.2）类似，若对所有 i 来说，t_{it} 等于 $t-1$，那么这一公式就可简化为式（6.2）。如果指数从创建之初就始终按照此公式［以及式（6.2）］计算，那么在房地产的例子中，它就代表了一个房地产组合的价值。假设在 0 期，即基期，指数值为 1.00。随后，在 1 期，q_t 中有交易的资产在 t 期和 $t-1$ 期都有售出；那么指数价值为这些资产在 1 期的总价值除以其 0 期总价值；在 1 期，指数即为投资 1 美元在那些资产上所得的投资组合价值。在 2 期，分别有资产在 0 期和 1 期、0 期和 2 期以及 1 期和 2 期出售。2 期指数的分母为所有这些资产在 0 期的价值。在公式中，1 期和 2 期出售的资产除以 1 期的指数值；它在基期的价值等于在 0 期投资所有在 1 期将出售的资产，然后在 1 期重新投资在 1 期和 2 期出售的资产所获得的收益。在 3 期和 4 期及以后，通过相同的推导，我们看到指数代表了一个资产组合的价值。然而在现实中，我们无法复制这样一个组合，因为我们不能按份额购买非流动个人资产，也无法预知哪些资产将会售出。

式（6.3）所代表的资产组合是价值加权的，也就是说在决定价格指数变化时，价值更高的资产被赋予更高权重。如果我们想要指数能够代表市场,这种性质是可取的,因为价值更高的资产代表了更大的市场份额,而且高价值的资产价格变化路径可能与低价值的资产不同。

虽然式(6.3)中的投资组合与式(6.2)中的类似,但式(6.3)对应更老的资产组合。最新的资产,如新建房屋,不太可能已被售出两次,所以此类资产不会进入指数计算。由于只出售一次的新资产只有一个价格观测值,我们确实没有办法把这些资产纳入类似于式(6.2)的指数中。为了利用这些资产的信息,我们不得不放弃一些准则,如指数变化只能由个人资产的价格变化所决定。这样做看上去非常危险,因为大多数新建房屋通常都有一些无法度量的质量变化。这些变化可能是系统性的,也就是说适用于所有新房,因此会引起指数的严重偏误。[2]

在应用式(6.3)时,我们还面临另一种风险:在某一时期二次出售的资产未必能代表同时期存在的其他资产类型。例如,给定房屋存量不变,在某些时期大型房屋销售量也可能低于往常。如果我们有关于房屋质量的数据,这一风险就可以被规避,接下来我们就将讨论这个问题。

如果我们拥有关于所售资产的质量信息,如其所属类别,以及若我们也知道现有资产的质量与数量之间的关系(比如每种类别的现存资产数量),那么我们就能对价格指数进行修正,使其适应房屋代表性的可能变化。例如,我们可以为每一组不同类型的房屋估计价格指数,然后利用 t 期 i 类型房屋的现存数量 Q_{it},通过式(6.1)

构建一个链式指数,其中 i 类型 t 期的价格 P_{it} 即为利用该类型资产数据建立的价格指数。这样的话,我们仍然需要像式(6.3)这样的指数,作为放入式(6.1)中的价格指标;由于给定种类的所有资产的价格并不一致,有些价值会更高,我们仍然要用价值加权公式来计算每类资产的价格。

对于价格或租金的可观测频率低或是间隔时间长的资产,建立价格的统计模型是非常重要的,在此基础上我们可以进一步发展样本理论。先在一个更大的框架下讨论,而非局限于式(6.3),或许更有帮助。那样的话,我们就可以根据所观测到的资产质量变化,如所售资产组合的质量变化,来对指数进行修正。为此,我们先要介绍特征回归模型。

特征指数的基础

Court(1939)首次提出特征回归法(hedonic regression method),如今实际采用的处理质量变化的各种方法都可视为其变形。Court 的方法起初并未引起重视,直到 Griliches(1961)重新唤起大家的关注;但是这类方法还是没有广泛应用于目前所公布的经济指数[参见 Triplett(1990)]。我将会介绍这类指数构建方法的基础,以及其潜在问题,正是这些问题的存在限制了其广泛应用。随后,我们将引入重复度量特征指数,以解决这些问题。

在每一期,将价格的对数(或收入的对数,或其他指标的对数)对常数项和一系列变量做回归,这些变量被称为特征或质量变量,它们描述了观测对象的有关特征，以此我们就可以构建逐期回归特征（对数）指数［regression-per-period hedonic (log) index］。在房地产的例子中，每一条观测就是一次房屋出售，被解释变量是该房屋出售时价格的对数，特征或质量变量则对应该房屋出售时的各项特征。我们用Y_t表示被解释变量，这是一个包含N_t个元素的列向量，N_t是t期观测到的销售数。Y_t中的元素p_{it}是i资产在t时期的销售价格的自然对数。在房地产的例子中，我们可能需要从t期i资产的价格中扣减从某个参考日期到t期用于维护资产的投资费用在t期的现值，并加上所收到租金的现值，所得即为该资产投资的总价值；但在房地产的实际应用中，这样的数据是不可得的。[3]我们用Z_t表示解释变量矩阵，这是一个$N_t \times K$的矩阵，第i行由一列该时期的质量变量所组成。[4]在房地产的例子中，如果$N_t=3$，Z_{it}由常数项和t期房屋居住面积的自然对数s_{it}组成，那么前述矩阵可以表述如下：

$$Y_t = \begin{bmatrix} p_{1t} \\ p_{2t} \\ p_{3t} \end{bmatrix}, Z_t = \begin{bmatrix} 1 & s_{1t} \\ 1 & s_{2t} \\ 1 & s_{3t} \end{bmatrix} \quad (6.4)$$

回归模型为$Y_t = Z_t \gamma_t + \varepsilon_t$，其中$\varepsilon_t$是回归误差项向量，假设其均值为0，而且对于所有$i$来说$\varepsilon_t$与$s_{it}$相互独立。指数值为系数的估计值$\hat{\gamma}_t = (Z_t'Z_t)^{-1}Z_t'Y_t$。如果存在异方差问题，或者其他偏离误差项的球形正态假设（spherical normal assumption）的情况，那么我们可以为误差项构造一个方差矩阵 Ω_t，然后采用广义最小二乘 (generalized least squares) 估计值 $\hat{\gamma}_t = (Z_t' \Omega_t^{-1} Z_t)^{-1} Z_t' \Omega_t^{-1} Y_t$。

我们把 T 期 ($t=0, \cdots, T-1$) 的回归式组合成一个大回归式。我们把 Y_t ($t=0, \cdots, T-1$) 竖向累积起来，即可构造一个包含 N 个元素的向量 Y，其中 $N = \sum n_t$。构造一个 $N \times TK$ 维的分块对角矩阵 Z，包含 T 个小块 Z_t ($t=0, \cdots, T-1$)。此外，构造一个 $N \times N$ 的方差矩阵 Ω；这个矩阵可以是单位阵，此时广义最小二乘估计值就简化为普通最小二乘估计值；或者它可以是分块对角阵，每个小块是 Ω_t ($t=0, \cdots, T-1$)；它也可以有其他形式。这样的话，我们就能用一个回归式计算出所需的每一期的指数。为了简化，假设只有三期，即 0 期、1 期和 2 期，那么大回归式为：

$$Y = \begin{bmatrix} Y_0 \\ Y_1 \\ Y_2 \end{bmatrix}, Z = \begin{bmatrix} Z_0 & 0 & 0 \\ 0 & Z_1 & 0 \\ 0 & 0 & Z_2 \end{bmatrix} \tag{6.5}$$

由于 Z 是分块对角阵，如果 Ω 也是分块对角阵，那么广义最小二乘法得到的向量 $\hat{\gamma} = (Z' \Omega^{-1} Z)^{-1} Z' \Omega^{-1} Y$ 就是每期回归的叠加。鉴于我们需要实时计算指数，我们可以把最新期的 Y_t 加到 Y 上，把最新期的 Z_t 加到 Z 的右下角，同时扩充的其他行和列取 0。这样一来，对于过去期的指数值就不需要再加修正了。

拉斯佩尔 (Laspeyres) 价格指数采用基期的质量变量，可以通过估计所得的系数向量 $\hat{\gamma}$ 来构建：

$$I_{\text{Laspeyres}} = \begin{bmatrix} \bar{Z}_0 & 0 & 0 \\ 0 & \bar{Z}_0 & 0 \\ 0 & 0 & \bar{Z}_0 \end{bmatrix} \hat{\gamma} \qquad (6.6)$$

其中，$\bar{Z}_0$ 是 $1 \times K$ 维的基期质量变量的向量。当然，在很多实际应用中，基期销售的产品平均质量并不能代表我们想要衡量的产品质量。以房价指数为例，相比于基期销售的房屋平均质量，我们可能更偏好使用 t 期流通的房屋平均质量。出售的房屋可能与所有房屋之间存在系统性偏误；例如，如前所述，出售的房屋不太可能是新建的，因此新建住房被过度代表了。在通过单个回归式估计 $\hat{\gamma}$ 后，我们可以基于此构建一系列指数，以代表不同的资产类别，每一个指数分别对应一个期货市场。例如，在构建房价指数时，我们可以分别建立小型房价指数和大型房价指数，每类房屋对应不同的向量 $\bar{Z}$。

正如上文所讨论的，构建链式指数的有关问题在这里也依然存在。例如，流通房屋的质量向量会随着时间发生变化，而我们希望指数可以一直反映房市的平均状况。在构建这个对数价格指数时，逐期回归链式指数（regression per period chain index）$I_{rppchain}$ 与之前有所不同，因为它是相加所得，而不是相乘得到的：

$$I_{rppchain} = I_{rppchaint-1} + \bar{Z}_{t-1}(\gamma_t - \gamma_{t-1}) \qquad (6.7)$$

逐期回归法不是构建特征价格指数的唯一方法。其他方法都可视为逐期回归法的特例，在实际中可能更为常用。在某一时期，所售资产的质量变量之间可能存在明显的共线性，所以如果该时期标准资产的销售量不高，标准质量的资产价值估计值会波动剧烈。研究者可能会发现价格指数出现异常值（甚至负值），这样糟糕的使用体验可能会使研究者拒绝逐期回归法。

度量质量中的问题

在构建特征指数时，我们不可避免地会遇到需要主观判断的问题，而且这是我们绕不开的环节。我们不仅需要决定在回归式中包含哪些质量变量，而且需要判断是否采取单个变量或变量之间的非线性形式（比如特征变量的相乘项）。有些研究者会忽略其他研究者所选择的某种非线性形式或交互关系，这一变量在回归式中的存在性甚至会反转所得指数的趋势。如果一个研究者想要挑起争议，构建完全不同的指数，他总是可以在回归式中加入与其他变量高度共线性的变量来达到目的，这样做会增大系数估计值的标准误（standard error）。利用这种策略得到的指数可能与其他指数几乎没有相似性。由于构建过程涉及诸多选择，无良的研究者会让研究助理尝试各种特征变量的不同组合，直到指数呈现他们想要的结果。特征指数存在基本的客观性问题。当然，这一问题并不是无法处理的；咖啡品味同样也存在客观性问题，但咖啡期货市场已然存在。

特征指数法的另一个问题是缺少关于质量的数据。我们很少能观测到与估值相关的所有特征变量。这一信息问题有两个方面：样本规模和未观测特征。例如，我们无法得到包含大量房屋特征变量的大样本数据，比如包含面积或建筑风格变量。找到这样的数据是有成本的。此类数据可能会出现报告滞后的问题,但最重要的是,满足条件能覆盖所有房屋的数据集本身就不存在。多重上市服务(multiple-listing service)能够提供一些这样的数据,但也只包含一小部分特征变量,只覆盖一小部分房屋样本。若想要覆盖有代表性的房屋样本,同时包含一系列认真度量的特征变量,小样本量会是必然结果。观测数据少意味着指数的标准误大,样本选择偏误(selection bias)存在的可能性也更大。

未观测特征问题是指,我们永远不能确认是否存在无法观测到的质量变量,而若将这一变量加入回归式,所得指数可能会有剧烈变化。我们永远无法确认所得系数估计值是否存在遗漏变量问题(omitted variables)。以美国商务部(US Department of Commerce)构建房地产价格的恒定质量指数(Constant Quality Index)为例,在这个逐期回归指数中,近年来,在美国西部空调虚拟变量的系数是负的。有空调的房屋价值比没有空调的低,这听起来不合理。对此的可能解释之一是,没有空调的房屋或许位于气候凉爽的区域,如海边,所以空调虚拟变量与另一个质量变量(目前无法度量)负相关。随着空调的日益普遍,这种负相关性也可能随着时间的推移发生变化,而且对于代表有空调的标准房屋的特征价格指数来说,这一变化可能导致指数的系统性偏误。

再举一个未观测特征问题的例子:汽车的特征价格指数将重量作为质量变量之一。在过去几十年里,低油耗成了汽车的一个重要卖点,生产商因而缩减了新车型规格。逐期回归特征价格指数代表了标准重量的汽车价格，所以随着新车型越来越小，指数会表现出严重的价格通货膨胀。显然，重量不能衡量质量；它只是与质量相关。实际上，除价格以外，目前还没有可得的、能衡量汽车质量的变量。（因此，下一章会介绍因子分析模型，从价格中估计质量。）

然而，选择特征变量时存在的种种困难不应成为否认这种方法的理由。选择问题是无可回避的，当我们估计指数时，同样不可避免地要面临标的物的选择问题，这一决定本质上与特征虚拟变量的选择相同。从上述种种问题中，我们应吸取的教训是，要寻找对特征变量遗漏问题相对稳健的指数构建方法；因此，接下来我们将介绍重复度量指数。

重复度量和特征

重复度量指数（repeated-measures index）与回归模型（6.5）唯一的区别在于其回归式中添加了用于代表遗漏特征变量的虚拟变量。这些额外变量可以被称为对象虚拟变量（subject dummy），这一名称源于有关实验设计的文献，其中所考虑的实验往往涉及人类对象，在我们的例子中，也许称这些变量为房产虚拟变量或者资产虚拟变量更为合适。对每一个考察对象都分别设立一个虚拟变量与之对应；例如，如果估计房价指数，那么每一处房产都对应有一个对象虚拟变量。

术语"重复度量"在实验设计的文献中很常见，是指观察在同样个体上表现的效果差异的方法［参见 Lee（1975）］。在测试某种药物效果的实验中，通常将实验对象分为实验组与对照组，实验组会分到药物，对照组则分到安慰剂，通过比较组间反应差异来判断药物效果。如果同样的对象在不同时期分别做过实验组与对照组，这样的实验设计就带有重复度量的色彩。通过比较同一对象在两组时的不同表现，我们可以排除实验结果源于两组个体自身差异的可能性。若我们无法控制两组成员的组成，如有些实验对象可能因为药物反应而退出实验，在这种情况下重复度量设计就尤其重要。在我们的一些指数构建的例子中，重复度量法的重要性与其在药物实验中的地位等同。若我们利用房地产销售的低频数据来构建房价指数，试图了解房价随时间的变化，而非对照组和实验组的区别，我们肯定也会遭遇同样的问题：我们无法控制每一期可观测的对象。

经济学家使用面板数据（panel data），实际上也是利用同一对象的重复度量法［参见 Hsiao (1986)］。我们在这里所介绍的特征重复度量指数法类似于在面板数据分析中所用到的差分方法，只不过在这里，差分区间由我们的观测所决定，它一般是非固定的、重合的。

在特征重复度量模型中，只有当观测为对第 i 个对象的观测时，对应第 i 个对象的虚拟变量取值才为 1，否则取 0。所有虚拟变量相加，所得为所有元素均为 1 的向量。因此，为避免完全共线性，可以从矩阵 Z 中去掉一个常数项。此外，若有特征变量对于所有对象不同时间取值都不变，那么对象虚拟变量会与矩阵 Z_t（$t=0$, 1, …, $T-1$）中对应该特征变量的列共线性。例如，对象虚拟变量与相应房屋面积的乘积之和,等于矩阵 Z 中对应面积变量的列的和。所以,我们必须去掉一些列,将去掉的列数记为 h,在这里我们从矩阵 Z_0 中去掉列。

以房地产为例介绍对象虚拟变量的用法是最容易的,为方便起见,我们将矩阵维度控制得足够小,此例中的矩阵维度远小于实际应用时的矩阵维度:

$$\begin{bmatrix} p_{10} \\ p_{20} \\ p_{30} \\ p_{40} \\ p_{11} \\ p_{21} \\ p_{51} \\ p_{32} \\ p_{42} \\ p_{52} \end{bmatrix} = \begin{bmatrix} 0 & 0 & 0 & 0 \\ 0 & 0 & 0 & 0 \\ 0 & 0 & 0 & 0 \\ 0 & 0 & 0 & 0 \\ 1 & s_{11} & 0 & 0 \\ 1 & s_{21} & 0 & 0 \\ 1 & s_{51} & 0 & 0 \\ 0 & 0 & 1 & s_{32} \\ 0 & 0 & 1 & s_{42} \\ 0 & 0 & 1 & s_{52} \end{bmatrix} \begin{bmatrix} \gamma_{11} \\ \gamma_{12} \\ \gamma_{21} \\ \gamma_{22} \end{bmatrix} + \begin{bmatrix} 1 & 0 & 0 & 0 & 0 \\ 0 & 1 & 0 & 0 & 0 \\ 0 & 0 & 1 & 0 & 0 \\ 0 & 0 & 0 & 1 & 0 \\ 1 & 0 & 0 & 0 & 0 \\ 0 & 1 & 0 & 0 & 0 \\ 0 & 0 & 0 & 0 & 1 \\ 0 & 0 & 1 & 0 & 0 \\ 0 & 0 & 0 & 1 & 0 \\ 0 & 0 & 0 & 0 & 1 \end{bmatrix} \begin{bmatrix} \delta_1 \\ \delta_2 \\ \delta_3 \\ \delta_4 \\ \delta_5 \end{bmatrix} + \begin{bmatrix} \varepsilon_{10} \\ \varepsilon_{20} \\ \varepsilon_{30} \\ \varepsilon_{40} \\ \varepsilon_{11} \\ \varepsilon_{21} \\ \varepsilon_{51} \\ \varepsilon_{32} \\ \varepsilon_{42} \\ \varepsilon_{52} \end{bmatrix} \quad (6.8)$$

在这个例子中,$T=3$(基期 0 之后还有两期),$K=2$(矩阵 Z 包含两列,一列对应常数项,一列代表特征变量),$N=10$(观测到 10 次销售记录),$k=5$(5 个房产),每个房产都有 2 次销售记录,所以存在 $n=5$ 对重复度量记录。与之前一样,p_{ii} 表示 t 期 i 房产价格的自然对数,s_{ii} 表示 t 期 i 房产面积的自然对数,也是我们唯一的特征变量。因此，t 期 i 房产的误差项 ε_{it} 源于单个房产市场价格的变化和房屋销售流程中的噪声，如出售房屋所做努力的随机性，意向买主的随机出现，或者房屋所处社区的条件变化（与指数所对应的整个地区的条件无关）。误差项 ε_{it} 被整合成 N 个元素的向量 ε，假设 ε 的分布独立于虚拟变量，其均值为 0，方差矩阵为 Ω。δ_i 是第 i 个对象虚拟变量的系数，代表第 i 个房屋无法被面积变量所描述的"质量"。

若要用以上理论框架，我们不一定非要有每栋房屋实际面积数据。我们可以用房屋 i 所在区域的房屋平均面积来代替 s_{it}。这一处理极有帮助。例如，在美国，普查数据会给出不同户口区、编码区或县市的房屋平均房间数，但数据间隔为十年。若只有一个地区不同时期的数据，且需要计算该地区的房价指数，我们就无法进行以上操作，因为矩阵 z 对应 s_{it} 数据的列与只包含 1 和 0 的列会出现共线性问题。但是，若有至少两个（要计算房价指数的地区的）分地区的面积数据，那么在矩阵 z 中，就不是所有房屋对应同样的面积了，因而也不会出现严重的共线性问题了。当然，这样的话，每栋房屋对应的是所在地区的房屋平均面积，而非自身实际面积，这会导致面积变量存在度量误差，但是这个度量误差不会破坏估计值的一致性，因为该误差与被衡量的变量不相关，即与真实面积无关。此外，用地区平均值来代替真实面积值，类似于用两阶段最小二乘法来估计式（6.8），其中被估计的变量是真实面积，工具变量是地区虚拟变量。在两阶段最小二乘法（two-stage least squares）中，首先用解释变量对工具变量做回归，然后用第一阶段拟合值做第二阶段回归；在这里，工具变量是地区虚拟变量，第一阶段拟合值即地区平均房屋面积。所以，两阶段最小二乘法的第二阶段与用地区平均房屋面积构造 z 并将 y 对 z 做回归是等同的。这种方法的效果好坏取决于房屋面积的跨地区变化的大小；如果变化不大，那么矩阵 z 的列之间可能会接近完全共线性，系数估计值的标准误也会很高。

式（6.8）所代表的回归模型与协方差模型的固定效应分析（fixed-effects analysis）很像。在协方差分析的文献中，对象虚拟变量被称为实验因子，特征变量被称为伴随因子。当然，协方差分析的动机通常是计算实验因子的系数，但是在这里，我们把对象虚拟变量的系数看作是干扰参数，我们关注的是 γ 系数。

在这个例子中，为避免共线性而从矩阵 Z_0 去掉的列数 h 为 2，这反映了样本中所有房屋在样本期间内面积没有发生变化的假设，若矩阵 Z_0 的任何一列包含在内，就会出现共线性问题。因此，矩阵 Z_0 被完全从大矩阵 Z 中剔除了；如果有房屋重新装修，面积发生改变，那么我们可以在 Z 中保留 Z_0 的第 2 列，在系数向量 γ 中保留该列对应的元素。[5]

读者可能会疑惑为什么我要保留面积变量，毕竟在回归式中已经有虚拟变量的情况下，只要房屋的面积没有改变，虚拟变量覆盖了整合的（相加的）面积变量。但是它们没有覆盖每期的向量集合［包括式（6.8）中与 γ 相乘的矩阵的第 2 列和第 4 列］，如果回归模型允许价格对面积的反应存在时间变化，那么上述向量组合是必需的。读者也可能疑惑，在出于共线性考虑而必须剔除某些列时，为什么我选择剔除 Z_0 的列。这是因为基期指数会被设为 0，所以剔除基期所对应的列比较方便。剔除 Z_0 中对应某个特征变量的列，意味着 Z 中代表该变量的剩余列所对应的系数将代表从基期开始该特征变量对价格的影响变化；对象虚拟变量则代表房屋未变化的质量对价格的影响。

简化回归式

我们将以上模型重写为 $Y=Z_A B+\varepsilon$，其中 Z_A 是整合两个解释变量矩阵后所得的矩阵，B 是一个 $TK-h+m$ 维的系数向量，其中 m 是对象的数量。Z_A 的维度为 $N\times TK-h+m$。B 的广义最小二乘估计值是 $\hat{B}\equiv(Z_A'\Omega^{-1}Z_A)^{-1}Z_A'\Omega^{-1}Y$；当 Ω 是单位阵时，上述公示对应的就是普通最小二乘估计值。

若把对象虚拟变量作为列加入 Z_A 中，这破坏了 $Z_A'\Omega^{-1}Z_A$ 的分块对角性质，而且当时间流逝，新数据出现时，指数值可能出现修正，即使用于计算指数过去值的数据是完全的，即新数据只包含在新时期再次出售的资产信息。即使用普通最小二乘法或方差矩阵 Ω 是对角分块阵时，这种情况依然会发生。与逐期回归法相比，出现这种修正似乎是重复度量法的一大缺点，毕竟逐期回归法在使用普通最小二乘法时不会出现这样的问题。数据修正是比较麻烦的，我们会在第八章讨论这个问题。

Z_A 的维度是 $N\times(TK-h+m)$，它的列数可能很大；每一个对象都对应一列。因此矩阵$Z_A'\Omega^{-1}Z_A$的维度很大，求逆矩阵会比较困难。但是，我们想要的是变量Z_t的系数，而不是虚拟变量的系数。

我们可以重新设定回归式，避免求解大矩阵的逆矩阵。既然我们构建指数时，不需要虚拟变量的系数值，那么我们可以从估计值中剔除它们。为此，我们构造$N \times N$非奇异阵$S = (S_1', S_2')'$。在上面的例子中，S_1和S_2的维度为5×10，矩阵S为：

$$S = \begin{bmatrix} -1 & 0 & 0 & 0 & 1 & 0 & 0 & 0 & 0 & 0 \\ 0 & -1 & 0 & 0 & 0 & 1 & 0 & 0 & 0 & 0 \\ 0 & 0 & -1 & 0 & 0 & 0 & 1 & 0 & 0 & 0 \\ 0 & 0 & 0 & -1 & 0 & 0 & 0 & 1 & 0 & 0 \\ 0 & 0 & 0 & 0 & 0 & 0 & -1 & 0 & 0 & 1 \\ 1 & 0 & 0 & 0 & 0 & 0 & 0 & 0 & 0 & 0 \\ 0 & 1 & 0 & 0 & 0 & 0 & 0 & 0 & 0 & 0 \\ 0 & 0 & 1 & 0 & 0 & 0 & 0 & 0 & 0 & 0 \\ 0 & 0 & 0 & 1 & 0 & 0 & 0 & 0 & 0 & 0 \\ 0 & 0 & 0 & 0 & 0 & 0 & 1 & 0 & 0 & 0 \end{bmatrix} \quad (6.9)$$

矩阵S_1之所以这样构造，是因为$y = S_1Y$的第i个元素就等于第i对同一对象的被解释变量的连续观测值之差。如果对象j分别在t_1、t_2、t_3出现了三次，那么在$y = S_1Y$中，我们会有对象j的两个元素：$p_{jt3} - p_{jt2}$和$p_{jt2} - p_{jt1}$。这样的话，矩阵S_1的维度是$n \times N$，其中n是N条观测中同一对象出现连续观测的配对数。矩阵S_2的维度是

$m \times N$,$\tilde{Y}_2 \equiv S_2 Y$ 是所有对象的初期观测值。定义 $\tilde{Y} = SY$,$\tilde{Z} = SZ_A$,$\tilde{\Omega} = S\Omega S'$。我们把 $\tilde{Z}$ 的左上 $n \times (TK - h)$ 部分记为 z,B 中前 $(TK-h)$ 个元素记为 γ,$\tilde{\Omega}$ 的左上 $n \times n$ 分块记为 ω。特征重复度量指数就可以通过将 $\tilde{Y}$ 的第一部分($y = S_1 Y$)对 $\tilde{Z}$ 的第一部分($z = S_1 Z_A$)用广义最小二乘法做回归,其中误差项的方差为 ω,即 $\tilde{\Omega}$ 的左上部分。

这样的话,广义最小二乘估计值 $\hat{\gamma} = (z'\omega^{-1}z)^{-1}z'\omega^{-1}y$ 就是 $\hat{B} = (Z_A'\Omega^{-1}Z_A)^{-1}Z_A'\Omega^{-1}Y$ 的第一部分。$\tilde{Z} \equiv SZ_A$ 是分块三角阵,它的右上 $n \times m$ 分块全部元素均为 0,右下 $m \times m$ 分块为对角阵。定义 $\Sigma \equiv \tilde{\Omega}^{-1}$(等于 $S'^{-1}\Omega^{-1}S^{-1}$),广义最小二乘估计值 $\hat{B} = (Z_A'\Omega^{-1}Z_A)^{-1}Z_A'\Omega^{-1}Y$ 可以写作 $(\tilde{Z}\Sigma\tilde{Z})^{-1}\tilde{Z}\Sigma\tilde{Y}$。若我们将 Σ 分成 4 个平方阵,左上 $n \times n$ 部分为 Σ_{11},依此类推,那么根据 $\tilde{Z}\Sigma\tilde{Z}\hat{B} = \tilde{Z}\Sigma\tilde{Y}$ 的最后 m 行($\hat{B}$ 的最后 m 个正规方程),我们可得 $\hat{B}_2 - \tilde{Y}_2 + Z_{21}\hat{\gamma} = \Sigma_{22}^{-1}\Sigma_{21}(y - z\hat{\beta})$。如果我们用这个等式代替前 $TK - h$ 个正规方程,我们会发现 $z'(\Sigma_{11} - \Sigma_{12}\Sigma_{22}^{-1}\Sigma_{21})z\hat{\gamma} = z'(\Sigma_{11} - \Sigma_{12}\Sigma_{22}^{-1}\Sigma_{21})y$,由此也可以证明 $\hat{\gamma} = (z'\omega^{-1}z)^{-1}z'\omega^{-1}y$。

普通重复度量指数

在解读由回归系数 $\hat{\gamma} = (z'\omega^{-1}z)^{-1}z'\omega^{-1}y$ 得出的特征重复度量指数之前,我们先来看一个特例,其中 Z_t 不包含任何特征变量,每一个矩阵都只包含由 1 组成的单列。因此,我们可以去掉式(6.8)中

的 s_{it} 变量。去掉特征变量之后，这种方法得到的指数被称为普通重复度量指数（ordinary repeated-measures index），也曾被称作重复销售指数（repeat sales index）。

此处模型简化为通常的双向方差分析模型；然而，在指数应用时，一般每个单元不会有超过一条观测（单元代表对象和日期），且大多数单元没有相应的观测值。在估计年度房价指数时，我们可能偶尔观测到有一栋房屋在一年内多次销售，但这种情况并不常见。

采用上述表述，我们可以写一个更简单的回归模型来估计普通重复度量指数。普通重复度量（重复销售）指数的回归模型为 $y = z\gamma + \varepsilon$，其中矩阵 z 和 y 为：

$$z = \begin{bmatrix} 1 & 0 \\ 1 & 0 \\ 0 & 1 \\ 0 & 1 \\ -1 & 1 \end{bmatrix}, \quad y = \begin{bmatrix} p_{11} - p_{10} \\ p_{21} - p_{20} \\ p_{32} - p_{30} \\ p_{42} - p_{40} \\ p_{52} - p_{51} \end{bmatrix} \tag{6.10}$$

同一个回归模型也可写作差分形式，所估计出的系数代表了对数价格水平的逐期变化，而不是价格水平本身。我们用另一矩阵替换矩阵 z，该矩阵第 ij 个元素取 0，除非在第 i 对重复销售中，j 介于第一次销售日与第二次销售日之间，在这种情况下，该元素取 1。在这种形式下，普通重复度量回归式为 $y = z_d \gamma_d + \varepsilon$，其中 y 与上文一样，矩阵 z_d 与向量 γ_d 为：

$$z_d = \begin{bmatrix} 1 & 0 \\ 1 & 0 \\ 1 & 1 \\ 1 & 1 \\ 0 & 1 \end{bmatrix}, \gamma_d = \begin{bmatrix} \gamma_1 - \gamma_0 \\ \gamma_2 - \gamma_1 \end{bmatrix} \tag{6.11}$$

模型的这两种形式当然是相同的，所得估计值也相同。Bailey 等 (1963)、Case 和 Shiller (1987；1989；1990)、Webb (1988)、Goetzmann (1992)、Abraham 和 Schauman (1991) 等都用过这个模型 [参见 Haurin 等 (1991)]。

普通重复度量回归模型可被解读为，每栋房屋的价格变化是不同销售日期之间的价格变化加上误差项。在矩阵 z 中，虚拟变量之所以这样排列，是因为这样的话，$z\gamma$ 的第 i 个元素就等于两个销售日期之间的指数变化，而 y 相应的元素是两个日期间对数价格的变化。由于现在没有特征变量了，t 期的拟合值直接等于 $\hat{\gamma}_t$，所以时期 t 的价格指数就是 $\hat{\gamma}_t$。回归模型估计不了 $\hat{\gamma}_0$，但由于基期的指数对数是 0，把基期指数值设为 1.00，等同于把 0 期的指数对数设为 0。

回归式不包含常数项，因为模型中没有理由包含独立于销售日期的价格变化。Goetzmann 和 Spiegel (1992) 发现，利用 Case 和 Shiller (1987) 关于 4 个美国城市的数据，从回归式中估计所得常数项显著为正（误差项经异方差修正）。他们认为常数项反映了房主在购房后进行的房屋改造，因此改造是在销售发生后进行的。如果他们的解读是对的，那么我们可以把常数项纳入回归式中，从而把这一效应从指数估计值中剔除，所得指数修正了销售时发生的房屋改造对指数的影响（当然，不是所有改造都是这样的）。另外，对常数项也可做其他解读，而不同解读对应不同的指数构建方法。常数项可能是样本中市场的异质性所导致的。当我们在构建一个地区性指数时，回归模型假设除了随机扰动外，该地区所有房屋遵循同样的价格路径。但事实上，该地区可能存在不同的分市场，价格的涨跌趋势不同。我们有时会用重复度量法先分别估计同一城市圈内不同县的指数，然后再对整体城市圈做估计；这样做违背了模型假设的一致性，因为城市圈模型忽略了各县之间的差异。异质性可能导致变量误差问题，使得斜率系数出现估计偏误。所有 Goetzmann-Spiegel 数据都搜集于价格上升期；由于在整个样本期，平均价格涨幅是正的，所以斜率系数的下偏会导致常数项的上偏。[6]如果这才是对他们结果的正确解读，那么从指数计算中剔除常数项的效应可能就不可取了；这样做会引起指数趋势的偏误。[7]

如果我们的房价变量包括房产所得租金的现值，并扣除所做维护和其他投资的现值，那么回归式的被解释变量就是不同销售之间的总收益率（连续复利，因为价格是对数形式）。那么，由回归式所得的指数就是收益再投资的房地产投资总价值衡量指标。[8]

在正规方程组 $z'z\hat{\gamma}=z'y$ 中，$\hat{\gamma}$ 由普通最小二乘法计算得到：

$$\hat{\gamma}_1 = \frac{p_{11}+p_{21}+p_{51}}{3} - \frac{p_{10}+p_{20}+(p_{52}-\hat{\gamma}_2)}{3} \quad (6.12)$$

$$\hat{\gamma}_2 = \frac{p_{32}+p_{42}+p_{52}}{3} - \frac{p_{30}+p_{40}+(p_{51}-\hat{\gamma}_1)}{3} \quad (6.13)$$

通过这些方程，我们可以看到指数$\hat{\gamma}_t$等于t期出售的所有房产（有其他时期的销售记录）的平均对数价格，减去它们其他期的对数价格（通过指数转换为基期价格）。在上述例子中，在5处房产中，有4处在0期出售；这些价格不需要修正成基期价格。另外，5号房产在0期没有出售，所以对于这处房产的价格必须进行修正，如通过扣除指数$\hat{\gamma}_1$，将p_{51}转换为基期价格。如果我们重写公式，让每一项都对应一处房产，那么我们会看到$\hat{\gamma}_t$就等于给定其他期指数值后，0期和t期之间所有反映价格变化的信息的平均值。在这个例子中，有三种方式反映γ_1（使用房产1、2、5的价格变化），有三种方式推出γ_2（使用房产3、4、5的价格变化）。在给定γ_2的情况下，房产3和4对计算γ_1没有帮助，因为它们没有在1期出售；给定γ_2的值使我们能够将2期的价格转换为0期的价格，但是这仍然对计算γ_1没有帮助。

我们注意到，第二个正规方程（6.13）与链式指数（6.3）之间有相似之处，因此重复度量指数亦可与房产投资组合的价值做类比；如下文所示，若用算术差分来表示指数，两者的相似性就更为明显。当我们考虑模型偏离假设的稳健性时，如上文所讨论的异方差问题，这种简单的相似性就非常重要了。但由于指数是基于价格对数的，上述指数的逆对数是几何平均值。

同样的正规方程组也可写作$z_d'z_d\hat{\gamma}=z_d'y$：

$$\hat{\gamma}_1 - \hat{\gamma}_0 = ((p_{11} - p_{10}) + (p_{21} - p_{20}) + (p_{32} - p_{30} - (\hat{\gamma}_2 - \hat{\gamma}_1))$$
$$+ (p_{42} - p_{40} - (\hat{\gamma}_2 - \hat{\gamma}_1)))/4 \qquad (6.14)$$

$$\hat{\gamma}_2 - \hat{\gamma}_1 = ((p_{32} - p_{30} - (\hat{\gamma}_1 - \hat{\gamma}_0)) + (p_{42} - p_{40} - (\hat{\gamma}_1 - \hat{\gamma}_0))$$
$$+ (p_{52} - p_{51}))/3 \qquad (6.15)$$

式中，$\hat{\gamma}_t - \hat{\gamma}_{t-1}$ 等于给定所有其他指数变化，所有用于估计 $\gamma_t - \gamma_{t-1}$ 的单个资产的信息的平均值；估计 $\gamma_1 - \gamma_0$ 的办法有四种，估计 $\gamma_2 - \gamma_1$ 的办法则有三种。如果所有资产每期都出售，为计算 $\gamma_t - \gamma_{t-1}$，唯一可以有效推断其变化的办法就是通过同一资产的连续销售。在这个例子中，$\hat{\gamma}_t - \hat{\gamma}_{t-1}$ 等于两个日期之间资产对数价格变化的平均值。指数简化为式（6.2）的对数线性形式，即传统的股价指数。

正规方程组（上述任何一种形式）等式右边是指数值；它们是联立方程组。这些联立方程的解为（γ_t 的水平形式，而非差分形式）：

$$\hat{\gamma}_1 = 0.75 \times \frac{(p_{11} - p_{10}) + (p_{21} - p_{20})}{2}$$
$$+ 0.25 \times \left(\frac{(p_{32} - p_{30}) + (p_{42} - p_{40})}{2} - (p_{52} - p_{51}) \right) \qquad (6.16)$$

$$\hat{\gamma}_2 = 0.75 \times \frac{(p_{32} - p_{30}) + (p_{42} - p_{40})}{2}$$
$$+ 0.25 \times \left(\frac{(p_{11} - p_{10}) + (p_{21} - p_{20})}{2} + (p_{52} - p_{51}) \right) \qquad (6.17)$$

根据上述公式，估计值 $\hat{\gamma}_t$ 等于在不使用其他期指数值的条件下，所有反映 $0 \sim t$ 期价格变化的信息的加权平均值，其权重正比于价变化误差的方差。因为这些方程都未用到其他期的指数值，所以以不同方式估计γ_t的误差方差是不同的。对于上述$\hat{\gamma}_1$和$\hat{\gamma}_2$，更好的信息方式权重为 0.75，更差的信息方式权重为 0.25，这反映了在普通最小二乘的假设下，更差方式的误差方差是更好方式的 3 倍。在 2 期，有两种不同的方式来估计 0~1 期的价格变化。其一是观测 0 期和 1 期出售的所有房屋的平均价格变化。由于这一估计值在两对销售记录之间取平均，这一估计的方差是回归式误差项的一半。其二为取 0 期和 2 期出售的所有房屋价格变化的平均值，扣除 1 期和 2 期出售的所有房屋价格变化的平均值。此方法估计值的方差包括两部分：（1）对于在 0 期和 2 期出售的两处房屋的均价的估计误差，等于回归误差项方差的一半；（2）对于在 1 期和 2 期出售的那一处房屋的估计值误差，等于误差项的方差。这两种估计 0~1 期价格变化的方式是相互独立的，因为采用了不同房屋的信息，而回归模型假设房屋之间不存在相关性。[9] 类似地，在 2 期也存在两种不同的方式估计 0~2 期的价格变化。第一种、也是更好的办法是取在 0 期和 2 期都出售的房屋价格变化的平均值。第二种、也是相对更差的办法是取在 0 期和 1 期出售的房屋对数价格变化的平均值，加上在 1 期和 2 期出售的房屋价格变化的平均值。

这种解读回归估计值的方法使得普通最小二乘回归的假设变得非常重要。计算价格变化的不同方式的方差，可以通过对销售记录简单计数求得，而与销售之间的时间间隔无关。回归模型的假设意味着，在估计 1992—1993 年的价格变化时，下面两种方式是一样好的：用 1943—1993 年所出售的房屋的对数价格变化，减去 1943—1992 年所出售的房屋的对数价格变化；对 1992 年和 1993 年均有出售的两栋房屋的对数价格变化取平均。但是，显然后者是更优的，因为跨越 49 年和 50 年的价格变化肯定包含更多噪声。

普通最小二乘法由 Bailey 等（1963）提出。从最小化估计值方差的角度，只有当模型（6.8）的误差项是随机游走序列而且只在销售日发生变化的条件下，普通最小二乘法才是估计回归模型的合适方法；也就是说，在每笔销售发生时，价格中都加入了一项独立的误差。事实上，在房地产的例子中，回归误差项可能存在异方差问题，这意味着我们应该使用广义最小二乘法。Webb（1988）和 Goetzmann（1990）提出了这种估计方法的变形，他们让 ω 对角上的方差与销售的时间间隔成比例，来对应误差项随机游走的假设。Case 和 Shiller（1987）提议使用如下 ω 矩阵，其中的误差项与销售间隔呈线性关系（但截距项不为零），这反映的是误差项随机游走加上销售时有噪声项的假设。在我们的回归中，随机游走和销售时有噪声项都是统计显著的。采用这类误差项的广义最小二乘估计值被 Case 和 Shiller（1987）称为加权重复销售（weighted repeat sales，WRS）估计值，Shiller（1991）则称其为间隔加权几何重复销售（interval-weighted geometric repeat sales，IGRS）估计值。

虽然从回归模型和估计效率的角度来看，我们会想用上述广义最小二乘估计法来构建指数，但从偏离模型假设的稳健性考虑，我们可能就不会选这类方法。模型假设所有时间间隔上的价格变化都服从同样的分布,即真实的γ_t分布,但实际可能并非如此。销售间隔长的房屋可能从属不同类型,服从不同的价格路径。给这些长时间间隔的房价变化赋予小权重,就会使指数中这类房屋的代表性不足。在这种情况下,考虑到估计偏误,普通最小二乘法可能比广义最小二乘法更好。然而也有能更好处理异方差的其他方法,如使用特征重复度量方程和特征变量,或者接下来第七章要讨论的方法。

IGRS(WRS)指数$\hat{\gamma}$的正规方程为:

$$\hat{\gamma}_1 = \frac{w_{11}p_{11} + w_{21}p_{21} + w_{52}p_{51}}{w_{11} + w_{21} + w_{52}}$$

$$- \frac{w_{11}p_{10} + w_{21}p_{20} + w_{52}(p_{52} - \hat{\gamma}_2)}{w_{11} + w_{21} + w_{52}} \tag{6.18}$$

$$\hat{\gamma}_1 = \frac{w_{32}p_{32} + w_{42}p_{42} + w_{52}p_{52}}{w_{32} + w_{42} + w_{52}}$$

$$- \frac{w_{32}p_{30} + w_{42}p_{40} + w_{52}(p_{51} - \hat{\gamma}_1)}{w_{32} + w_{42} + w_{52}} \tag{6.19}$$

其中,w_{it}是赋予房屋i的权重,该房屋在t期发生了第二次出售。因此,IGRS指数是对数价格加权平均值的差分,权重是回归误差项方差的倒数。在 Webb(1988)和 Goetzmann(1992)的文章中,w_{it}^{-1}与销售间隔同比例变化。在 Case 和 Shiller(1987)的文章中,w_{it}^{-1}是一个常数项加上一个与时间间隔成比例的项。

特征重复度量指数

普通重复度量指数事实上包含了特征变量，只不过是以对象虚拟变量的形式，而且这些虚拟变量实际上覆盖了所有不随时间变化的特征变量。上文提到，我们也许会想加入其他特征变量，如式（6.8）中的面积变量，来分析特征变量对价格的影响是如何随时间变化的。此外，我们会有资产质量随时间变化的相关信息。以估计房价指数为例，由于添加了新房间，有些房屋的面积可能有扩大，而我们有可能获取这一信息。Abraham（1990）和 Clapp 等（1991）认为，普通重复度量指数存在一个缺点：具有重复销售记录的房屋样本无法代表所有房屋，而增加特征变量可以解决这个问题。

在式（6.8）中加入特征变量的方法保留了重复度量的实验设计。但是其他使用特征变量来构建重复度量指数的方法（Case and Quigley，1991；Case et al.，1991）则放弃了这一设计。在他们的方法中，假设某个时期所出售房屋的组成发生变化，相对更高质量的房屋被卖出，而他们的特征变量无法反映这一质量提高。那么，即使所有房屋的价格没变，他们的价格指数也会呈现上升的趋势。

回到上述模型（6.8）（未去除面积变量），我们得到几何特征重复度量（geometric HRM）回归模型 $y = z\gamma + \varepsilon$，其中 z 和 y 的定义为：

$$z = \begin{bmatrix} 1 & 0 & s_{11} & 0 \\ 1 & 0 & s_{21} & 0 \\ 0 & 1 & 0 & s_{32} \\ 0 & 1 & 0 & s_{42} \\ -1 & 1 & -s_{51} & s_{52} \end{bmatrix}, y = \begin{bmatrix} p_{11} - p_{10} \\ p_{21} - p_{20} \\ p_{32} - p_{30} \\ p_{42} - p_{40} \\ p_{52} - p_{51} \end{bmatrix} \tag{6.20}$$

在估计系数向量$\hat{\gamma}$之后，t期的几何特征重复度量指数就等于t期一栋标准大小房屋的拟合价值；例如，固定权重指数的t期值为t期的常数项（$t=0$则为0）加上$\bar{s}$与t期面积系数的乘积。换种说法，假设在每期t，按照房屋面积递减将房屋分为i个区间，而我们有位于每个区间的所有房屋数目Q_{it}，那么，我们就可以计算出每个区间中点的指数值，在式（6.1）中利用P_{it}的逆对数和Q_{it}数据，构建价值加权指数。然而，这样所得的结果并非真正的价值加权房价算术指数，因为单栋房屋不是被算术平均处理的。此外，我们的特征变量不可能完全描述每栋房屋的质量，所以不同类房屋存在质量差异（因而有价格差异），这种差异还可能随时间发生变化。

在第七章，我们将使用式（6.20），并且利用其他变量代替特征变量s_{it}；我们可以对无法观测的变量做估计，并以估计值替代s_{it}，用于表示无法观测的特征变量；我们也可以用逆米尔斯比率（inverse Mills ratio）取代s_{it}，以修正样本选择偏误。

算术重复度量指数

上述估计值的算术变形与方程（6.1）很相像，可用于构建股票价格指数、消费者和生产者价格指数。上文所讨论的重复度量指数采用对数价格数据，得到对数指数，它的逆对数实际上是价格的几何平均值。在上文中我们提到过，算术指数可能更为可取。算术指数可对应于投资组合，但几何指数则缺少对应解释。组合价值是价格的算术运算结果，而不是几何运算结果，因为一个投资组合的价值等于组成资产的价值之和，而不是乘积。用几何平均值来代表组合价值会导致偏误：例如，同一组正数的几何平均值永远小于其算术平均值（只要组内数字不是全部相等）。[10] 此外，这里的几何指数不是价值加权的；也就是说，以房地产为例，更有价值的房屋不会被赋予更大的权重，尽管它们对组合价值的影响更大。

通过艺术品价格指数，我们可以更清楚地看到算术价值加权指数［如式（6.1）对应的股价指数］的重要性。因为艺术品提供的是更为纯粹的审美功能，所以相对于房地产价格来说，在艺术品价格变化中品味变化是更为重要的影响因素。当某类艺术品不再受欢迎时，它的价值就几乎消失了，但是只要该类艺术品还在出售，艺术品价格几何指数就会受到影响。花费大笔资金在艺术品市场上的投资者倾向于投资那些目前流行的类型；他们想要的不是反映艺术品平均价格变化的对冲市场，而是能反映艺术品组合价值变化的市场。

为了创建价值加权的算术指数，有人可能会直接套用上述分析，只将对数价格替换为价格本身。但这是行不通的：按上述指数定义，要将对数价格平减至基期，只需要从中扣除基期指数值，但是我们想要的是通过除以基期指数值实现价格平减。在基期，对数指数取值为 0，而我们希望将水平指数基期值设定为 1（或 100）。

我们必须对上述分析做出修正，重新建立回归式，使得回归系数采取与价格相乘的形式；这些系数因此与指数的倒数相关（如果没有特征变量，它们就等于指数的倒数）。价格乘以指数的倒数意味着将价格平减至基期。但是这样做要求我们重新分析，把价格当作一个解释变量，而不是如式（6.8）中那样的被解释变量。一旦我们把价格当作解释变量，我们就必须采用工具变量估计方法（instrumental-variables estimation approach），因为解释变量中出现了随机变量（价格）。

通过修正基于对象虚拟变量的回归模型，我们可以得到算术指数，相应的回归模型为 $y=x\beta+\varepsilon$，并且采用 z 作为工具变量矩阵进行估计，其中 z 来自几何指数模型。然而在这里，向量 y 由 0 组成，除非考察对象的首次销售发生在基期（即 0 期），那样的话向量 y 中的对应元素就等于资产的基期价格。矩阵 x 与上文的 z 相似，但是 x 的每个元素都乘了对应资产和日期下的销售价格。举一个简单的例子，$T=2$，以大写的 P 来表示水平价格（区分于 p 表示价格的自然对数），假设没有特征变量，矩阵 x 和向量 y 为：

$$x = \begin{bmatrix} P_{11} & 0 \\ P_{21} & 0 \\ 0 & P_{32} \\ 0 & P_{42} \\ -P_{51} & P_{52} \end{bmatrix}, \quad y = \begin{bmatrix} P_{10} \\ P_{20} \\ P_{30} \\ P_{40} \\ 0 \end{bmatrix} \quad (6.21)$$

在算术普通重复度量回归模型 $y=x\beta+\varepsilon$ 中，资产 i 对应的第 i 行表明，根据指数值贴现到基期的第二次销售价格等于贴现到基期的第一次销售价格加上误差项。回归模型采用工具变量法，可得 $\hat{\beta}=(z'\omega^{-1}x)^{-1}z'\omega^{-1}y$，其中 z 由式（6.10）给出。因为没有特征变量，t 期的指数（假设基期指数等于 1.00）就等于 $\hat{\beta}_t^{-1}$。

若不进行异方差修正，则 ω 矩阵与单位阵成比例，正规方程组 $(z'x)\hat{\beta}=z'y$ 为：

$$\hat{\beta}_1^{-1}=\text{Index}_1=\frac{P_{11}+P_{21}+P_{51}}{P_{10}+P_{20}+\hat{\beta}_2 P_{52}} \qquad (6.22)$$

$$\hat{\beta}_2^{-1}=\text{Index}_2=\frac{P_{32}+P_{42}+P_{52}}{P_{30}+P_{40}+\hat{\beta}_1 P_{51}} \qquad (6.23)$$

方程（6.22）和方程（6.23）所定义的指数被称为价值加权算术重复销售（value-weighted arithmetic repeat sales，VWARS）价格指数（Shiller，1991）。我们注意到方程（6.23）与方程（6.3）相似，所以这一算术指数明显类似于股价指数。同时，我们注意到如果每栋房屋每期都出售，那么每期指数值就可以通过链式指数公式（6.2）求得，而式（6.2）恰是传统的股价指数公式。以上分析在上述例子中则表现为去掉资产 3 和 4，再将式（6.23）代入式（6.22）。

若考虑残差的异方差性（ω 是对角阵，不与单位阵成比例），通过同样的算术指数构建流程可得以下正规方程：

$$\hat{\beta}_1^{-1}=\text{Index}_1=\frac{w_{11}P_{11}+w_{21}P_{21}+w_{52}P_{51}}{w_{11}P_{10}+w_{21}P_{20}+w_{52}\hat{\beta}_2 P_{52}} \qquad (6.24)$$

$$\hat{\beta}_2^{-1} = \text{Index}_2 = \frac{w_{32}P_{32} + w_{42}P_{42} + w_{52}P_{52}}{w_{32}P_{30} + w_{42}P_{40} + w_{52}\hat{\beta}_1 P_{51}} \tag{6.25}$$

其中权重 w_{it} 与式 (6.19) 一致。如果异方差是如 Case 和 Shiller (1987) 一样通过销售间隔来修正，所得到的指数被称为区间价值加权算术重复销售（interval and value-weighted arithmetic repeat sales，IVWARS）指数。当然，进行异方差修正就意味着指数不再是严格的价值加权，而且如果异方差修正所假设的方差与资产价值之间存在相关性的话，指数也就不再代表价值加权的投资组合。如果异方差修正的基础是方差与销售间隔的关联，这种相关性可能很小。

我们也可以在分析中加入其他特征变量来构建算术特征重复度量指数。与上文的做法一样，通过把 z 的每个元素与相应对象 i 在时期 t 的价格 P_{it} 相乘，我们可以得到矩阵 x。以 s_{it} 是房屋的面积变量为例，算术特征重复度量（arithmetic HRM）回归模型为 $y = x\beta + \varepsilon$，估计值为 $\hat{\beta} = (z'\omega^{-1}x)^{-1}z'\omega^{-1}y$，其中 z 与式 (6.20) 中的一样，x 和 y 如下：

$$x = \begin{bmatrix} P_{11} & 0 & P_{11}s_{11} & 0 \\ P_{21} & 0 & P_{21}s_{21} & 0 \\ 0 & P_{32} & 0 & P_{32}s_{32} \\ 0 & P_{42} & 0 & P_{42}s_{42} \\ -P_{51} & P_{52} & -P_{51}s_{51} & P_{52}s_{52} \end{bmatrix}, \quad y = \begin{bmatrix} P_{10} \\ P_{20} \\ P_{30} \\ P_{40} \\ 0 \end{bmatrix} \tag{6.26}$$

对于一栋面积为 $\bar{s}$ 的标准房屋来说，t 期的固定权重算术特征重复度量指数等于 t 期价格变量的系数估计值与 $\bar{s}$ 乘以 s_{it} 系数估计值之和的倒数。[11]若要求得链式指数，我们可以先构建不同类型房屋（由面积决定）的指数值，然后把所得数值和每种类型的流通房屋数一同代入方程（6.1）。

在这个例子中，我们可能有必要进行异方差修正，对于误差项的建模需基于质量变量 s_{it} 和销售间隔。值得注意的是，若对 x 中的 s_{it} 我们不使用面积变量，而是采用虚拟变量，即如果资产 i 属于某种类型就取 1，否则取 0，那么方程组前两列的系数会对应由式（6.21）构建的不属于该类型资产的价格指数（的倒数）；接下来两列的系数则对应由式（6.21）构建的属于与不属于该类型资产的指数值（的倒数）之差。然而，此时 t 期固定权重特征指数等于 t 期价格变量的系数与 $\bar{s}$ 乘 $P_{it}S_{it}$ 系数之和的倒数，其中 $\bar{s}$ 是一个固定的比例，$0<\bar{s}<1$，这是这两个指数的加权调和平均值，而不是式（6.1）所展示的加权算术平均值。

与式（6.20）一样，我们可以考虑在式（6.26）中用其他变量来代替 s_{it}，其他变量可以是无法观测的质量变量的估计值，或是用于修正样本选择偏误的逆米尔斯比率；详细内容请参见第七章。

第七章
指数：问题与备选

在创建用于合约结算的指数时，我们需要进行一些判断；没有一种方法适用于所有情况。给定有限信息，我们需要做出权衡和选择。在应用上一章所讨论的重复度量法之前，我们需要考虑重复观测值是否足够多，以确保标准误不会太高。在加入大量对象虚拟变量之前，我们需要确认对象之间是否存在足够多的未观测质量变化，以确保加入对象虚拟变量的好处大于因加入虚拟变量而带来的误差项方差的增大。

我们需要决定将哪些特征变量放入回归分析。不是所有质量指标都适用于指数构建。我们需要决定，是否对这些变量或虚拟变量加以限制条件约束。不精确的先验信息给回归系数所施加的限制可能是灵活变动的，而非固定的。

我们也需要考虑特征重复度量回归模型的不同变形，比如质量被看作与每个对象相关的可观测因子，又或是采用额外的选择方程来修正可能存在的选择偏误，样本选择偏误决定了哪些对象可被观测。

重复销售的预期发生率：标准误

是否要采用重复度量指数而放弃特征回归指数（不包含对象虚拟变量），其决定的关键在于是否存在足够多的重复销售观测，以保证重复度量法估计值的方差不会高得难以忍受。也就是说，假设给定任何时间间隔内销售发生的概率和足够大的样本，指数构建方法的选择取决于观测数据所对应的时间区间是否够长，是否存在足够多的重复销售记录，可以使回归估计值的标准误足够低。因此做出选择的关键因素是数据追溯到多久以前；我们既需要历史数据，也需要当前信息，来构建重复度量指数。

给定现有的历史数据集所覆盖的时间区间，我们需要考虑是否能够找到足够多的重复销售数据，使得该指数的应用是有价值的。Case 和 Shiller（1987）使用的数据集记录了 1970—1986 年 4 个城市单栋房屋的销售情况，重复销售记录配对数只占销售记录总数的 4.1%。这意味着如果采用重复度量法，我们会丢失很多信息，因此标准误会很高。但其实该数据集并未覆盖对应时间区间内相关城市的所有房产销售记录，它只是一个抽样。一栋房屋出售两次，且两次记录都被包括在样本中的可能性很低。那么，当我们拥有给定时间区间内给定地区的所有房产或资产类型的销售数据时，重复销售的发生率又有多高呢？

二项分布模型

作为初步近似，我们可以假设在给定时间间隔内，某个对象被度量（房屋售出）的次数服从二项分布，在单位时间内销售发生的概率为 p。以房地产为例，影响房屋出售的很多风险是随机事件。例如，房屋销售的起因可能是工作变动、死亡、离婚、财富变化或信用变动。若房屋销售主要是由生命周期驱动的，例如每个人在育龄期都会拥有一栋房屋，那么房屋销售就不再是随机事件了，因此二项分布模型在此情形下适用性较差。

如果一栋房屋被出售了 x 次，那么在 $x>1$ 的情况下，存在 $x-1$ 对重复销售记录，否则就不存在重复销售。某栋房屋在 $0\sim T-1$ 期（共 T 期）重复销售次数的期望为：

$$E(\text{重复销售次数}) = \text{prob}(2\text{ 期销售}) + 2\times \text{prob}(3\text{ 期销售})$$
$$+ \cdots + (T-1)\times \text{prob}(T\text{ 期销售}) \quad (7.1)$$

假设房屋销售次数服从二项分布，该期望则为：

$$E(\text{每栋房屋重复度量次数}) = \text{二项分布均值} - 1 + \text{prob}(0\text{ 期销售})$$
$$= pT - 1 + (1-p)^T \quad (7.2)$$

这个期望值显然大于 1.00。

如果样本中房屋数量足够大，重复销售次数与总销售次数的比值的期望就接近期望的比值 R：

$$R = \frac{pT - 1 + (1-p)^T}{pT} \quad (7.3)$$

这个比值不可能大于 1.00；重复销售次数不可能多于总销售次数；当 T 趋于无穷时，这个比值会趋于 1。在样本足够大的情况下，每栋房屋都会被多次售出；若房屋被售出了 k 次，那么重复销售次数与总销售次数的比值为 $\frac{k-1}{k}$；当 p 趋向 1.00 时，式（7.3）的极限为 $\frac{T-1}{T}$。

图 7.1 展示了 T（样本覆盖的年数）取不同值时 R 的情况。三条曲线分别对应 p 的三种取值，即单位时间内给定资产出售的概率。例如，如果我们拥有 100 000 条房屋销售记录，它来自某稳定社区 20 年间的销售数据，平均每年发生 5 000 次销售，假设在给定年份内某房屋出售的概率总是 0.1，那么通过这个模型，我们预期会找到（从图中可见）56 000 条重复销售记录。

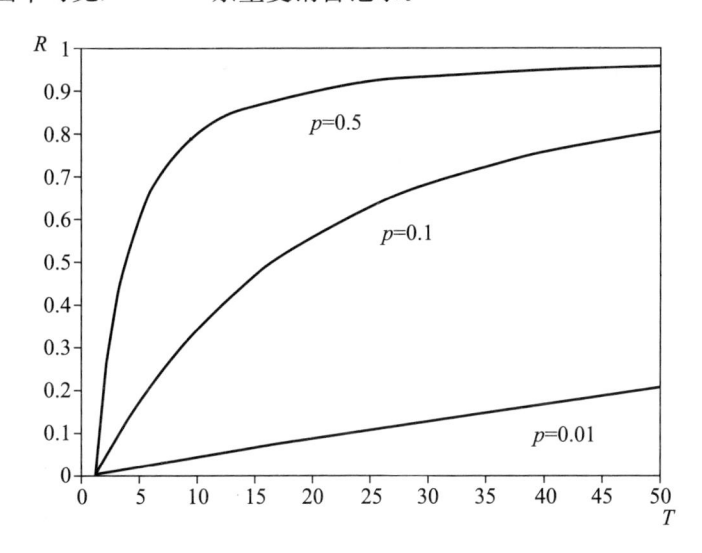

图 7.1 T 期内重复销售次数的期望值与总销售次数的期望值之比 R，不同 p 值（销售发生的概率），见式（7.3）

对于一个覆盖给定时间间隔内固定房屋群的所有销售的数据集，如果在 66 个季度的区间内，R 只有 4.1%，像 Case 和 Shiller

(1987) 遇到的情况，那么一个季度内一栋房屋出售的概率就只有 0.001 3，或者说每年 0.5%；事实上，在美国一年内大约有 6% 的房屋被卖出。[1] 显然，Case 和 Shiller（1987）的数据不符合这一模型，可能是因为其数据未覆盖固定房屋群的所有销售数据。如果我们在上述二项分布模型中加入新的假设，某房屋销售记录出现于数据集中的概率是 s，且记录是否被报告对不同销售记录和房屋来说是独立的，同时假设样本中的房屋数量足够多，那么重复销售次数与总销售次数的比值的期望就约等于上文的 R，其中我们用 sp 代替 p。这样的话，每年房屋出售的概率大约为 6%，而 s 取值为 10% 左右，那么就可以解释 Case 和 Shiller（1987）得到的 R 为 4.1% 了。[2]

我们注意到在二项分布假设下，属于同一对重复销售的不同记录在整个样本期间内的发生概率是相同的。但事实上，在头几期，第二次销售记录不常见，而在末尾几期，初次销售记录也很少。如果 T 足够大，重复销售之间的时间间隔 k 近似服从几何分布 $(1-p)p^{(k-1)}$。

我们利用覆盖某地区所有房屋销售的数据来估计重复销售指数，发现在给定房屋的平均周转率后，实际的房屋重复销售数量要比二项分布模型所预测的少。其原因可能是我们所观察的社区随着时间的推移而不断壮大，也可能是有部分房屋销售数据缺失了，还有可能是由于房屋地址登记有误，我们的识别程序错失了其中部分重复销售数据。

同等代表模型

另一个关于重复度量发生率的模型假设所有发生重复度量的日期出现的概率相同。在这个模型下，对指数的标准误矩阵的解读很有意思。

同等代表模型（equal-representation model）假设每一对重复度量的两个日期是从 $0 \sim T$ 的均匀分布中独立抽取出的。这个最基本的假设，相比于二项分布模型的假设，看起来不是很有说服力。但是如果每个对象的期望观测数 pT 不是很大，同等代表模型可近似于二项分布模型；若样本区间 T 不是很大，或者销售概率 p 不是很大，这是有可能发生的。二项分布模型预测只会有很少对象的度量次数超过两次；我们的观测样本则选择那些被度量两次的对象。（当然有很多对象只度量了一次或者没被度量，但是通过前述处理流程，这些对象都被从样本中剔除了。）如果每个对象都被度量两次，而且二项分布模型假设每个时间区间内度量发生的概率是相等的，那么同等代表模型就可以适用了。

若总时长为 T，则可能发生的重复销售配对类型为 $(T^2-T)/2$；例如，在式（6.10）中，$T=3$，矩阵 z 展示了所有三种重复度量配对；在该矩阵中，第一行和第二行是一种配对类型，第三行和第四行是一种配对类型，最后一行是第三种配对类型。在该矩阵中，三种配对类型出现的比例是不同的，只有一行对应第三种配对类型。同等代表模型意味着，重复销售日期之间的间隔在 $1 \sim T-1$ 上分布，而且相应的概率随着间隔的增大而线性下降。

如果所有配对类型出现的比例与模型假设相同，n 为重复销售配对数，它是 $(T^2-T)/2$ 的倍数，那么矩阵 $z'z$ 所有对角元素都等于 $2n/T$，所有非对角元素都等于 $-2n/(T^2-T)$。对应逆矩阵的对角元素等于 $(T-1)/n$，非对角元素等于 $(T-1)/2n$；因此，指数值的标准误就等于单栋房屋误差的标准差除以估算该指数值时用到的重复销售配对数的平方根。若 $0\sim T$ 期价格估计值具有独立同分布的误差，由此估算出的指数值的方差矩阵也就等于这里我们所得的方差矩阵。由于我们将 0 期标准化为基期，以 $1\sim T-1$ 期误差减去 0 期误差，就可以计算（对数）指数。因此，对于任何 $1\sim T-1$ 期的时期，这一误差都有两个组成部分：它本身（与其他任何误差无关）和标准化所对应的部分（完全与其他每个误差相同的部分）。

如果误差的方差矩阵如上所述，指数的时间序列就会被白噪声（white noise）所污染。这也是真实的房价指数数据表现出来的特征。当我们使用大量数据来构建指数时，指数的标准误很小，指数估计值序列通常看上去像是由颤抖的手或是不精确的画图工具试图绘制的光滑曲线（因为房价变化趋势具有明显的持续性），曲线上下有很多不稳定的小波动。我们从方差矩阵中也可以看出误差的逐期增长率（对数指数的一阶差分）与白噪声的一阶差分很像，因为差分运算消除了误差所共有的组成部分。因此在小样本中，标准误很大，指数增长率的时间序列倾向于具有不规律、锯齿形的特征，逐期增长率经常会变换符号。

如果指数通过每期独立的（对数）价格求简单平均值而求得，

且每期样本大小和价格离散方差相同,这样得到的方差矩阵与上文的方差矩阵具有相同的结构。在某种程度上,消费者价格指数的计算过程和误差方差就是这样的,所以重复度量指数的方差矩阵结构与简单消费者价格指数的相同。这个结论看上去出乎意料,毕竟重复度量指数的观测值是分布在相互重叠的时间区间上的。

这个重复度量指数误差的方差矩阵还有一个令人意外的结论:在任何不同的时间区间上,系数(指数的对数值)差分的标准误都是相同的;它们始终等于单栋房屋误差的标准差除以每期重复销售配对数的平方根。例如,10 年期指数的对数值变化的标准误与 1 个月期指数的对数值变化的标准误相同。有人会认为在更长的区间上,指数变化的标准误会更大;事实上,在更长的区间上,指数变化确实一般会更大一些,其方差也更大。

当然,标准误相同的结论取决于普通最小二乘法的假设,即回归误差项的方差是一个常数,因此方差不会随着销售间隔的区间而发生变化。在现实中,由于资产价格在更长的区间上有更多时间偏离总体价格表现,所以重复销售的误差可能在更长的区间上更大。如果我们用广义最小二乘法来修正误差方差不相等的问题〔比如式(6.18)和式(6.19)所用的 IGRS(WRS)法〕,实际上是降低了更长区间上重复销售在回归中的权重,那么更长区间所对应的指数差分的标准误会更大。即使如此,这种降低权重的做法所能引起的标准误不相同程度远低于我们的想象。如果同等代表模型成立,通过采用广义最小二乘法(这一方法假设间隔两期的重复销售误差项的标准差是间隔一期重复销售对应值的两倍),间隔两期的价格变化标准误会增大,但小于间隔一期的价格变化标准误的两倍。这是因为间隔两期的指数变化估算部分利用了间隔一期的重复销售的信息,这个信息没有被降权;而间隔一期的指数变化估算也部分利用了间隔两期的重复销售信息,但此信息被降权了。

在实际应用房价数据时,我们会发现随着时间的变化或区间的增大,标准误没有明显的变化趋势。这个结果与 Case 和 Shiller (1987) 的结果一致,他们利用 1970—1986 年 4 个美国城市的数据构建了 IGRS(WRS)重复销售对数价格指数。虽然他们进行了异方差修正,降低了长区间上重复销售配对的权重,但是他们得到的标准误未表现出明显的时间趋势。

对象虚拟变量和特征变量系数的限制

当特征重复度量指数使用了太多样本所赋予的自由度时,我们估算值的标准误会很高,而这一问题可以通过限制对象虚拟变量或特征变量的回归系数来解决。

像上一章那样,在特征回归方程中加入所有对象虚拟变量且不加以限制的做法并不总是合适的。只有当我们有理由认为对象虚拟变量的系数不是零,也就是说存在某种与对象相关的质量因素,且其无法被其他已包括的特征变量代表时,对象虚拟变量才是有用的。这并不意味着对象的质量是绝对不变的,而是说质量的某个成分是不变的。然而,如果对象的质量极不稳定,其特征不断地剧烈变化,那么对象虚拟变量就是冗余的。冗余变量（redundant variables）的系数为零，不会影响线性回归的无偏性，但它们会提高系数的标准误。当我们加入对象虚拟变量时，我们加入了大量额外的变量，很有可能会影响估计的有效性。

在有些条件下，我们可能只需要加入一个比对象虚拟变量集合更小的虚拟变量集，我们称之为类别虚拟变量，代表对象的类别或种类。我们假设在不同的类别中，对象具有相对不变的质量差异，而且这些质量差异无法用模型中已有的特征变量来衡量。这样的话，其余未包含于任何类别的对象则将作为单次销售观测值加入回归模型中。我们选择这样做是有理由的：只有当我们认为回归式中的单笔销售房产的长期特征能够被所包含的特征变量完美描述时，单笔销售观测值才会被保留。如若不然，我们则要忽略其他单笔销售数据。

假设某栋建筑内的所有公寓，或者某栋建筑内某朝向的所有公寓，可由同一对象类别虚拟变量所代表。如果存在其他特征变量（比如房屋面积）能够弥补公寓之间的差异，那么上述处理尤为值得。在估计航空或铁路的设备价格指数时，我们可能需要把虚拟变量对应到设备型号，而不是设备本身。

常见的回归式约束是限制除常数项外的质量变量系数保持不变，这就产生了可称为时间虚拟变量特征回归（time-dummy hedonic regression）的结果。例如，我们可将回归式（6.5）修正为：

$$Y = \begin{bmatrix} Y_0 \\ Y_1 \\ Y_2 \end{bmatrix}, Z = \begin{bmatrix} 1_0 & 0 & 0 & Z_0 \\ 0 & 1_1 & 0 & Z_1 \\ 0 & 0 & 1_2 & Z_2 \end{bmatrix} \tag{7.4}$$

其中，1_t 是由 n_t 个 1 组成的列向量，Z_t 是 $N_t \times K - 1$ 维矩阵，去掉了原来的常数项。这一模型可以有很多变形：我们可以限制部分而不是所有质量变量的系数保持不变，或者我们可以允许质量变量的系数随时间变化，但是对系数变化进行贝叶斯或岭回归平滑（Bayesian or ridge-regression smoothing）。（我们之后会讨论贝叶斯法。）这些方法的任何一种都可以用来构建如前所述的拉式、链式或其他指数。但是在像上一章那样将对象虚拟变量加到回归式中后，任何受到限制的特征变量都会退出特征重复度量回归式，z 矩阵会出现一列全为 0，我们必须删除这列，除非至少一个对象的质量发生了变化。在重复度量法中用这种方法限制特征变量的系数，意味着使用特征变量只能够反映这些变量的变化，比如为了反映房屋扩建的影响，我们在普通重复度量回归式中加入一个变量，来代表房屋在不同销售之间的面积变化。

有些特征价格指数构建方法限制所有系数（包括常数项在内）保持不变。这样的方法实际上通过把 $Z_0 \sim Z_T$ 一个个堆在一起，创建了 $K \times N$ 维的矩阵 Z，所以在模型 $Y = Z\gamma + \varepsilon$ 中，向量 γ 只有 K 个元素。显然，利用这样的回归式来创建指数，即计算一个标准对象的拟合值（或计算链式指数），我们会得到一个不随时间变化的指数。然而，若我们利用这样一个回归式来构建价格指数，指数不是某标准的、不变的对象所对应的拟合值，而是解释变量的时间序列所对应的拟合值。例如，为了构建房价指数，有人会把租金作为解释变量加到特征回归式中，其系数估计值则代表将租金贴现为当前价格的贴现率。时期 t 的指数等于 t 期租金观测值所对应的拟合值。这一模型的假设是价格必须由租金决定，而且价格不允许出现任何其他方面的变化。在这个限制性假设下，估计得到的价格指数其实不是真正的价格指数；在这个例子中，如果租金没有上涨，它们会忽略所有表明房价上涨的证据。它们没有考虑到价格可能与不在模型信息集中的信息相关，如未来的租金，而非当前的租金，它们也没有考虑到纯投机性的价格变动。

指数平滑与改进：贝叶斯方法

我们可以用贝叶斯方法取代上述经典回归方法，贝叶斯对于被估计的价格水平变化、特征变量系数或对象虚拟变量系数会设定先验信息。[3]

既然我们知道历史房价变化具有一些重要的特征，比如月度价格变化极少超过 5%，我们就可以在估计过程中加入融合了此信息的先验信息。利用这些先验信息，我们可以平滑估计值，减少突发价格变化造成的异常值，排除因观测值稀少所致的异常指数值。此外，我们知道（见第五章）在历史上房价指数变化是序列相关的：价格上升期的下一期往往也是价格上升期；价格下跌期往往跟着价格下跌期。利用这个信息相关的先验信息也可以平滑估计值，消除上文介绍同等代表模型时提到的增长率误差的锯齿形。贝叶斯先验信息甚至可以利用房价变化与其他经济变量变化之间的已知的历史相关性来构建一个更好的价格估计值。

对于交易指数的人来说，即使改进指数的方法在某种程度上是主观臆断的，他们也希望看到指数尽可能得到改进。相比于其他期货市场结算方法，正规的贝叶斯先验信息法的主观程度肯定不会更高，至少它肯定低于上文所提到的品尝咖啡划分等级的方法。

另外，采用先验信息会减少指数构建的简单性和客观性。贝叶斯法或岭回归法确实相当于人工平滑或篡改数据，对此我们可能会多少有些抗拒。我们究竟如何平滑了数据？我们减少了多少短期波动，最终价格水平的平滑程度又有多少呢？先验信息中应该假设价格存在多少序列相关性呢？我们应该假设价格变化的序列相关模式保持不变，还是应该修正方法来适应逐渐变化的随机资产呢？针对这些问题，不同的人会给出不同的答案，而且这些问题根本没有标准答案。

如果我们构建指数只是为了公布一个房地产市场的"先行指标"，那么其实根本不需要任何平滑方法。如果指数只用来作为"先行指标"，那么人们很可能不希望在指数构建中进行数据平滑，使得指数变化相当平稳。即使当期销售情况发生了剧变，但我们所估计出的指数相比于上期指数未见明显变化，这一情形并不是我们所期望见到的；这种指数可能被认为篡改了事实。人们很可能希望数据以尽可能少被过滤的形式呈现给他们，他们会自己酌情对指数进行调整。即使季节性调整非常常见，但是大多数政府构建的经济统计指标都不会据此进行平滑。

另外，虽然有人认为证据应该"自己说话"（speak for itself），不应过滤数据以反映指数构建者的先验信息，但这种想法忽略了在现实中，指数构建者很难把他们所掌握的信息充分展现给公众。例如，公众也许并不理解标准误。指数构建者很可能知道在指数明显跃升的同时，指数标准误也大幅提高了（比如当期房屋销售数据很少）。相比于向公众解释清楚原因，简单平滑指数来消除这次跃升可能更符合公众的利益。此外，如果指数是用于现金结算的，那么人们会想要看到平滑后的指数，这样的话，他们就不会由于某个疑似异常的观测值而进行大量的现金结算（造成盈利或损失）了。

总而言之，是否采用贝叶斯法取决于数据的质量。如果数据足够多，就没必要采用复杂方法进行指数构建。如果数据稀少或者误差极大，那么就有必要在构建指数过程中进行一定的平滑。

特征变量的选择

上一章讨论的特征重复度量回归可以用来构建能够很好控制所度量对象的组合变化的指数。如果特征变量的数据是可得的，指数构建者应该尽可能多用特征变量。例如，在构建艺术品价格指数时，如第五章所述，当前流行的艺术家的作品往往会被重复出售，而且价格波动比非流行艺术家的作品要大得多。但是艺术家是单独个体，市场上存在大量的艺术家。所以在构建艺术品价格指数时，艺术家组成的变化会造成严重问题。在特征变量之外,我们可以为每一位艺术家都建立一个虚拟变量。单个艺术家的价格指数标准误会非常高;但将诸多艺术家的情况平均化处理后,所得综合价格指数(在每一个时期,每位艺术家都被赋予固定的权重)未必如此。例如,在某一年毕加索的诸多作品价格飞涨,销售火爆,但这对于综合价格指数不会造成问题;毕加索作品的权重只等于其作品在总藏品中的占比。当然,如果每位艺术家都有对应的虚拟变量,那么肯定会出现共线性问题(上一章所定义的矩阵 Z_A 中会出现全为 0 的列)。对此,我们可将一些小众艺术家组合在一起,对应同一个虚拟变量,而对如毕加索这样的作品交易频繁的艺术家,我们可以单独创建一个毕加索虚拟变量。贝叶斯法假设不同艺术家作品的价格之间存在某种联系,这也可以处理共线性问题,而且可以更好地利用我们对艺术品价格的先验信息。当然,把艺术家放在同一组或者确定他们的相似性,这都涉及我们的主观判断;艺术品估价师在构建苏富比艺术品指数时也是如此。在构建用于合约结算的指数时,特征变量必须是针对现金流的某种索取权的变量。

因为指数构建方法是用于计算对收入或服务的一份标准索取权的价格变化,因此我们不想要随时间变化的特征变量,这样的变量代表了随时间变化的索取权收益。例如,我们不会以随时间变化的房屋租金作为特征变量。指数取值等于标准质量房屋所对应的拟合值,这意味着指数所对应的租金也是标准水平的。由于单栋房屋的租金会随时间变化,所以它不能作为现有房屋的价格指数。即使租金在回归式中是统计显著的,我们也应该去掉租金变量。特征回归式就是价格在各特征变量上的投影,有些变量或许能够提高拟合程度,但我们也只能将其剔除。根据同样的逻辑,我们需要从解释变量列表中去掉随时间变化的社区质量变量,或者随时间变化的地区犯罪率变量。

在构建用于衍生品市场结算的指数时,我们选择的解释变量必须可以识别对应的投资。我们必须去掉任何对于现有资产来说会随时间变化的变量,因为这些变量涉及现有资产价格和收益的变化情况。但也有一些例外。首先,我们可以加入代表新投资的变量,比如面积变量。其次,只要变量在不同次销售之间不发生改变,我们就可以加入随时间变化的变量。也就是说,我们可以在矩阵 z 和 x 里代表第一次和第二次销售的列中,加入第一次销售时的租金变量。这样的话,我们就可以构建指数来反映初始投资时为高租金或低租金的房地产组合的情况了。

估计价值(assessed value)是另一个随时间变化但可以在不同销售期间保持不变的变量。Clapp 和 Giaccotto(1992a;1992b)提倡当缺少真实的重复销售数据时,在(类)重复销售回归式中用估计价值来代替首次销售价格。如果在两次销售时均使用初次销售时的估值,那么估值也可以用于特征重复度量回归。如果两个不同的估值分别是在两个不同的日期所评估的,那么这两个估值可以作为不同的特征变量放入回归式中,在这里,我们把它们当作两个独立的质量指标。因为每个资产都有估值,而且估值是直接衡量资产质量的指标,所以估值是可以作为特征变量的。

与住房条件改善相关的特征变量

原则上来说,对我们构建价格指数所对应的房屋改善情况进行测算是非常重要的。价格指数的增长可能并不源于任何市场条件的变化。例如,如果很多房主在家里新建了房间,若指数未能将此情况考虑在内并进行相应调整,那么指数值就会上升。是否要允许指数对于住房条件改善做出相应变动,取决于指数所提供的风险对冲功能。对于用期货市场来对冲房屋价值风险的个人房主来说,由住房条件改善所致的指数上涨对合约结算是不利的,因为即使在房屋投资收益率没有改变的情况下,指数上涨也会迫使空头在结算时支付现金。另外,对住房抵押支持证券(mortgage-backed securities)的持有者来说,如果他们利用房价期货市场来对冲预付款或违约的风险,那么他们会想要指数反映出住房条件的改善;他们并不关心房价上涨是源自房屋所有者自掏腰包进行了改造,还是源自实际住房投资收益率的上涨。

若我们决定针对住房条件改善对价格指数进行相应的修正,使指数价值不受其影响,上文所提到的特征重复度量法已自然包含了代表所交易资产的质量或规模变化的特征变量。以房地产市场为例,房屋的质量改变会自动体现于矩阵 z 或 x 中面积变量的变动。

然而很多数据集不包含如我们列举的面积变量等单栋房屋特征的时间序列数据。我们也可以考虑采用房屋所在地区的改善总支出数据,只要指数所对应的区域内包含不止一个这样的地域区划,这种方法就是可行的。这些变量的系数将房屋改善的影响纳入市场价格中,让我们可以计算出一个不因改善而有偏的价格指数。

我们注意到,经济理论并未明确告诉我们房屋改善对房价的影响;我们有时候甚至不知道其影响是正还是负。我们不知道房主在房屋改善上支出多少才会使房屋在下次出售时市场价值有所提高(或降低)。房主的很多改造支出只是为了使房屋更符合自己的品位和需求;后任房主们可能并不欣赏这些变化。

利用任何关于房屋改善的数据来计算房屋变化的影响是有风险的,我们可以直接去掉发生改变的房屋样本,或是索性忽略改变,也就是说采用不随时间变化的 s_{it}。如果是否进行房屋改造的决定与房价变化有关,两者之间可能表现出虚假相关性。例如,假设由于房价上涨,房主有动机增大房屋的面积。即使房屋改造并不影响其市场价格,在这种情况下,房屋改造与市场价格之间也会出现相关性。由于这种虚假相关性,回归系数的估计值会高估房屋改善的影响,因此用这些系数构建的指数是有偏误的。

幸运的是,住宅房地产市场的价格不确定性与房屋改善的不确定性关系不大。在 1984—1990 年间,美国住宅改善价值为平均每年 530 亿美元,比住宅房地产市场价值的 1‰还低。而且在这些改善中,大多数是替换和改建,对房屋价值的影响明显小于一比一。在 1984—1990 年,美国住宅结构扩张的平均价值为每年 77 亿美元,大约是住宅房地产价值的 0.1‰。此外,结构扩张的支出是相当稳定的,因此它的变化对逐年的价格指数变化影响不大。在 1984—1990

年间，结构扩张支出的标准差是 22 亿美元，小于住宅房地产价值的 0.04%。[4]

与折旧相关的特征变量

如果资产会随着时间折旧，资产价格指数就可能呈现下降趋势。第五章提到过这是重复销售指数与传统指数之间的一个重要区别，如耐用品的生产者价格指数就是传统指数，它反映了新产品的价格水平。

很多人讨论过如何把折旧指标反映在价格中。Cagan（1971）和 Hall（1971）的方法是利用相同型号耐用品的特定年份的价格数据。Cagan 找到了汽车的型号数据，根据《消费者报道》(*Consumer Reports*) 杂志，这种型号从前一年开始就没有改变过。同型号新产品与旧产品之间的相对价格即为折旧的测度。然而这种数据集并不常见；我们很难获得不同生产年份的相同产品的有关数据。

基于 Bailey 等（1963）的重复销售法相关框架，Chinloy（1977）提出了一种估计折旧的方法。但是他的方法受到了 Palmquist（1979）的批评。Palmquist 认为 Chinloy 方法的本质是把不同销售之间的时间跨度作为额外的特征变量，放入重复销售回归式中〔即像式（6.10）的回归式〕。Palmquist 注意到，这种方法会导致矩阵 z 中的"销售时间跨度"变量与虚拟变量出现严重的共线性。t 与 z 的第 t 列乘积的和就等于销售时间跨度，其中 $t=1,\cdots,T-1$。Chinloy 的折旧概念确实与我们通常认为的不同；从价格数据中，我们没有办法识别价格下跌是折旧还是市场价值下跌所致。但是，我们可以加入销售时间跨度的非线性变换。假设很多房屋在出售后立刻就会翻新厨房，而且新厨房在两三年内就会完全折旧并且失去大部分价值，那么在特征重复度量回归式中，我们可以用 $e^{-rm_{it}}$ 来代替 s_{it}，其中 r 为折旧率，m_{it} 为第二次销售发生在 t 期的房屋 i 的销售时间跨度。[5]如果我们假设大部分折旧发生在房屋新建后的两三年，那么我们就可以在回归式中加入房屋年限的非线性形式。这种方法使我们得以对折旧的影响进行修正，但是回归结果会对假设的函数形式非常敏感。

正如上文所述，为了创建用于合约结算的指数，我们没有理由从价格指数中剔除折旧的影响。如果折旧是非随机的，它对衍生品市场所提供的保值功能没有影响。如果它是随机的，那么期货市场就能用来对冲它所代表的风险。但是，为了创建用于合约结算的指数，在特征重复度量式中引入对象年限作为特征变量仍是有用的，因为这能帮助我们控制所观测资产的组成（以年限的形式）变化。由于共线性问题，若不采用年限的非线性形式，我们就不能覆盖年限所对应的所有情况。例如，若 s_{it} 为房屋年限，我们不能在式（6.20）中加入包括 s_{i0} 在内的所有时期对应的列；那样的话，这些列之和就等于销售时间跨度。但是我们可以去掉其中的一列，把剩下的都放入式中，然后对回归式（6.20）进行估计。如果合约结算不能准确代表价格变化，例如在合约结算日正好有很多老房屋出售，且其价格变化不具有代表性，那么加入上述的年限特征变量，构建针对标准年限房屋的价格指数，就可以防止上述情况发生。

市场条件作为特征变量

虽然在通常情况下，我们选取特征变量的依据是它可以识别未来收入或服务的特定索取权，但是存在一个例外：有时候我们会加入代表市场条件的特征变量。当所构建指数的资产市场交易缓慢、流动性差时，我们自然会想到是否应该加入一些特征变量，如空置率或平均出售时间，用于修正市场条件。这个问题把我们引向一些定义性问题：我们想要衡量的到底是什么。

在构建价格指数时，我们寻找"市场价值"的衡量指标，但是"市场价值"的定义非常模糊。根据面向估价师的问卷，他们认为市场价值的定义如下：

> "市场价值"可以从很多方面来理解：象征、标准、观点、参照、期望、预测、事件、理想。尽管评估业和法院努力了很多年，这些含义还是未能形成一个统一的概念。官方给出的定义显然是疲惫的委员会和过度劳累的法学家的成果，它笨拙、松散、不切实际，甚至自相矛盾。如果存在一个让所有人都认同的概念，它至少必须表述清晰。[6]

关于房地产的市场价值，最常见的定义来自 Sacramento Etc. R. R. Co. 诉 Heilbron 案：

> 在拥有合理时间寻找了解土地所有可能用途的买主的条件下，土地在公开市场上出售时的最高货币价格。[7]

但是这个定义并不准确。"最高货币价格""公开市场""合理时间"

"了解土地所有可能用途"存在多种解读。以"合理时间"为例，显然，卖方允许房屋在市场上停留的时间越长，他最终卖出所得的期望价格就会越高。如果卖方必须在今天出售，价格就会很低。对于任何只因为低价而愿意买下房屋的人来说，这必然是一笔紧急出售。但如果卖方有一个月的时间来销售房屋，买方和卖方之间或许就能正常匹配了。卖方让房屋在市场上停留的时间越长，买方就越有可能是真正喜欢房屋本身且愿意支付高价的。（当然，房屋出售的真实售价也取决于销售期间的市场走势，期望价格也可能随着时间的拉长而下降，因为当房屋在市场上停留太长时间时，人们会认为它是劣质品。）

定义市场价值的一个问题是可能实际上根本不存在市场价值，因为房屋不会在传统意义上的合理时间内售出。在需求疲软的时候，有些房屋可能会在市场上停留好多年，一直无法售出。按照上述定义，市场价格是卖方不得不在一个月内卖出房屋的条件下，他能获得的价格。但这对于潜在买方来说并不是一个很好的市场价格指标，因为事实上买方并不能以该价格买下房屋。

假设在某一阶段，房屋的销售相对很少，卖方在等待高价，而买方不愿意支付高价。据称，在20世纪90年代早期，诸多地区房地产市场陷入萧条，当时市场上就出现了这种情形。卖方习惯性地以历史价值来评估房产，后悔未能早点售出。如果情况的确如此，每栋房屋实际上有两个价格：卖方想要的高价和买方提供的低价。

当然，在任何市场期间都会有销售发生。我们应该如何看待被观测到的这些价格呢？有人认为，售价衡量了卖方想要的高价，所以基于售价的任何指数都会"上偏"。他们之所以有这种想法，是因为在他们看来，在被观测到的销售中，买方要么是往往急于买房，要么是误判了房屋价值，才会以高价购买。但是另一种解读看上去也合情合理：在被观测到的销售中，卖方往往急于卖房，或是误判了房屋价值，才会以低价出售。

我们无法先验推理出急于交易或者价值误判是在买方中更常见，还是在卖方中更常见，尤其是考虑到大多数卖房者卖房是为了购入另一套的情况。如果人们急于迁居，那么他们既会急于买入，也会迫切地卖出。房地产市场交易缓慢，因此我们观测到的价格既是心急的买方所支付的高价，又是迫切的卖方所收到的低价，所以基于真实售价的指数是低价和高价的某种平均值。我们无法拥有两个价格指数，一个代表合理时间内的买方价格，另一个代表合理时间内的卖方价格，我们只有一个基于真实售价的指数，其本质是上述两个指数的平均。

在基于真实销售数据构建特征指数或重复销售指数时，我们可把平均出售时间作为一个解释变量放入回归式，用于修正平均出售时间的变化所引起的指数偏误。假设有一个交易缓慢的市场，目前正处于价格下跌阶段。许多卖方在耐心等待好价格，但买方并未被近期的价格下跌所改变。虽然买方和卖方的耐心程度不太可能差异巨大，但可信的是差异是存在的。在上述假设下，售价往往会反映卖方所认为的房屋价值，而非买方，因为当前出售的房屋必然是满足卖方价格需求的。从挂牌到出售的时间可以部分反映耐心卖方的比例，因此在特征回归式中出售时间的系数可能为正。指数就应该是标准房屋在市场上停留标准时间后的售价，我们可以在回归式中代入标准房屋和标准出售时间，得到相应的拟合值。然而，用这种方法来构建指数用于合约结算，是基于一些未必准确的假设。例如，卖方系统性地比买方更耐心的假设是值得质疑的。若在样本的前半段，买方比卖方更有耐心，而在后半段卖方比买方更有耐心，那么回归式中出售时间的系数会变得不显著。我们可以通过在回归式中加入出售时间和日期的交互项来解决这个问题。但是对出售时间进行调整未必有意义，而且对出售时间的衡量也并不容易。此外，还有一个问题是，我们是否真的想要指数反映标准出售时间下的房屋价格；在平均出售时间长、卖方更有耐心的时候，买方就不太会指望在标准出售时间内买入房屋，此时指数就无法代表在这种时段内买方购入房屋的价格。

其他模型

统计学文献中还有其他模型可以用来构建未来收入索取权的价格或现金流的指数。我们将介绍其中两种方法：因子分析法（factor-analytic method），把对象的质量指标当作未观测到的因子；选择偏误修正法（selection bias correction method），用模型预测哪些对象会被观测到（哪些房屋会被卖掉）。我还没有尝试过在现实中应用这两种方法，其中的细节仍有待研究。

因子分析模型：交互效应

即使没有特征变量可以衡量质量，我们也可以构建质量保持不变的对象的价格或租金指数，即调整所观测对象的组成。质量可以看作一个未观测到的因子，利用类似因子分析的方法，我们可以计算因子的估计值以及它对价格的影响［参见 Lawley 和 Maxwell (1971)］。这些因子估计值可以用于构建我们想要的指数。应注意，因子分析的这种用法与第五章所讨论的有本质区别。在第五章中，因子代表对同一时期不同收入索取权价值的共同冲击；在这里，因子代表同一对象在不同时期的相同质量变量。

我们也可以把这种方法看作方差分析所采用的交互效应法。我们的普通重复度量回归式所对应的模型与通常的双向方差分析模型（two-way analysis-of-variance model）一样。采用这些模型的人一般都会考虑交互效应。在方差表格中，行对应单个资产，列对应日期，交互效应是指资产质量在不同日期对价格会有不同影响。然而，在我们的应用中，大多数单元格内都没有观测值，且同一单元格最多只有一个观测值，所以我们不能对交互效应进行常用方差分析建模。但是我们可以估计带约束的交互效应，其中交互效应等于行效应与列效应的乘积。

以房地产为例，如果在某个时期大量房屋以低价出售，我们可能会认为高质量房屋的代表性不足，因此想要对所观测的高价房屋销售赋予更大的权重。当然，若每栋房屋只有一条观测值，这种做法就不可行了；因为这样的话，如果某时期有很多低价房屋出售，我们就无法判断，这是因为售出房屋的组成向更小、更不受欢迎的房屋倾斜，还是因为房价水平下降了。但是我们预期每栋房屋会有一条以上的观测值；若某房屋的价格始终低于其他房屋，它就会被识别为相对低价房产。假设价格或租金服从因子模型：

$$p_{it} = \gamma_t + f_i + \lambda_t f_i + \epsilon_{it} \tag{7.5}$$

其中，p_{it} 是房屋 i 在时期 t 的价格或租金；γ_t 和 λ_t 是随时间变化的参数，对于所有房屋来说是相同的；f_i 是未观测因子，即质量参数，不同房屋的 f_i 有所不同；但对同一房屋所有时期 f_i 取值一样；ϵ_{it} 是误差项，相互之间保持独立，即 ϵ_{it} 与 $\epsilon_{i't'}$ 独立，除非 $i' = i$ 和 $t' = t$。应注意的是，这就是上一章特征重复度量模型的特例，只是这里的特征变量不可观测而已。为与因子分析的文献保持一致，我们也改变了所用的符号。但除了用 f_i 代替了 δ_i，并要求 s_{it} 等于 f_i 之外，式（7.5）与式（6.8）相同。从因子分析的角度来看，这是一个标准的单因子模型；唯一的区别在于我们观测不到每一期 t 所有 i 的 p_{it}。我们要做的类似于把因子分析应用到一场笔试结果上，而每个对象（房屋）都选择了自己的问题集来作答（销售日期）。[8] 我们的处境与 Wold（1966）很像，他想要利用赛马在不同比赛中的表现数据来估计赛马的质量；任何一场比赛都只包括少数几匹马。

就像因子分析的所有模型一样，我们需要选择针对未知因子的标准化规则。如果我们把所有 f_i 都除以一个常数，然后将所有 λ_t 都乘以同样的常数，模型保持不变。因此我们无法同时确定所有参数值。因子分析的通常做法是将因子的平方和标准化为 1.00；在这里，我们让因子的方差等于 1.00。

我们也可以将这个式子看作参数非线性回归式，且由于每个对象都有对应的一个参数要估计，所以回归式中包含大量参数。如果我们假设任一对象的误差项与其他所有对象的误差项均不相关，那么误差向量 ε 的方差矩阵形式就很简单：如果 ε 的元素是有序排列的，方差矩阵就是分块对角阵。这意味着广义最小二乘估计（如果假设误差向量符合多元正态分布，采用最大似然估计）的正规方程有一个简单的结构。广义最小二乘法最小化了二次型 $\varepsilon'\Sigma\varepsilon$，其中 Σ 是 ε 的方差矩阵的逆矩阵。我们可以利用方程的结构来估算系数，无须进行一般化的逆矩阵运算。如果将 $\varepsilon'\Sigma\varepsilon$ 对 f_i 求导，然后设所得导数为 0，我们就可以得到相对简单的表达式了。例如，如果对象 i 只有两条观测值，且对应于该对象的误差项 ε 的元素独立同方差，将对 f_i 的导数设为 0，令 t_{i1} 和 t_{i2} 是对象 i 初次与二次销售的日期，我们可得：

$$\hat{f}_i = \frac{(p_{it_{i1}} - \hat{\gamma}_{t_{i1}})(1+\hat{\lambda}_{t_{i1}}) + (p_{it_{i2}} - \hat{\gamma}_{t_{i2}})(1+\hat{\lambda}_{t_{i2}})}{(1+\hat{\lambda}_{t_{i1}})^2 + (1+\hat{\lambda}_{t_{i2}})^2} \tag{7.6}$$

这就是一个价格误差回归到对象 i 的因子上的估计式 [式（7.5）就是一个简单的回归模型，房屋 i 的每次销售对应一条观测值，$p_{it} - \gamma_t$ 为被解释变量，f_i 是回归系数，$1+\lambda_t$ 是解释变量]。质量因子估计值 $\hat{f}_i$ 是在房屋 i 两条观测值之间的折中；两条观测值都不能完美契合回归方程。这意味着在估计某个日期的价格水平时，$\hat{f}_i$ 会包含房屋 i 的质量信息，而这些信息是部分独立于当日信息的。我们可以把因子估计值代入式（7.5），从而估计剩下的参数，即因子估计值代替式（6.20）的 s_{it}。这会指向用迭代法来求得广义最小二乘估计值［就像 Wold（1966）的迭代最小二乘法］，这样就无须对大矩阵进行逆运算。对类似模型的具体估算过程可参见 Mandel（1961）（完备数据集，即每期每栋房屋均有出售），或者 Christofferson（1970）（不完备数据集）。

由此，我们就可以把估计值 $\hat{\gamma}_t$ 作为平均质量房屋的价格指数。这样做使我们能够控制出售房屋的组成变化。例如，某个时期内很少有高质量房屋出售，且更高质量的房屋在样本末期即时期 T 价值下跌更多，那么可用负的系数 λ_T 来拟合这些观测值。高质量 f_i 房屋的销售观测稀少会增大 λ_T 的标准误，但不会导致该系数值出现明显偏误。

根据回归模型，我们还可以构建任何我们所关心的质量水平的价格指数。因为经过标准化处理后，因子标准差被设定为 1.00，我们可以利用 $f_i=1$，定义一个指数来代表质量超过均值一个标准差的房屋所对应的价格指数。在上一段的例子中，相对于平均质量水平的房屋，高质量房屋的价格指数会表现出更大的跌幅。然而，因子分析法中亦有问题尚未解决。尽管 Christofferson（1970）证明了极大似然法下估计值的一致性，但他所用的标准化方法是不同的（因子的平方和等于 1），且极大似然法的解可能不唯一，甚至不存在。

选择偏误修正

通过估计选择方程来探讨决定单个对象是否进入样本观测的影响因素，选择偏误模型可以用于构建关于未来收入不变索取权的指数。

为说明的简单性起见，我们依然考虑房地产价格的例子。在此例中，为将此方法应用于特征重复度量指数的构建，我们需要对Heckman（1976）的方法进行改造。假设任一时期的房价都是房屋面积的线性函数（上一章的例子），但是真实售价包含人为失误等噪声。买方有时候会支付太多，有时候又会支付太少。假设误差项是单纯的人为失误，而并非未观测的质量变量所致。在这一假设下，若不存在选择偏误，误差项与解释变量（面积变量）不相关。我们还假设，在某些时期，相比于小户型的卖方，大户型的卖方更愿意等待，如果买方出价太低，他们就会拒绝出售。而在其他时期，或许小户型的卖方更愿意等待。若我们想要指数能够代表对代表性的买家或卖家来说的房屋期望价格，那么面积变量的系数明显会出现时变偏误。

选择偏误修正模型可以基于房屋面积变量分析哪些房屋被卖出的概率更低，而且可以分析对那些尽管模型预测被卖出的概率较低但依然被卖出了的房屋来说，其售价相比于特征价格方程的预测价格是更高还是更低。如此，我们可以从样本中这些房屋代表性偏低的角度来分析由此引起的价格方程的偏误。[9]

Heckman（1976）使用的方法是一个两阶段模型，第一阶段估计 probit 模型选择方程，用于解释哪些房屋会被观测到出售。[10]每一期的选择方程是$y_{it}^* = V_{it}\zeta + \varepsilon_{it}$，其中，$V_{it}$是影响房屋出售概率的特征向量，$\zeta$是回归系数向量，$\varepsilon_{it}$是均值为零且服从正态分布的误差项。在我们的例子中，V_{it}包括一个常数项和面积变量。在 t 期的 probit 模型中，当且仅当$y_{it}^* > 0$时，房屋 i 才会在 t 期被观测到售出；我们只知道房屋是否出售，但不知道y_{it}^*的值。在这个模型中，与所有常见的 probit 模型一样，误差项ε_{it}的标准差没有被定义；ζ和误差项的同比例变化不会影响最终概率，因此我们将标准差标准化为 1.00。基于所有房屋的特征和销售数据，我们可用极大似然法估计出参数向量 ζ。

在第二阶段的方程中，价格是被解释变量，特征变量是解释变量，同时还加入其他用来修正偏误的变量。我们假设这个方程可用于描述所有房屋的价格，不仅限于因为出售而被观测到的那些房屋的价格，当然我们只能基于可观测价格来进行估计。对于每个被观测到的房屋，我们知道它对应的选择方程误差大于$-V_{it}\zeta$。如果V_{it}与误差项ε_{it}无关，那么ε_{it}在价格方程中基于销售和V_{it}（即基于销售和房屋 i 在 t 期的价格方程解释变量）的条件分布是一个在$-V_{it}\zeta$下被截断的正态分布（truncated normal）。在$-V_{it}\zeta$以上，ε_{it}的条件密度函数是正态概率密度 $\phi(\varepsilon_{it}) = (2\pi)^{-0.5}\exp(-\varepsilon_{it}^2/2)$ 除以一个因子，以保证截断曲线下的总面积等于 1.00。这个因子等于 $(1-\Phi(V_{it}\zeta))$，其中 $\Phi(\cdot)$ 是累积正态分布函数。这个截断分布的均值为逆米尔斯比率：

$$M(-V_{it}\zeta) = \frac{\phi(-V_{it}\zeta)}{1-\Phi(-V_{it}\zeta)} \qquad (7.7)$$

其中，$M(\cdot)$是一个非线性函数，单调递增而且向上凹。此外，假设选择方程的误差项与价格方程的误差项的联合分布是均值为零的二元正态分布，那么给定销售是被观测到的以及$V_{it}\zeta$，价格方程的期望误差为$\text{cov}(\varepsilon_{it}, u_{it})M(-V_{it}\zeta)$。我们现在假设这个协方差是不随时间和对象变化的；与式（6.8）一样，我们将此逆米尔斯比率估计值$M(-V_{it}\zeta)$作为解释变量加入特征价格方程中。我们在矩阵Z_A中对每一期新增一列，第t期对应的新增列除t期销售对应的元素取值为$M(-V_{it}\zeta)$之外，其余元素均为零。我们转换回归式的形式，与上一章的例子一样，将其乘以矩阵S，可得式（6.20）的一个修正版本，其中增加了三列，分别对应三个时期（以及三个系数，分别对应这些列）。增加的第t列由0组成，除非初次销售发生于t期，在此情形下元素取值为$-M(-V_{it}\zeta)$；或除非二次销售发生在t期，元素取值为$M(-V_{it}\zeta)$。（一般不会出现这三列之和为零。但若此问题发生，我们可以去掉三列中的第一列。）在第二阶段，我们估计这个回归式，得到系数的估计值。在模型$y = z\gamma + \varepsilon$中，如果观测值数量增加，而参数数量不增加，那么$\hat{\gamma}$是$\gamma$的一致估计值。在完成对价格方程的估计后，我们可以按照上文提到的任意方法利用$\hat{\gamma}$计算得到指数。

因为我们只把价格方程的解释变量（常数项和面积）作为选择方程的解释变量，所以$M(-V_{it}\zeta)$会是其他变量的非线性函数。价格方程中的其他变量的线性假设是为了计算的简便，并没有真实依据,因此这种方法识别选择偏误的能力是有限的。选择方程的线性假设也同样存在问题。

总　结

在构建指数时,我们有很多可用的方法、模型、先验约束、特征变量等。做出这些选择需要主观判断。在决定用哪种方法来构建房地产价格或国民收入指数时,人的主观判断是非常重要的,其重要性不亚于在咖啡交易中人工品尝并评估咖啡的质量。幸运的是,我们拥有量化数据和许多处理方法可供选择,后续处理几乎不需要主观判断,因此我们所构建的指数是客观的。

本章与上一章讨论的主要问题是观测对象组成的变化。我们提出了三种对应的解决方法。第一种方法,如上一章所述,是在特征回归式中加入对象虚拟变量;加入这些虚拟变量意味着指数变化只可能来自单个对象的价格变化(或者收入变化,如果收入是被解释变量的话)。第一种方法假设未观测到的质量变量对价格的影响是不随时间变化的,由此对未观测到的质量因素的影响进行了处理。我们不能加入对应每个对象-时期组合的虚拟变量来同时控制对象效应和时期效应,因为这样做会耗尽全部自由度。第二种方法是以因子模型[式(7.5)]为基础的,这种方法允许质量变量的影响随时间变化,但是要求所有对象的时变性相同,这样既能保证自由度,又能在估计过程中考虑未观测质量的影响。这种方法的结果是特征重复度量回归式[式(6.20)或式(6.26)]的变形,我们用$\hat{f}_t$代替s_{it},其中$\hat{f}_t$是不随时间变化的未观测因子的估计值。第三种方法是选择偏误修正模型，假设特征方程的残差不独立于选择方程的变量，且假设误差项服从特定分布。这种方法的结果表达式是特征重复度量回归式的变形〔式（6.20）或式（6.26）〕，我们用逆米尔斯比率估计值 $M(-V_{it}\xi)$ 代替特征变量 s_{it}，其中 $M(-V_{it}\xi)$ 由选择方程估计所得。

当然还存在其他方法可以用来修正组成变化；方法的选择取决于其假设的可信度。遗憾的是，除了市场，不会有人最终裁定我们所做选择的正确性。我们甚至数年后都无法弄清楚所构建的指数是否真的准确。但若人们会想要在所构建的市场中对冲风险，这个指数就是成功的。

第八章
指数修正的问题

大多数公布的经济指数都在首次发布后进行过修正。信息并非一次性涌现的，指数的定期发布意味着可能会对前期指数进行修正。前几章所讨论的重复度量指数很容易出现后续指数修正，尤其是在间隔期较长的情况下。即便所用原始数据在当时是精确且完整的，但除非重复度量数据刚好每期按规律出现，否则指数在首次发布后就需要进行修正。重复度量数据并不一定按规律出现。在构建房地产价格指数时，我们只有在房屋出售时才会得到一条数据，而房屋出售极为低频。在构建收入指数如国民收入指数时，我们需要个人收入的重复度量数据，但出于调查成本与善意的考量，我们可能不会在每次构建指数时都度量同一批人的信息，甚至都无法保证每期度量的样本的无偏性。

有些指数构建方法无须后续修正，如普通最小二乘法估计的逐期回归特征法。如果指数用于合约结算，那么无后续修正似乎是指数构建方法的一个优势。对于合约结算的亏损方来说，若发现指数经后续修正后他本不应亏损,那一定很令人懊恼。那么,我们应该如何处理指数后续修正呢?我们应该仅采用无须后续修正的指数构建方法吗?指数是否需要定期修正不是问题所在;真正的问题应该是由于结算不会重新修正,所以我们在选择指数构建方法时,需要考虑初始指数误差对风险对冲的影响。

指数修正的问题是基础性的。指数修正可使指数反映在指数构建后新获取的真实信息。若后续新信息指明前期指数需要修正,但我们忽略了此信息,那么无须修正的指数构建方法未必是有益的。

为了理解重复度量指数后续修正的可能性,我们以房价指数为例,考虑 Bailey 等(1963)最初提出的简单重复销售回归模型。构建这个指数需要建立以矩阵 z 为解释变量、向量 y 为被解释变量的回归式,如式(6.10)。我们可以关注这种指数构建方法是如何描述 $t-1 \sim t$ 期的价格变化的。[简单地说,式(6.17)减去式(6.16)。]估算此价格变化所用到的信息部分来自在 $t-1$ 期和 t 期都出售的房屋的价格变化。但是满足条件的房屋很少。如果在 t 期用该方法来构建指数变化 $\hat{\gamma}_t - \hat{\gamma}_{t-1}$,同样也会用到出售两次的房屋的价格变化;例如,两栋房屋均在 $t-k-1$($k>0$)期首次出售,其一在 $t-1$ 期第二次出售,而另一栋的第二次出售则发生在 t 期。每一对这样的房屋都会提供关于 $t-1 \sim t$ 期房价变化的信息,重复销售回归法则充分利用这些信息来构建指数。通过 t 期可得的当前销售和历史销售数据,我们可以找到的满足上述条件的房屋配对的数量会比在 $t-1$ 期和 t 期都出售的单栋房屋更多。因此,重复销售回归的估计值由此类房屋配对信息所主导，而不是由在 $t-1$ 期和 t 期都出售的单栋房屋的信息所主导。

现在我们来看 $t-1\sim t$ 期指数后续修正的潜在重要性。在 t 期之后会出现其他出售两次的房屋的配对信息，也可用于估计 $t-1\sim t$ 期的价格变化；例如，两栋房屋都在 $t+k$（$k>0$）期第二次出售，其一在 $t-1$ 期首次出售，另一栋的首次出售则发生在 t 期。根据对称性，t 期后满足此条件的房屋配对信息会与在 t 期所观测的房屋配对信息一样多。[1] 这说明仅仅根据这些对称观测值，我们可以用于估计 $t-1\sim t$ 期的价格变化的数据集会扩大一倍；当然，这种变化不是即时发生的，而是发生于类似 $t-1$ 期首次出售的房屋在 t 期又出售了的这种情形；这种数据集变化可能耗时几年，乃至几十年。此外，真正的信息量往往比由简单对称性所推断出的还要多。在估计 $t-1\sim t$ 期的价格变化时，我们会在 t 期之后获得 t 期之前和 t 期之后的包含 $t-1\sim t$ 期价格变化信息的数据。例如，我们可能发现有三栋房屋，第一栋在 $t-2$ 期和 $t+1$ 期出售，第二栋在 $t-2$ 期和 $t-1$ 期出售，第三栋在 t 期和 $t+1$ 期出售。因此，我们最终所得的相关信息量将是原信息量的两倍以上。

对称性可以用来分析指数后续修正的重要性，也可用于分析后续修正对风险对冲者的重要性：对于每个试图对冲在 $t-k-1$ 期买入、t 期售出的资产风险的投资者，由对称性，都存在一个相应的投资者，他所对冲的是在 $t-1$ 期买入、$t+k$ 期售出的资产风险。后者将会由于 t 期的期货头寸而进行结算，但他在 t 期还不知道资产第二次销售的价格；指数修正与二次售价相关。

根据对称性，我们可以得出直观性的结论：只要回归模型中误差的方差矩阵对称地看待过去和未来数据，逐期指数变化估计值的标准误会在 t 期之后逐渐减小，最终小于原数值的 $1/\sqrt{2}$ 倍。对于更长间隔的指数变化，标准误最终的变化幅度会更小，因为更长间隔的变化是逐期变化的加总，当长间隔指数变化首次发布时，更早的变化值已经被修正过了。标准误减小的重要性取决于回归模型的形式，以及 t 期的标准误的大小。如果原始标准误已然很小，指数修正对我们来说可能就并不是那么必要。以房价指数为例，通过覆盖足够大的地理区域，因而获得足够多的销售观测值，我们就可以得到很小的标准误。但是用指数来合约结算的人并不会希望指数覆盖很大区域。此外，仅根据 t 期的指数标准误，我们无法确保后续数据来自同样的统计模型，因此我们不能确定后续修正幅度一定如所估计的回归标准误那样小。

我们应该注意到，即使经过比重复度量的最大间隔更长的时间后，指数修正也并未停止。例如，假设我们正在构建国民收入的重复度量数据，为了节约成本，我们对部分个体每期都进行抽样调查，而对其他个体则每隔一期进行一次调查。假设样本中三分之一的人每期都被询问其收入情况，三分之一的人只在偶数期被调查，剩下三分之一的人只在奇数期被调查。没有人相邻两次被调查的时间间隔在一期以上。我们会发现，每新增一期，普通重复度量指数的整个历史数值序列都需要进行修正。因为重复度量法的所有指数值是联系在一起的，其中任一数额的修正都会引起全部指数值发生变化。

逐期回归特征法的方差

第六章我们介绍了逐期回归特征指数构建法，这种方法得到的指数之间相互独立，无须后续修正。由于单个对象不同时期的误差相似，回归式误差项可能存在序列相关，但是这种方法对应的模型忽略了这一点。若我们把逐期回归法的回归式拼成一个大矩阵，如式（6.5），在不加入对象虚拟变量的情况下，我们应该允许误差项的方差与对象相关。当然，对象可能具有无法被解释变量所描述的异质化特征，而且这些特征可能不随时间发生变化。

假设回归式误差项存在这样的方差成分，在通常的回归模型假设下，普通最小二乘法（相当于每期一个单独的回归式）估计值是无偏的。但普通最小二乘法估计值会是非有效的。考虑误差项的方差形式可以明显提高估计值的有效性。以房地产为例，假设单个售价中几乎不包含噪声，销售过程所导致的误差项也很小，回归式中的大部分误差来自房屋未观测到的质量差异。系数的广义最小二乘估计值〔由式（6.5）所定义〕所对应的方差矩阵符合方差成分模型（variance components model）的假设，这种方法实际上使用了重复销售的信息来提高估计效率，同时也并未完全抛弃单笔销售的信息。因为方差成分模型估计值用到了单栋房屋的价格变化数据，其中几乎不带有误差，所以这样做会带来显著的效率提升。这种效率提升的后果之一是，每过去一期、指数时间序列又增加了一个数据点时，我们都会发现指数历史值出现（小）修正；但是相比于采用方差成分法降低标准误的程度，指数值的修正幅度是微不足道的。[2]从这个例子中我们可以清楚地认识到，逐期回归特征法无须指数修正这一点绝非该方法的优势。

区间相关指数

无论指数是否用于合约结算，价格指数发布者都习惯于每期只公布一个指数值，并不会公布对历史指数的修正。如果指数是月度的，我们会每月看到一个新的指数值，但并不会看到对整个指数序列历史数值的修正。只公布一个指数是有原因的：公布大量指数的成本很高，公众也很难彻底理解和合理使用每期的指数修正值。公众使用修正值的成本部分源于其理解有误和应用困难，在对时间序列中多处修正进行分析时可能会出现错误。如果修正值不重要，就不值得花费成本去公布它们。

假设我们受到制约，无法修正指数的历史值：每一期只公布一个新指数值并将其添加至指数历史数值序列中。最容易想到的方法是采用上文提到的任何一种方法，先构建整个指数序列，包括过去期指数的修正值，然后去掉所有指数历史修正值，只公布最新数值。但这样处理通常是不正确的，因为最新指数值的构造是基于所有历史数值都已被修正的假设。例如，在获取新数据后，过去几年间所有月份指数值都需上调。如果我们只公布当前月份的指数值，指数使用者就会把这个新数值与过去公布的指数值放在一起使用，他们会错误地认为只有过去一个月价格出现了跃升。

如果我们每月只发布一个指数值，最好的做法是什么呢？在回答这个问题时，搞清楚指数的用途是关键。在这里，指数主要是用于如期货等合约的现金结算。那么我们就需要考虑，指数修正对于那些交易传统的、现金结算的、以重复度量价格指数为基础的短期期货合约的人来说意味着什么。

如果过去的指数无须修正，任何以 t 期为结尾的区间所对应的指数变化都会与 t 期的指数值相关（以 $t-1$ 期的信息为条件），所以期限为一期、以指数值为基础进行结算的期货合约适用于任何期限的对冲者。然而，如果新信息出现引起指数历史值的修正，那么我们就会遇到问题，现在出现了过去所有区间上真正的每期最优估计值的序列。如果我们选择采用最新指数值来结算期货合约，我们就是在选择以基期以来价格变化的最优估计值为基础进行结算。如果基期保持不变，那么随着时间的推移，期货合约就会基于越来越长的区间上的变化进行结算。对于短期对冲者来说，这种情形会引起严重的问题：从开始套期保值交易到头寸关闭的时间，可能出现关于他持有头寸之前的价格变化的信息，那么即使现货市场价格没有发生变化，由于他持有期货头寸，他还是需要进行现金结算。显然我们不应该设计基于如此随意的形式进行结算的合约。

以上分析说明，合约应基于定义上具有一致性的价格变化估计值来结算。当然，以固定区间的价格变化来进行结算，并不意味着我们必须以指数变化来进行结算报价。只要指数属于区间相关指数

(interval-linked index),我们仍可基于指数水平值而非变化量来结算。

最简单的区间相关指数是这样的:t 期的指数水平值等于 $t-k$ 期公布的 $t-k$ 期水平值加上 t 期计算的 $t-k \sim t$ 期价格变化的最优估计值。由于市场知道 $t-k$ 期公布的水平值,结算的全部不确定性都来自 $t-k \sim t$ 期价格变化的最优估计值的不确定性。

在设计用于合约结算的指数时,我们需要考虑区间相关指数的更普遍的形式,类似于一系列固定区间指数的平均值,而指数序列的选择可以反映指数使用者的偏好。

区间相关指数的使用也有益于基于指数订立合约的人,它可用于协调其多方利益。区间相关指数也有利于其他指数使用者,如包含与当地房地产价格挂钩的浮动条款(escalator clauses)的劳动合约签订者。跟期货合约的签订者一样,他们也关注某些区间内的价格变化,可选择指数以满足其需求。对于那些偏好远期或互换合约的人来说,他们避开高流动性的期货市场是为了采取更灵活的合约形式以满足其特殊需要,那么区间相关指数对他们来说或许并非佳选。这些人只对特定时间区间感兴趣,因此对他们来说,签订基于其感兴趣的区间内的价格变化进行结算的合约,可能是更好的选择。

我们可以想象存在很多期货合约;合约结算基于交割日时对特定区间价格变化的最优估计值,每个合约对应区间是独一无二的。这意味着我们需要为每个合约定制价格变化估计值,不同的合约不能以同一指数进行结算。然而,如果出于对流动性和公共信息的考虑，这种做法是不妥的。我们不能有太多期货合约；可交易的合约数量必然是有限的；公众无法处理太多不同区间价格变化的信息。那么我们自然会想到指数可以对应于不同区间价格变化最优估计值的加权平均，其中权重反映了市场对该区间价格变化的关注程度。

区间相关指数 I_t 由其滞后值和价格变化估计值决定，定义式为：

$$I_t = \sum_{\tau=0}^{\infty} a_{\tau t} (E_t(\overline{P}_t - \overline{P}_{t-\tau-1}) + I_{t-\tau-1}) \tag{8.1}$$

其中，

$$a_{\tau t} \geqslant 0, \sum_{\tau=0}^{\infty} a_{\tau t} = 1 \tag{8.2}$$

$\overline{P}_t$ 是 t 期的综合价格水平：如果 $\overline{P}_t$ 是对数形式，那么这就是几何指数；如果 $\overline{P}_t$ 是水平值，那么这就是算术指数。每个系数 $a_{\tau t}$ 是在决定 t 期指数时对长度为 τ 的区间上期望价格的变化所赋予的权重。我们之所以选择区间相关指数，是因为在 $t-1$ 期时，关于 t 期指数的不确定性分布在一系列区间的价格变化上，而不仅是单个区间的价格变化。

因为指数的所有历史值都是已知的，所以式（8.1）的各项在 t 期都不存在不确定性。从技术上说，只要期货交易持续，我们就可以用任意数字替代指数滞后值（只要这些数值每期公布）。在实际应用时，使用已公布的指数滞后值也许更为合理，因为这些数值已经被发布了，且它们是滞后价格水平的估计值。

在如何"启动"指数上也存在问题。如果我们从历史样本的初期,即 0 期,就应用式(8.1),那么 1 期的指数只由 0 期和 1 期出售的房屋决定,样本量可能非常小。但我们并不需要从样本初期就应用式(8.1),只需从合约结算的初期开始。这样的话,在交易开始前,我们就可以使用其他指数构建公式来计算指数历史值,如之前提到的 IGRS 或 IVWARS。这样的话,1 期的指数计算所用样本为交易前的整个数据集。

现在我们来计算区间相关指数在传统(非永续)期货市场上的最优权重 a_τ ($\tau=0,1,\cdots$)。为此,由于最优问题的结构表明权重不随时间变化,我们可以去掉 $a_{\tau t}$ 的下标 t。这种做法不是基于严谨的数学推导,而很大程度上是直觉性的,因为我们不能确定这样做所暗含的假设是什么。我们已知的假设是,价格中存在一个共同因子 $\bar{P}_t$,因此第 i 个投资品的价格等于 $s_i \bar{P}_t$,其中 s_i 是对应资产的规模和质量的因子。我们不考虑单个房屋特定的价格波动,因为这样的波动风险是无法被对冲的。在因子模型中,我们需要对因子进行标准化处理,否则因子翻倍,同时 s_i 减半,模型不会受到影响。我们假设因子在基期等于一个固定值。

假设一个风险对冲者在 t 期购买第 i 个资产,并计划在 $t+n$ ($n>0$) 期将其售出。假设他在期货市场卖出 s_i 份合约,以对冲此风险。在这里,我们假设他知道 s_i;当然我们没有假设指数构建者知道每个资产的 s_i;这正是我们需要使用重复销售价格指数的原因。假设合约均为一期,只在期末有一次最终结算,而风险对冲者不断展期,每期都出售 s_i 份合约。通常来说,总卖出 s_i 份合约不是最优做法——合约数量应该每期调整，确保对冲的精确性——但是在此我们假设合约数量固定。

每个合约的到期结算会反映结算日之前的这一期所出现的新信息。为了方便说明，我们假设 t 期的结算只与指数 I_t 的变化有关。（这相当于假设不存在现货溢价或其他期货价格变化。）这说明单个合约的结算为：

$$\Delta_t I_t = \sum_{\tau=0}^{\infty} a_\tau \sum_{j=0}^{\tau} \Delta_t e_{t-j} = \sum_{\tau=0}^{\infty} b_\tau \, \Delta_t \, e_{t-\tau} \tag{8.3}$$

其中，$e_t = P_t - P_{t-1}$，$b_\tau = \sum_{i=\tau}^{\infty} a_i$。符号 Δ_t 用来表示差分运算 $E_t - E_{t-1}$。（如果 $\overline{P}_t$ 是对数形式，$\Delta_t I_t$ 不是结算的金额，而是最终期货价格的对数减去初始期货价格的对数。）第 i 个投资品未对冲的风险为：

$$u_{it} = s_i \Big(\sum_{k=1}^{n} e_{t+k} - \sum_{k=1}^{n} \sum_{\tau=0}^{\infty} b_\tau \, \Delta_{t+k} \, e_{t+k-\tau} \Big) \tag{8.4}$$

如果 $\overline{P}_t$ 是水平值，那么这个未对冲风险就是 i 资产的价格变化加上（空头）期货合约的价格（净）变化。如果 $\overline{P}_t$ 是对数形式，那么这一风险等于 i 资产价值变化比例除以期货价格的变化比例。我们现在想要找到系数 b_τ（$\tau = 0, 1, \cdots$），使得未对冲风险的方差最小化，从而制定对风险对冲者来说最优的合约。当然，我们可以针对这位风险对冲者专门设计合约，使得合约以他所关心的区间上的价格变化为基础来结算。但是我们不能指望对所有这样的区间都能够有高度流动性的期货市场。通过将问题限制为找到 b_τ（$\tau=0$，1，…）来最小化未对冲风险的方差，我们对称地来看待所有人，他们所关心的区间可以是任何可能的起始日期和终止日期，所有人都在同一个市场对冲风险。

在求得 b_τ（$\tau=0$，1，…）最优值之前，我们还需要完善对这一问题的设定。我们需要了解过程 e_t 的随机性质。假设 e_t 是白噪声序列（序列不相关），即 $\overline{P}_t$ 是随机游走序列。如果 $E_t\overline{P}_t$ 来自重复销售估计值（利用贝叶斯法在无信息先验信念下对回归系数进行解读，因为后验信息需条件于信息），那么直到 t 期才会出现关于 e_t 的信息。这说明 e_t 的变化只在 t 期后发生，若 $T<t$，则 $\Delta_T e_t$ 等于 0。这与经济学通常假设的情形正好相反，一般我们假设经济变量 e_t 的信息逐渐出现，直至 t 期为止，而在 t 期 e_t 的真实值成为已知量，不确定性消失。在我们现在的应用中，t 期之前，没有信息是已知的，因为只有房屋售出时我们才能了解价格信息。如果我们所采用的价格估计值利用了价格变化分布的信息，如价格变化的标准差或序列相关性，那么我们自然会在 t 期前就获得关于 t 期价格的信息。为了说明我们目前的观点，或是为了上一章贝叶斯法所强调的客观性，我们假设不存在这样的信息，直到 t 期才会出现关于 t 期价格的信息。同时我们假设（为了方便展示）变量 e_t 最终会在 $t=\infty$ 时成为已知。这些假设说明 e_t 是 $j=0\sim\infty$ 期间其变动 $\Delta_{t+j}e_t$ 的总和。我们仍需要知道更多 e_t 的随机性质。假设对于所有 $j\neq 0$，$\Delta_{t+k}e_t$ 与 $\Delta_{t+k}e_{t+j}$ 无关，而且对所有 t，$\Delta_t e_{t-\tau}$ 的方差等于 σ_τ^2。以 3 期情况为例（0 期、1 期、2 期），

如方程（6.5）所示，无论每个区间上房屋销售的观测值数目有多少，这种无关性都可以得到确保。（然而，这个结论依赖于回归式误差项的同方差假设。此外，若不对每个区间内销售房屋观测值数目施加约束，对所有 j 与 k 之间的无关性不能推广到 4 期及以上的例子。）

如果风险对冲者 i 计划持有资产 n 期，即持续 n 期不断持有期限为 1 期的合约来对冲资产的风险，那么未对冲风险的方差 v_{in} 为：

$$v_{in} = s_i^2 \Big(\sum_{\tau=0}^{n-1} \{(n-\tau)(1-b_\tau)^2 + \tau b_\tau^2 + \tau\} \sigma_\tau^2 + n \sum_{\tau=n}^{\infty} (b_\tau^2 + 1) \sigma_\tau^2 \Big)$$

(8.5)

我们现在可以计算最优解 b_τ（$\tau=0, 1, \cdots$）。显然对于 $\tau > n-1$，$b_\tau = 0$；我们没有理由允许发生于没有活跃交易者参与市场的时段的价格变化来影响当期的结算。对每个 b_τ（$\tau=0, 1, \cdots$）求导并让导数等于零，我们可得：

$$b_\tau = \frac{n-\tau}{n}, \ a_\tau = \frac{1}{n}, \ \tau=0, \cdots, n-1 \quad (8.6)$$

而且当 $\tau > n-1$ 时，$b_\tau = 0$。我们注意到系数不取决于变动项方差 σ_τ^2。当然，权重 b_τ 对于指数表现的重要性取决于此方差：如果关于 e_t 的大部分信息很快就显露了，那么 τ 值很大的 b_τ 就对指数没什么影响。即使假设所有风险对冲者在购入资产时都计划持有 n 期，最优区间相关指数表明 1～n 期所有区间的价格变化估计值都会被赋权用于指数计算，而不仅是区间为 n 期的价格变化估计值。这是因为，虽然每个参与者都以 n 期期限开始，但随着时间接近销售日期，其剩余期限逐渐减小。

那些参与期货市场的人通常并不确定何时会最终售出资产。相比于设定固定 n 值，更好的做法是假设期限数 n 的概率分布函数为 $f(n)$，这一分布对应于真实销售的情况。那么最优的权重 b_τ（$\tau=0$，1，…）是什么呢？这个问题的答案并不简单；在理想状态下，我们可以把问题放入投资者-对冲者所面临的跨期生命周期循环中的最优化问题，但是任何描述详尽的问题都很难得到简单的解。然而，我们可以求解的是，怎样的权重集合 b_τ（$\tau=0$，1，…）可以最小化方差 v_{in} 的概率加权现值 v：

$$v = \sum_{n=1}^{\infty} \rho^n f(n) v_{in} \qquad (8.7)$$

将方程（8.5）代入上述 v 的表达式，对 b_τ（$\tau=0$，1，…）求导并令导数等于零后求解，我们可知系数 b_τ 为：

$$b_\tau = \frac{\sum_{n=\tau+1}^{\infty} \rho^n f(n)(n-\tau)}{\sum_{n=1}^{\infty} \rho^n f(n) n} \qquad (8.8)$$

我们注意到 b_0 总为 1，所以 a_i 的和也为 1。我们还注意到，与上文一样，b_τ 和 a_τ 不受方差 σ_ε^2 的影响。

我们考虑一个重要的特例，相邻销售之间的区间 n 的概率分布是指数分布，参数为 p^n。这一分布与上一章所讨论的销售次数的二项分布是一致的。把这一假设代入上述公式，记 $\theta=\rho p$，我们发现 $b_\tau=\theta^\tau$，因此权重 $a_\tau=(1-\theta)\theta^\tau$；权重 a_τ 也服从指数分布。这意味着如果不存在贴现（$\rho=1$），最优的 a_τ 与区间 τ 的销售额占比相同。

在我们确定找到最优的区间相关指数前，存在大量难题需要解决。个人的风险对冲需求不是独立的，因此不能单独考虑；最优区间相关指数的确定最终应该通过个人所面临的整体最大化问题来解决。此全局最大化问题牵涉的问题之一是，个人出售资产（房屋）时往往也计划着在同一个市场购买另一处房产。因此，原始的销售周转率不能很好地用于确定最优指数的相关概率；我们需要知道人们从一个房地产市场转向另一个或是退出市场的概率。此外，我们需要知道前一市场与人们后续转向的市场之间的价格关联。另一个值得考虑的问题是纯粹投机者而非对冲者的行为。有人认为投机者更喜欢以与最近时期相关的指数来结算的合约。

当前我们没有可以严格确定最优区间相关指数的信息。此外，随着投资者约束和交易模型的改变，最优权重也会随着时间的推移而发生变化。我们不想频繁地转换指数构建方法，因为市场对此的接受与理解都会较为困难。但是肯定存在某些形式的区间相关指数适用于期货合约现金结算。区间相关指数的确切形式可能并不重要。只要修正误差不是太大，不同的区间相关指数的表现也会较为相似。

条件于指数滞后值的指数

除了区间相关指数外，我们还有其他选择，即基于我们上文所讨论的回归方法，但以指数的所有历史值为条件的指数；也就是说，把指数的所有滞后值作为估计前的已知信息。指数构建者需要假设指数使用者所得到的历史信息是正确的，使用者也会进行同样的假设。在这一回归模型下，很容易以某些系数为条件对其进行修正。在回归模型中，我们可以调整被解释变量，忽略所有对应于带约束的系数的解释变量。被解释变量的调整则为，对每条观测值的被解释变量值，从中减去带约束的系数取值与其对应解释变量观测值的乘积。换句话说，我们把这些解释变量与其系数的乘积放到回归式的左边（被解释变量的一边），然后像往常一样估计剩余的系数。

我们考虑对第六章提到的 IGRS（WRS）指数进行调整，假设所有历史值都是已知的。我们把它称作 C-IGRS 指数，即带约束的 IGRS（constrained IGRS）指数：

$$I_{\text{C-IGRS}t} = \sum_{i \in s_t} \left(w_{it}(p_{it} - p_{it_{it}}) + I_{\text{C-IGRS}t_{it}} \right) / \sum_{i \in s_t} w_{it} \quad (8.9)$$

其中，s_t 是在 t 期有重复销售（非首次出售）的所有资产 i 的集合，w_{it} 是资产 i 在 t 期二次销售所对应的重复销售配对（单个资产的两次销售）的权重，t_{it} 是资产 i 早于 t 期的上一次销售日期。上述公式是式（6.19）的一般形式，即 IGRS 正规方程组的最后一个方程。最后一个正规方程是残差平方和对最后一个（最新）指数值的导数为零；所以我们实际上是通过对最新一期指数来最小化残差平方的加权和。

这里也同样存在与式（8.1）类似的式子。假设式（8.9）的权

重 w_{it} 只取决于销售区间[异方差修正指数也是同样的做法，参见 Case 和 Shiller（1987），Goetzmann（1990），Webb（1988）]；如果我们定义 $a_{\tau t}$ 为资产 i 在 t 期和 $t-\tau-1$ 期出售所对应式（8.9）中权重 w_{it} 的和除以 $\sum w_{it}$，那么式（8.9）就等同于式（8.1），其中 $E(\bar{P}_t-\bar{P}_{t-\tau-1})$ 为在 t 期和 $t-\tau-1$ 期出售的所有资产的对数价格变化的平均值。

当然，这个平均值并非一个衡量 $t-\tau-1 \sim t$ 期的综合价格变化的好指标。在这两个日期都出售的资产可能很少，因此仅用这些样本计算所得的估计值会很不准确，尤其相比于任一回归模型的价格变化估计值。但是我们可以看到，如果权重 w_{it} 只取决于销售区间，式（8.9）就与式（8.1）一样，$E(\bar{P}_t-\bar{P}_{t-\tau-1})$ 由相应的 IGRS 估计值代替，估计所采用的数据集以 t 期结尾。假设 w_{it} 只取决于销售区间长度，使用上文刚定义的 $a_{\tau t}$，式（8.9）表明：

$$\sum_{\tau=0}^{\infty} a_{\tau t}(I_{\text{C-IGRS}t}-I_{\text{C-IGRS}t-\tau-1})$$
$$=\sum_{\tau=0}^{\infty} a_{\tau t} \underset{i \in s_{t\tau}}{\text{mean}}(p_{it}-p_{it_{it}}) \quad (8.10)$$

其中，$s_{t\tau}$ 是所有第一次销售发生在 $t-\tau-1$ 期、第二次销售发生在 t 期的重复销售的集合。在 IGRS 估计值的正规方程[比如式（6.18）和式（6.19）]中，用 $E_t(\bar{P}_\tau)$ 代替 γ_τ（$\tau<t$），我们可以得到：

$$\sum_{\tau=0}^{\infty} a_{\tau t} E_t(\bar{P}_t-\bar{P}_{t-\tau-1})=\sum_{\tau=0}^{\infty} a_{\tau t} \underset{i \in s_{t\tau}}{\text{mean}}(p_{it}-p_{it_{it}}) \quad (8.11)$$

由于上述两个公式的右边是一样的,所以我们令两者左边相等。重新整理后可知,若用 IGRS 指数代替 $E_t(\bar{P}_\tau)$,可得 C-IGRS 指数满足式（8.1）,所以从这个角度来看,C-IGRS 指数是一个区间相关指数。

在贝利-穆特-诺斯（Bailey-Muth-Nourse）估计值所对应的回归假设下,高斯-马尔可夫定理（Gauss-Markov Theorem）表明价格指数的任何线性组合的最优线性无偏估计值是回归系数估计值的对应线性组合。若我们构建指数时,只依赖最后一个正规方程（即残差平方和对最新指数值的微分等于零）来确定最新指数值,而把之前的指数值当作已知,那么我们只是估计了回归系数的一个线性组合的最优值；该线性组合使用上述根据 w_{it} 所定义的权重 $a_{\tau t}$。

与上文一样,我们假设销售之间的等待时间服从指数分布,利用式（8.8）的最优权重,以及假设不存在贴现,由 $a_\tau = (1-\theta)\theta^\tau$,可得最优权重 a_τ 等于销售区间 τ 上所发生的销售数占比。如果我们采用异方差修正,赋予更长区间上的销售更小的权重,这实际上相当于对未来误差的方差设置了某种形式的贴现。

对于简单指数公式（8.9）有两种不同的解读。第一种是价格水平的条件估计值,即条件于该指数的所有历史值。第二种是上一部分所介绍的区间相关指数,其中不同销售区间的权重反映了该区间上的真实交易频率。

与之前所述的 IVWARS 指数类似,带约束的区间价值加权算术重复销售（constrained interval value-weighted arithmetic repeat-sales，C-IVWARS）指数为：

$$I_{\text{C-IVWARS}t} = \frac{\sum_{i \in s_t} w_{it} P_{it}}{\sum_{i \in s_t} w_{it} P_{it_{it}} / \text{index}_{\text{C-IVWARS}t_{it}}} \quad (8.12)$$

其中，s_t、t_{it} 和 w_{it} 的定义与式（8.9）一样。这是工具变量估计值 $(z'\sum_{11}x)^{-1}z'\sum_{11}y$ 的最后一个正规方程，即方程（6.25）。最后一个正规方程要求残差与最后一个工具变量正交；最后一个工具变量是一个向量，当且仅当最后一期发生第二次销售时，元素取值为 1，否则取值为 0。方程（8.12）只保证误差（用指数和第一次售价预测第二次售价时所得的误差）的加权平均值等于 0。

总　结

在我们决定采用哪种指数构建方法前，我们必须先了解市场参与者的需求。此外，如果人们的保值需求随时间发生变化，那么最优的指数构建方法也必须做出相应改变。

显然，有关最优指数公式还有待大量研究。但是，本章所提到的区间相关指数的基本想法适用于许多情形；对于合约结算来说，我们不太可能想要随意选择单一的价格变化区间。

条件于滞后值的指数公式并非由对冲者最优化问题求解得来。但是这些指数非常简单，上文也表明其与区间相关指数存在相似之处，也可以用于合约结算。

若合约结算所基于的指数发生后续修正，合约结算可能也要进行后续修正，本章并未对这种可能性进行讨论。关于最优区间相关指数的最小化问题不允许延期或修正结算。对此，我们可以将本章理论框架进行一般化，以考虑此类情形。

本章也没有讨论永续期货合约所对应的重复度量租金或收入指数的最优构建方法。上文所提到的最小化问题也可以用于计算最优租金或收入指数。

对于有些合约，如房地产合约，若能选择足够大的地理区域，确保指数的标准误足够小，这样的话，修正就不重要了。幸运的是，房价变化的同步性不局限于城区，在大都市带乃至更大的地理区域也同样如此。因此，使用覆盖更广大地区的指数或许可以用于最小化结算所面临的修正问题。

第九章
付诸实践

我写这本书的初衷是我认为应该存在市场来分担人们生活水平面临的风险,我也一直想要得到所对应的逻辑结论。为此,我提出了不少新市场。但是还有很多有关市场创建方法的细节有待研究。在完整规范市场特征和相关制度之前,有些市场看上去是脱离实际的。也许在未来的几年乃至几十年间,有关这些市场的创想都未必能实现。

如果本书提出的新市场确实会实现,那么其发展应该会分为两个阶段。在第一阶段,市场参与者只是少数精明的投资者(sophisticated traders),他们出于特殊需要有限地利用市场。例如,住宅房地产期货市场的首批使用者可能是住房贷款及其相关证券的专业投资者,他们利用期货市场来对冲与房价变化相关的违约和提前还款风险。[1] 国民或地区收入市场的首批使用者可能是业务与当地收入水平密切相关的企业的管理者,或是投资组合的管理者,他们采用收益率的可观测因子模型作为风险管理策略之一,可以在这些模型中用最新的市场价格来取代原来的国民收入因子。[2]第一阶段是非常重要的，经此阶段后市场初始流动性提高，因而建立了市场发展的基础。在第二阶段，公众会用这些市场来保障其生活水平。在这一阶段，房屋所有者（在各种零售方的帮助下）可利用市场保障房屋价值，工人可利用市场保障自己的工资水平。只有当相关机构、零售市场逐渐建立起来，使得公众可以便捷地参与新市场时，第二阶段才会到来。

新市场发展的第一阶段似乎并不遥远，但第二阶段的发展才最为关键，到那时人们才会广泛参与市场来保障自身生活水平。为发掘新市场的全部潜力，我们需要克服诸多挑战：搜集数据、改革制度、提供动力、向公众宣传新制度的优点等。

克服疑虑

在当今世界上，有些人主张减少已有的金融市场，而不是建立新市场。他们觉得这些市场所鼓励的投机行为会干扰人们对更重要的事情的关注，引发价格动荡与金融混乱。这些人可能也反对在新市场上对冲风险。

如果有人读过我此前关于金融市场波动性和市场中各种新兴浪潮干扰市场运行的文章（1981；1989；1992），他们可能会认为我会质疑新市场。因而，我在这里对于新市场的提倡，或许在他们看来是前后不一致的。然而，这其实并不矛盾。我从未主张减少现有的金融市场，所以我也没有理由反对建立新市场。

是否要建立新宏观市场，实际上应被视为等同于是否要允许现有投机市场存续。允许公司分红的投机市场存在，却不允许建立有关其他收入成分的投机市场，这是毫无道理的。没有人会真的仅仅因为股市会有繁荣和衰退，就建议通过一部法律来禁止人们交易股票。认为人们不应该通过交易来平稳化其自身收入，这也是完全没道理的。

然而，投机市场会无缘无故地时不时经历暴涨和暴跌，这是所有投机市场受到质疑的一个共同原因。因此，在建立任何新市场之前，我们肯定需要针对这些质疑进行公开讨论。可以想见，这些新市场也会有繁荣和衰退，还可能由此引发偶尔的市场中断。

我在《市场波动》（*Market Volatility*，1989）一书中，在分析了我自己和其他很多人的研究后，发现美国在过去一个世纪内，总股票价格与后续的未来分红或利率之间几乎不相关。虽然相关证据在某些方面有一定的模糊性，但它似乎表明了整个美国的综合股价变动由无关波动所主导。[3]在《市场波动》中，我提到了我并未在美股的其他主要成分中发现过度波动的证据。此外，我发现长期债券价格对于未来利率确实有一定的（有限的）预测能力。[4]根据金融文献的大量证据，我们几乎可以肯定许多投机性资产的价格变化包含关于未来的重要信息，它不应被视为由市场噪声所主导。

类似地，若建立总收入永续索取权市场或永续期货市场，它们也能够反映未来收入信息。如果没有关于未来收入的信息，再加上投资者跟风，永续索取权或永续期货的价格变化可能就会被不稳定的投机压力所主导。但若存在关于未来长期收入的重要信息且投资者的注意力并未被同一风向所吸引，永续市场可能会一定程度上对此信息做出反应。同样的结论也适用于我们所提到的其他市场。房地产期货、期权或互换市场的价格有时候会非常不稳定，但有时也会包含关于房地产未来租金（或未来服务价值）的真实信息。

据称，在现有的股票市场中，公司股价变化对于公司投资决定只有很小的影响。[5]这个观点（如果正确的话）表明像股市这样的投机市场未能履行引导经济资源配置的职责。然而即使这个观点正确，公司的股价不影响投资的另一可能原因是，公司新投资与历史投资收益之间几乎不相关。当我们建立永续索取权或永续期货市场时，就像前几章所强调的，我们必须确定市场所定价的是一个持续性资产或一项重要投资的收益。这样的话，这些市场的价格发现功能就可以得到广泛应用。

此外，我们需要记住，即使在综合收入的长期市场如永续索取权或永续期货市场中，价格变化受到了无关市场噪声的严重污染，市场仍可以提供其主要服务，让人们对冲收入风险。我们可以这样理解带噪声的市场运转：市场价格短期波动所显露的信息就是关于市场愿意承担特定类型风险的信息。这种信息可能与有关未来收入贴现的信息一样重要。[6]此外，只要无关噪声对价格的影响是暂时性的，即只要永续市场的价格偏离不会太大，那么噪声对长期投资者几乎没有影响，如同股市波动对长期投资者几乎没有影响一样。

通过与相似的现有市场进行对比，我们需要更合理地分析非理性投机导致的价格波动问题。最基本的问题不是这样的市场是否存在非理性投机泡沫,而是建立这样的市场是否会使投机问题恶化。如今已经存在人们可以投机的市场,也已有投机所致的价格波动。例如,房地产市场流动性很差,我们可以看到投机不稳定的明显证据。此外,即使没有能力参与与宏观市场类似的市场,现在人们所做出的一些决定本质上就是投机。这种投机决定包括是否投资新产业,是否在某个国家或地区布局产业,是否为进入某个劳动力市场而投资人力资本。出于对本国宏观经济状况的担忧,公司可能会在另一个国家布局生产,但或许风险对冲可以更好地减缓这种担忧。有些人可能会出于对职业前景的担忧,而在自己具有相对优势的情况下,选择放弃自己的专业职位,如医生职位等。与投资流动资产一样,我们做出的很多决定,如进入某个职业领域、在某个地区定居、进行其他无法市场化的投资,都对流行和趋势非常敏感;这些决定都涉及无法预见的未来,都具有很强的不确定性,有时候这种不确定性还会受到社会心理因素的影响。由于建立宏观市场对投机压力的影响是不确定的,宏观市场的保险功能就已为其建立提供了充足理由。

任何对于建立新宏观市场的质疑都应与其潜在的好处相比较。除了保值功能外,建立综合收入的新市场还有其他很多好处。有人认为建立新市场会有外部性,它会影响人们的预期和其他机构的作用。新市场可能彻底改变(我们希望是正向改变)经济周期的性质。许多基于凯恩斯主义(Keynes,1936)的宏观经济学理论都强调我们所做决定背后的信念是非常不稳定的，以及当市场主要面向流通商品时，整个市场也是不稳定的。显然，宏观经济周期的关键在于，缺少市场以使今天的价格能够反映关于未来收入的预期［例如Arrow 和 Hahn（1971）］。

一些主要的经济周期理论把价格刚性尤其是工资刚性视作宏观波动的来源。公司与雇员所签订的合约往往具有固定期限（典型的是 1~3 年），这被认为是宏观波动持续存在的原因之一，因为合约期限保证了该区间上的工资刚性（Taylor，1980）。其他合约的期限也是宏观波动的重要因素（Fischer，1977）。经济周期的长度（或者衰退之间的时间长度的概率分布）被认为与这些合约的期限有关。长期合约，比如工资率合约，会产生一种外部性：设计这些合约的公司没有考虑由于合约对宏观经济存在影响，合约会影响到其他每个人（Ball，1987）。如果存在综合收入的流动市场，那么宏观波动趋势可能会发生本质改变。管理者和劳动者都不再有动机签订刚性的工资合约。他们不会再签订固定工资合约，而会让工资随着市场发生波动，然后在市场上对冲工资变化的风险。[7]

我所提出的宏观市场最重要的好处应该是这样的市场可以建立一种降低收入不平等的机制。如果 Barro（1991）、Barro 和 Sala-i-Martin（1992）的观点正确，即在没有冲击的条件下，国家或地区的收入会收敛到一个共同的均值，那么建立国民收入市场最终会对不同国家之间的不平等产生重要影响。在理想状态下，市场会大幅度消除国家间的不平等。套期保值不会影响可预测的结果。如果国家收入收敛的趋势可预测的话,这种收敛趋势不会被对冲风险的行为所影响。对冲风险的行为反而会消除随机冲击(妨碍收入水平收敛的冲击)对收入变化的影响。除了国家层面之外,综合宏观市场可能也会帮助消除不同人群之间的收入不平等。

若将在当今世界普遍存在的、仅由随机因素导致的收入不平等当作最高级别的不公平的话,相比之下,新市场的可能危害就微不足道了。

提供公共品

如果我们确定将来建立宏观市场是值得认真考虑的,那么现在我们需要了解公共品投资,以及创造公共品所需的时间。

创建一个新市场需要各种资源,如创建数据来源、设置服务于市场交易的设备和机构、尝试各种市场类型、进行公开宣传、向公众普及市场的用途等。在自由市场经济体中,除非支出会有预期收益,否则就不应配置相应的资源。问题在于,一旦市场建立,那些没有分担市场创建成本的人也会从中得到巨大收益。这意味着新市场的创建可能存在投资不足的情况。

在一份有关金融创新的研究中,Tufano(1992)分析了美国在1974—1986年间首次发行的58种创新证券,包括各种房贷抵押证券、资产抵押证券、可转换和不可转换债券、优先股及股票。所有这些创新证券在首次发行后的78天内都出现了竞争产品,仅有一种例外。创新者在第一年平均只承销了1.8份创新产品;创新优势难以维持。此外，创新者的报价平均而言低于其竞争对手的报价；创新者并不具有垄断优势。Tufano 的研究发现，创新者唯一可能的优势在于他们拥有更大的市场份额。虽然创新者所提供服务的价格更低，但若承销创新证券存在规模效应的话，更大的市场份额可能转化为更高的利润；但是这种规模效应难以量化。当然，作为创新产品的首位提议者，创新者可能获得更好的声望，这或许有利于创新者其他产品的销售。[8]

当然，新市场的建立具有某种规律；纵观过去几十年间世界范围内金融市场的发展过程，这种规律性是较为明显的。这一事实与基本原则并不相违背：新市场往往建立于创建成本与风险都相对较低的地区，而成本和风险最低的可能就是对现有市场的小规模扩展。这也说明创新是缓慢的，不会马上转向最重要的方向，只有当历史的偶然事件明确偏向创建必需的公共品时，最重要的创新才会发生。

如果以公众支出来支持新市场的建立，我们就不需要依赖历史的偶然事件来创建这样的公共品了。因为建立新市场有利于公众利益，所以这是最适合政府补贴的项目之一。补贴可以采取公众信息、教育运动或对成功的市场创新提供奖励的形式。政府管理者也可以鼓励组织机构参与市场。

构建指数

如果我们确定新宏观市场未来很可能存在，那么关于指数构建的新研究现在就应开始。对很多宏观市场的建立来说，现存的一个主要障碍是缺少大家认同且适合的用作合约现金结算基础的指数。大多数统计机构并不将此视为己任。

在人们基于指数报价签订合约之前,指数应已存续,且指数存续期应足够长,以便人们能够利用自己的判断,结合他们知道的其他历史事件,从多角度来评估指数。在开立任何新市场之前,指数必须已经发展足够长时间,让人们能充分讨论或争辩其有效性。人们必须有一些时间来实时观察指数的变化,决定它们与自身风险之间的关联,以便有效对冲风险。

经济学指数的历史表明,这样的指数通常起源于理论知识,仅有少数专家和经济学家感兴趣;国民收入、货币存量、消费者价格指数、股价指数都是这样发展起来的。随着时间的推移,公众逐渐熟悉这些指数,并且在公众了解其权威解读后,指数才会真正受到重视,人们才会开始结合这些指数来进行思考。只有当这些发生以后,人们才会自然地用指数来对风险管理合约进行结算。

对发展指数来说,其开端尤为重要,因为有些指数构建方法要求搜集新数据,如新的特征变量。因此,对指数构建方法进行充分考察,其中也包括了建立新的数据搜集方案。我们越早开始搜集数据,指数的历史就越长。若能搜集新数据,我们就能摆脱不得不凑合使用出于其他目的而搜集的数据集的窘境。

前文强调过,我们想要指数代表未来收入索取权的价格或收益。为实现这个目标,我们需要搜集面板数据,即覆盖个体随时间变化的数据。当前国民收入账户的数据搜集过程不满足这个要求。有些面板数据集确有尽力跟踪不同时间的个体收入数据，如美国的收入动态面板调查（Panel Study of Income Dynamics）。如果我们要构建更好的国民收入指数，我们就需要扩展现有的面板数据，搜集新的数据，可能还需要在方法上做出一些改变。目前，生产者和消费者价格指数都不满足上述数据搜集要求；它们只对新生产的产品定价。在建立耐用品市场之前，我们需要跟踪耐用品价格或收益的数据，来构建耐用品价格指数。目前似乎没有能够代表非法人企业特定投资收益的序列；通过建立相关制度，要求样本中的非法人企业报告相关数据，我们或许可以搜集这样的序列。

开始构建新指数意味着需要资助研究者，使其在发展指数时将合约结算考虑在内。这样的话，对于如何构建指数，大家可以达成更专业的共识。如果公众认识到指数对合约结算的重要性，那么研究者也会有更强的动力达成共识。

提供信息和动机

通过提供公共信息并创造交易动机，新市场的创设与使用也可以得到巩固。提供风险管理服务的人很早之前就认识到向潜在客户宣传创新合约的重要性，他们也明白在初期人们需要一定动力来接受新合约。

大型期货、期权交易所会聘请公关人员，专门负责提供信息、组织研讨会以及撰写有关市场用途的文稿。启动一个新市场不单单是发布新合约然后等待交易者出现，如果投资者不了解新合约，他们也就认识不到花费资源学习使用新合约的重要性。

大型交易所明了交易动机对于创新性合约的突出重要性。例如，为提振其消费者价格指数期货的交易活跃度，咖啡、糖和可可交易所（Coffee，Sugar and Cocoa Exchange）于 1986 年宣布对每日最先交易的 20 份合约予以每份合约 5 美元的现金奖励，并额外设置了一个每月 50 000 美元奖金池，按比例分配给日交易量在 20 份合约以上的交易者。[9]这种公开宣传的交易奖励与秘密增加交易量的努力是不同的，后者例如 1991 年伦敦期货期权交易所为启动房地产期货市场而提供的针对交叉交易或虚拟交易的奖励。[10]秘密奖励可能会给潜在的市场参与者造成关于市场流动性的虚假印象。但是，只要奖励是公开宣传的，这种奖励就会使每个人受益。在此，我们可将奖励视作对公共品提供的合理补偿，在其辅助下高流动性的新市场才得以建立。

发起如永续索取权或永续期货类的高度创新性合约，可能会促使作为发起方的机构在信息供给方面进行一些强化和改革。如果合约是以收入指标结算的话，如国民收入，这样的改变尤其重要，因为这样的合约没有对应的现货市场价格。期货交易所可以借鉴承销方的一些方法，承销商擅长发现新市场、构造新价格。这些承销方负责宣传项目，与客户建立长久关系，并与其保持沟通，以此作为市场价格的信息来源，同时通过保证报价的公平合理来维护其名誉。

政府最好能够为参与风险管理市场的人提供激励和信息。由于政府最终是要为其公民的幸福负责，若有人未能规避风险，这可能会给其他人造成税收压力，因此由政府承担这一责任是合法合理的。此外，当未规避风险的人受到该风险的负面影响时，其他人也会遭受负外部性。

我们可以找到很多政府鼓励公众参与风险管理市场的例子。目前普遍由政府管理健康保险；众所周知，让未投保的人自行担负疾病带来的所有后果，这是社会所不能容忍的。在很多例子中，如克林顿总统的国民健康保险议案，政府的参与形式是要求机构或个人从私营部门购买保险。个人与组织也被要求购买洪灾保险、汽车保险和其他保险。这样的话，一旦意外发生，政府就不用支付缓解灾难后果的相应开支了。

与上述例子相同，监管者或税务机构可以鼓励公司养老基金对冲其受益人的部分收入风险。储蓄机构的政府保险公司会鼓励这些机构对冲房地产风险。法律制定者会改变税法，让个人、企业和农民有动力去对冲其资产价格风险。

处理控制权问题

创建新风险管理合约的一大主要障碍是偏向维持现状的制度僵化。公司可能一开始不愿意提供收入保险，因为受益的是雇员。私营保险公司可能对营销此类保单的前景持怀疑态度。房贷发起者可能迟迟不愿利用房价保险为房贷定价。银行、储蓄机构和贷款机构以及其他金融机构也可能在对冲其房地产风险上观望良久。养老基金管理者可能对参与宏观市场保持极为谨慎的态度。

这些机构反应迟缓的重要原因之一是对其行动的控制权是分离的。在这些机构的行动上，存在三个基本的控制核心：机构的管理者，机构的客户，政府监管者。管理者负责日常决策，但他们很大程度上受到其他两个核心的制约。这三个分离的控制核心很难在不常见的新问题上达成共识，如是否采用风险管理政策等问题。

在有些例子中，机构的客户是其他机构、公司、州政府和当地政府、非营利组织等；机构的客户还可能是公众。无论是哪种情况，管理者都很难与客户进行沟通。管理者有机会向另一机构的专业人士介绍自己的观点，但客户部门最高级别的决策可能是专业性较低的人做出的，风险管理决策的控制权可能最终分散在很多人手里。例如，若州立法者对管理其养老金的机构持批评态度，投资管理者可以向单个其他投资专家介绍其观点，但几乎不可能向立法者进行阐释。

政府监管机构的管理者往往是律师或投资专家，他们具有关于金融市场的专业知识，但在说服其认可金融创新的好处时，也需花费大量时间与金钱成本，这将成为创新的又一障碍。此外，管理者本身也会受到他人的监督，而且政治考量也会影响其决策。

控制权的协调问题会阻碍很多金融创新。第一份金融期货（1972年首次在芝加哥商品交易所交易的货币期货）与第一份股指期货（1982年堪萨斯城交易所的价值线合约）之间相隔了十年。在芝加哥期货交易所建立国债期货市场（1975年10月20日）后很多年，市场才出现了大量交易。Lovell和Vogel（1973）首次提出消费者价格指数期货后，很快得到了经济学界的广泛支持，但直至 1985 年相关合约才开始交易（在纽约的咖啡、糖和可可交易所）。

处理离散的控制权意味着使用主流的公共媒体来吸引多方的注意。解决这个问题必须通过大范围的公开讨论，而非与各个控制主体分别进行协商。

意见领袖的重要性

我们无须逐一说服公众了解国民收入和其他收入指标波动的重要性；他们对此已有相当的了解。全国公职选举通常关注点都在于候选人会针对这些收入指标提出哪些举措。即使还不存在相应的投机市场，日报已然会时常关心这些未来收入的指标。

但是对于综合收入波动的关注并不会立刻转换为公众对参与市场对冲风险的兴趣，虽然这会使人们规避收入波动的风险。之所以如此，是因为公众还没有认识到规避风险是可行且明智的。

大多数人不会仅仅因为一场理性的讨论告诉他们保险产品是符合其利益的，就去购买相应的保险产品。意见领袖（作家和评论员，投资和税款顾问，金融规划师，律师，监管者和立法者）需要达成一些专业共识，如规避主要经济风险的重要性、保值合约的设计与使用等。唯有如此，公众才会广泛参与到大多数宏观市场中。为达成共识，这些意见领袖需要进行一定的努力，他们必须学习和理解合约的特征及其相关法律和制度。这些意见领袖需要形成一些共同观点，如若风险管理合约（如果出现现货溢价或期权溢价）的成本足够低，对冲风险会提高个人的福利水平，且这些意见领袖需将此共识与公众进行沟通。有些风险酿成灾难性后果的概率极小，因而人们对保险成本高度敏感，而他们自身又很难判断成本的合理性。

就享受经济机构所提供的服务而言，个人不需要对其运行逻辑进行全盘的掌握与理解。经济发展所要求的进步是社会层面的，而非个人层面：我们应有更先进的权威机构，以及公众对这些权威机构的认同，其中包括市场技术的权威机构，它们掌握着市场正常运行和对冲流程的完整思想体系。

阻碍个人对冲风险的心理冲动可能与开明的对冲行为并存，若风险得到合理控制，个人可能也会从中获得满足与解脱。我们当前的生活水平是历史上数次公众认知进步的结果。而若能达成公众对风险管理的普遍认同，在通向更优经济发展的道路上，我们就又前进了一大步。

注　释

● **前　言**

1. 鲭鱼英文作"mackerel"，读音类似宏观"macro"（译者注）。

● **第一章**

1. 在所有已发表资料来源中，我能够找到的最接近本书所提出的国民收入市场的是一篇介绍关于经济周期指标尤其是消费者信心指数的互换和期权的文章，请参见 Marshall 等（1992）。在托德·佩策尔（Todd Petzel）的指导下，纽约的咖啡、糖和可可交易所（1983）设立了经济指标市场部，专门致力于交易一系列指数，其中包括消费者价格指数、公司收益、新房开工量和新车销售量，但现实中仅实现了消费者价格指数期货交易。

2. 购买力可能无法以一对一转移。阿维纳什·迪克西特（Avinash Dixit）曾向我指出宏观市场在某些层面可能无法正常运转，例如，宏观市场可能无法帮助某国民众规避所承受的非贸易部门的负面冲击。

3. 发展中国家的农村有一些不同的、非正式的分担收入风险的方法，请参见 Rosenzweig（1988）和 Townsend（1993）。但是这种风险分担是局部的，不能实现区域性或全国性的风险分担。

4. 美国证券交易委员会是为了增强股市流动性而设立的，它为此推出了大量政策：为预防空头一致行动而设立的报升规则；用于防止秘密团体采取一致行动的13（d）规则；有关公司报告和审计的要求；规范高管和内部人士的股票卖出行为的第144条法令和16（b）5法规。请参见 Bhide（1991）。

5. CPI 期货市场的起源参考 Petzel（1985）及 Petzel 和 Fabozzi（1986）。

6. 美国关于 CPI 的实验也受到了合约设计期限过短的影响（下文会提到），一旦合约失败，几乎没有人愿意再次尝试。

7. 期货合约结算基于政府债务的收益，这种政府债务被称为 OTN（Obrigações do Tesouro Nacional），后来也被称为 BTN（Bônus do Tesouro Nacional）。这些债务所对应的指数为 IPC（Índice de Preços ao Consumidor）。请参见 Garcia（1991）。

8. 四个合约同时发行，还有住房抵押贷款利率合约和租金合约

（后者是传统的、非永续期货合约）。

9. 请参见《期货和期权世界》（*Futures and Options World*）中的"福克斯陷入困境"（Fox on the rocks）和"福克斯面临辞职"（Fox rocked by resignations）两部分内容。

第二章

1. 关于人们不购买保险的行为，前景理论还提供了另一种解释。人们在决策过程中不使用真实的概率；他们会将低概率近似为零；请参见 Kahneman 和 Tversky（1979）。此外，Knetsch 等（1989）在理论中加入禀赋效应，即人们对于各个选择具有偏好倾向，这就可以解释为什么人们会接受风险了。

2. 人类面对不确定性时的一些行为模式似乎是非理性的，比如著名的"埃尔斯伯格悖论"（Ellsberg paradox）。实验对象被告知，若某种颜色（两种中的一种）的球从袋子中被取出，那么他们就可以获得奖励。实验对象可以在两个袋子中进行选择，其中一个袋子两种颜色的球组成概率已知，两种颜色的球各占 50%，另一个袋子则两种颜色的球组成概率未知。实验对象倾向于选择已知概率的袋子。这种行为模式被称为不确定性规避，它看上去是非理性的，因为实际上两个袋子的信息缺失程度是相同的。对于如何将这种行为模式代入社会决策情境中，我们还未能有清晰的了解。

3. 参见 Grossman（1977）和 Arrow（1974）。

4. 如果人们的需求由过去价格变化的长期加权移动平均值决定，那么即使价格变化没有很强的序列相关性，非理性投机泡沫的反馈循环也会出现，参见 Shiller（1990）。非理性"噪声"交易者的存在会引致理性交易者的某些行为，而这些行为可能会破坏市场稳定，参见 Cutler 等（1990）和 De Long 等（1990a；1990b）。

● 第三章

1. 对未来收入的担忧并不意味着对冲者想要长期期货合约：只要期货合约是基于资产价格进行现金结算的，那么即使下个月就发生结算，期货合约的期限对于收入来说实际上也是永续的。

2. 例如，有人想要对冲五年的收入风险，他可以在收入永续市场上建立多头，同时交易一个远期合约，约定在五年后将收入永续索取权卖出。一旦永续索取权市场得以建立，这样的远期合约就可以在个人层面上进行交易。

3. 请参见 Kupiec（1990），其中对这些工具进行了详细描述。

4. 交易所规定空头和多头都有义务维持保证金账户，且都可从这些账户中赚取利息。式（3.1）展示了空头向多头流出的总金额。

5. 一价定律也存在例外，如封闭式共同基金的价格不等于所组成股票的价值。

6. Tirole（1982）证明了传统证券价格的泡沫来自交易者的短视，如果交易者采取真正的动态最优行为，泡沫就会消失。理性泡沫与前一章所述的非理性泡沫不同，非理性泡沫终将破灭。

7. "主张投机是不稳定行为的人很少意识到这种说法等同于认为投机者会赔钱，因为只有当投机者平均而言低价卖出、高价买入时，投机才会使市场趋向不稳定"（Friedman，1953：175）。他所研究的是稳定的、投机所导致的价格波动，而非价格剧变。

8. Blanchard 和 Watson（1982）证明了破灭的泡沫也可能是理性的，但是在他们的例子中，期望价格仍会出现分化。

9. 例如 Black（1986）和 Lee 等（1990）。封闭式共同基金的例子可能无法适用，因为对于共同基金的价格差异，我们还可提出其他解释：人们对于共同基金管理质量的信任程度也有差异。

10. 这个等式也可以直接由无套利条件（no-arbitrage argument）得出。

第四章

1. 根据 Friend 和 Blume（1975）的理论，市场风险溢价，即市场组合的期望收益率减去无风险利率，应该等于相对风险规避系数乘以市场组合的方差。他们没有真实世界的市场组合的方差，本章之后会对该数值进行估算。

2. 因为人们不可能出售子女收入索取权，所以在保障其后代免受负面收入冲击上，人们的能力有限。

3. 当然，也可能存在关于宏观市场价格看跌期权的市场，这可以使部分对冲更为便捷，而且可以消除价格突变导致对冲策略失效的风险。

4. 这一事实最先由 Feldstein 和 Horioka（1980）记录。后续的研究如 Obstfeld（1993b）等则对此进行了证实。

5. 咖啡、糖和可可交易所（1983）曾考虑建立一个公司收益指数的期货市场，但并非永续期货。

6. 例如，美国劳工统计局构建的雇佣成本指数如果用于合约结算的话，将会得到改进。这些指数应该用重复度量法来构建，跟踪不同时间下的相同个体。此外，劳动成本具有无形因素；直接的工资成本只是其中的一部分，其中同时存在涉及工人合规性和合作性的成本。为了帮助公司更好地对冲雇佣成本，此类成本也应该包括在劳动成本指数之内。建立回归式是一种度量劳动成本的好方法，以公司困顿或成功的度量指标作为被解释变量，各种成本指标作为解释变量。相对于解释变量，公司困顿变量的度量频率可能更低；在每次指数发布时，只需对解释变量进行重新测度。

7. "全国忧心忡忡的医生正把自己的工作室卖给投资者所有的上市公司，希望在快速变化的医疗保障系统内改善自己的未来。

医生签订长期合约，在一些例子中，与公司的合作期限长达 33 年……像保健标志（Caremark）这样的公司会给医生现金和股权，许诺他们将来有一个稳定的收入……"[Milt Freudenheim, *New York Times*（Sept. 1, 1993), 1.]

8. Campbell（1993）得到了一个类似于美国未来劳动收入永续索取权收益率方差的估计值。

9. 这张表格明显缺失了苏联和中国的数据，Summers 和 Heston 的数据并未补充至 1950 年。

10. 即使不同国家历史上有不同的增长率，对于高增长率的国家本应取更大的 ρ，但在这里每个国家的 ρ 的取值相同。我的隐含假设是更高增长率的国家具有更高的风险溢价贴现率。当然，通过降低或提高 $\hat{\rho}$，我们可以增大或减小方差估计值。

11. 这里所用到的人均实际 GNP 序列是通过将以美国 1987 年美元计价的 GNP 除以美国人口的结果与以 1958 年美元计价的 Kendrick 人均 GNP 相联系得到的（US Dept. of Commerce, Bureau of Economic Analysis，1973）。关于战前美国 GNP 的方差更大是否源于早期数据搜集方式的不同，目前仍存在争议（Romer，1989；Balke and Gordon，1989）。

12. 宾夕法尼亚大学世界表格数据的基准年为 1985 年，表 4.1 所展示的各国数据是使用美国 GDP 隐含平减指数（1987 年＝100）将基准年转换为 1990 年后的结果。

13. 对于习惯用汇率把外国收入转化为美元收入的人来说，有些国家的现值似乎非常高。联合国国际比较项目（UN International Comparisons Project）提供了这些 GDP 数据，这一项目最重要的结果之一就是这些汇率转化根本不是对于实际 GDP 的精确衡量（Summers and Heston，1988；1991）。

14. 当我们想要判断宏观市场的价格与现有金融市场价格的关联程度时，存在一个复杂的问题：即使宏观市场的总收入与现有金融市场的股息序列之间根本不相关，其价格可能也是相关联的。一个可能的原因是信息池（Beltratti and Shiller，1993）。可能存在一个信息变量，它揭示了宏观市场的总收入序列水平和金融市场的股息序列水平之和。即使总收入与股息序列正相关，负信息池会消除两个市场价格变化之间的相关性。

15. Brainard 和 Dolbear（1971）指出公司利润与国民收入之间的相关性很低，并指出了这一低相关性对于社会风险配置的重要性。由最近的数据得出的相关性更高：图 4.2 中 1964—1992 年两个序列的相关性为 41.58%。根据美国国民收入和生产账户，1964—1992 年，人均股息的五年期增长率与人均国民收入的五年期增长率之间的相关性为 48.30%。

16. Obstfeld（1993a）发现不同国家的消费之间缺少相关性是因为它们对油价冲击的反应不同；如果这种观点是正确的，消费的部分风险可以通过石油期货市场进行对冲。

17. 为了证明这一点，我们注意到 ε_t 等于 $-\rho$ 乘以 $t+1$ 期 δ_{t+1} 的

扰动项〔根据式（4.7），这一扰动项等于 $-e1'A(I-\rho A)^{-1}u_{t+1}$〕加上 $t+1$ 期 Δd_t 的扰动项，即 $e1'u_{t+1}$。

18. 根据标准普尔统计服务的报告，这里使用的从 1926 年开始的股息序列是每股股息，12 个月移动总指数根据每年最后一个季度的指数进行调整。1926 年之前的数值是结合标准普尔序列与 Cowles（1939）所构造的序列所创造的。将这些名义股息除以下一年一月的生产者价格指数（1982 年＝100），即可得实际股息。相关股息序列即 Shiller（1989：第 26 章）的序列 2，生产者价格指数即序列 5。

19. Campbell 和 Shiller（1988；1989）采用类似的方法，估计所得股票收益的波动性是常数贴现率现值模型结果的两倍。

20. 因为在实际股息自回归模型中，误差的方差矩阵 Ω 是通过通常的自由度修正法估计而得，所以加入解释变量所带来的回归拟合度提高并不能直接减少方差估计值，毕竟解释变量的数量增加了。当然，该估计值仍可能存在更为复杂的小样本偏误。

21. 这说明相比于现值模型，市场对股息的反应过度了，前文也提到过这一问题（Shiller，1989）。

● 第五章

1. 这些估计值来自 Miles 等（1991；证据 5），利用了房产税和评估价值数据，且估值已被修正为市场价值。

2. 根据美国联邦储备理事会的美国资产负债表，1990 年美国住宅建筑价值为 47 960 亿美元，土地价值为 49 400 亿美元；这两者占据了国内财富估计值（182 280 亿美元）的一半以上。Miles 等（1991）讨论了房地产价值的其他估计值。

3. 这些数据在一定程度上是不可靠的；中位数对所售房屋的组成很敏感，但是这些数据足以让我们了解较长时间区间上价格的变化情况。

4. 关于日本和韩国的数据来自 Kim（1993）。

5. 房价指数的短期波动可视作样本误差。指数基于所有销售记录计算得来，但我们可把所观测到的销售看作所有房屋价值的一个样本。指数水平的标准误一般来说低于 1%。样本误差会导致指数产生一个近似序列不相关的噪声，使图中的曲线看上去像由颤抖的手所试图绘制的平滑曲线。（参考第六章的同等代表模型。）

6. 图 5.2 中的股价指数确实在样本区间表现出向上趋势；这个样本对应于 20 世纪八九十年代的牛市，其上升趋势在数个时点尤其是 1987 年股灾期间有暂时中断。随机游走序列可能会在有限样本中随机表现出这样的整体向上趋势，但其向上趋势不太可能是平滑的。由于各种扰动的存在，图 5.2 中的趋势不是平滑的。

7. Noguchi（1992a；1992b）提议建立"土地价值指数债券"来证券化日本的土地；根据来自日本的证据，他认为此种债券能够减缓土地价格投机的趋势。

8. 现有的商品互换和商品相关债券也享受了这些合约的益处，但仅限于有限期限内。

9. McCulloch（1980）提到在 1933—1977 年，指数债券在美国是非法的；相关法律障碍目前已不复存在，请参见 Hochman 和 Palmon（1988），Knoll（1991）。关于英国的相关法律障碍，请参见 Bootle（1991）。

10. "货币幻觉"是 Fisher（1928）提出的。实验证据表明，货币幻觉会影响人类决策，请参见 Diamond 等（1992）。

11. 根据美国劳工统计局，相比于每月变化的标准差，消费者价格指数的每月变化的标准误是很小的。然而，城市指数短期变化的标准误或全国指数的组成部分的标准误很高，这会给短期变化度量值造成严重问题。

12. Bodie（1990）详细描述了长期通货膨胀保护年金和期权的潜在优势。

13. 农业永续期货市场使用与一般价格水平挂钩的利率作为结算用的其他资产收益指标。相比于现有的农业期货市场，这样做也存在一定的优势，可以让农民锁定实际价格，而非名义价格。

14. 与其他投机性资产价格一样，农场价格的波动率要高于基于其基本面所得出的波动率；参见 Falk（1991）。

15. 艺术品和收藏品市场存在有限合伙企业，这维持了投资者的藏品量，而且确实提振了市场流动性。但这些市场的流动性还是不够高，不足以使其成为有效的对冲媒介。与封闭式共同基金一样，这些市场对价格偏离资产价值非常敏感。例如，在1993年，美林（Merrill Lynch）和努米斯马蒂科美术国际（Numismatic Fine Arts International）清算了雅典娜二世（Athena Ⅱ）有限合伙企业的稀有金银币和古代艺术品，其初始价值为2 500万美元，此前这些产品无法以原价的一定比例单独出售。这样的有限合伙企业运营不善还有另一个原因：投资者失去了拥有并欣赏艺术品所带来的红利。

第六章

1. 在构建股价指数时，我们肯定会遇到新发行股票的价格与市场价格不一致的问题；当股票含有"权利"时，两者会显著不同。如果价格是一样的，用来计算标准普尔综合股价指数的"基础加权综合"公式就简化为价值加权法公式，即式（6.1）；参见Cowles［1939：式（18.2）］。标准普尔公司也把它的样本限制在500只股票。但由于这些股票市值占据了全市场市值的绝大部分，这一限制的效果有限。

2. 在房地产的例子中，如果我们拥有房产年限的信息，我们就可以只利用重复销售数据来构建指数，因而排除了只出售过一次的新房。我们也可以利用特征重复度量法来修正房屋年限的组成。本章后续部分会对这些特征重复度量指数进行介绍。

3. 由于人们通常不会将其服务收入再投资于更多的房产，所以相对于标准的收入，收入再投资的指数往往会随着时间的推移而增长；随着时间的推移，对冲者需要相应减少所持有的合约数量。

4. 为了说明的简单起见，我们假设质量变量不会随着时间的推移而发生变化，虽然这些方法也不要求这一条件。事实上，随着时间的推移，我们可能发现新的质量变量，并舍弃旧变量。

5. 若房屋重新装修时，建筑面积的变化可能意味着其他质量的变化，那么当房屋面积改变时，我们可能想要直接舍弃对这栋房屋的观测。当然，如果我们放弃所有发生重新装修的房屋，我们的指数增长率就会比之前低，因为部分重新装修是出于定期维护的目的。在理想状态下，p_{it} 不应该代表资产 i 在时期 t 的售价，而应该代表投资的累积价值，包括房屋的所有改善费用和收缴的租金，这样的话，上述偏误也就不复存在。

6. 异方差对常数项存在与否非常重要，这一点是由 Case 和 Shiller (1987) 发现的。他们把美国 4 个城市的数据集整合到一个大数据集中，以此来估计全国性的指数。他们的常数项比 4 个城市观测值加权平均的常数项要大 63%，也大于 4 个城市的任一常数项。

7. 为了分析异方差所引起的偏误，我们考虑一个偏离模型假设的极端例子。假设在一个国家的西部，房地产市场很热门，价格一年上涨 10%，每年都有房屋出售。同时假设在该国的东部，房地产市场冷清，价格每两年才上涨 10%，房屋也要每两年才能出售。利用全国的数据和 Goetzmann-Spiegel 回归式，我们会得到常数项为 10%，所有斜率系数为 0；其结果就是指数根本不会表现出任何价格上升。与此相应的是，普通重复度量指数会表现出 5%～10% 的价格上升，介于该国两地区的真实涨价幅度之间。在这个例子中，普通重复度量指数的总增长会更接近 10%，因为它在回归中赋予了热门市场更高的权重；在这一章和下一章中，我们会讨论处理这个问题的方法。如果考虑异方差对普通重复度量指数的稳健性的影响，这个例子表明不带常数项的回归式似乎比带常数项的更有优势。

8. 在这个例子中，对任意一栋房屋的观测值都没有超过两条。如果有些房屋的销售记录超过两条，那么我们应该采取广义最小二乘估计法，考虑同一栋房屋前后销售所对应误差项之间的负相关性，因为两个误差项的中间价符号相反。如果矩阵 Ω 代表销售时价格存在暂时的噪声，即噪声的方差只进入矩阵的对角元素，那么这里所讨论的方法会自动解决上述问题。这样的话，方差矩阵 ω（具体形式为 $S'_1 \Omega S_1$）包含了上述负协方差的趋势。由于误差的方差矩阵是分块对角阵，即每栋房屋对应一个分块，所以求解方差矩阵的逆矩阵并不困难。

9. 如果 T 大于 3，那么估计价格变化的一些方法可能相互关联。

10. Goetzmann 提出过一种修正几何重复销售价格指数偏误的办法，其中利用了方差估计值和对数正态假设。

11. 如果 s_{it} 随时间变化，我们可以在 x 中另外加入一列。如果房屋在 0 期出售，该列的第 i 个元素就为 $-s_{i0}P_{i0}$，否则为 0。（z 也需要加入相应的一列。）

第七章

1. 根据 1991 年的《美国统计摘要》(*Statistical Abstract of the United States*)，在 1987 年，有 353 万栋现有的单栋房屋出售（表 1275），共有 5 816 万栋房屋是房主全年自住（表 1282）。

2. 所需的 s 的取值仍然很低。例如，达拉斯都市圈包含美国 1.5% 的人口，意味着该区域每年大概有 50 000 栋现有单栋房屋出售；我们的样本区间为 17.5 年，总共包含 211 000 笔销售，大约为期望销售数的四分之一。

3. 请参见 Goetzmann (1990) 和 Kuo (1993)。

4. 有关房屋改善的数据来自 US Dept. of Commerce, *Construction Review*, Table B5, p. 12, Nov./Dec. 1991。

5. 为此，如同 Goetzmann 和 Spiegel (1992) 所主张的，我们最

好在重复销售回归式中加入常数项，因为这样做能将房屋改善的贬值趋势考虑在内。

6. 请参见 Shlaes（1984：496）。

7. 引自 Marchitelli 和 Korpacz（1992：314）。

8. 数据缺失问题不会导致有两个以上因子的因子模型失效，但若每栋房屋只有两次销售，我们就无法处理一个以上的质量因子。

9. 为了构建价格指数，Webb 等（1993）提出过这样的模型。S. Kim（1992）采用一种类似的方法来构建房市的租金指数。类似的方法还可用于修正价格指数构建中的一个潜在问题：有些房屋在两次销售之间可能有所改变或进行了修缮。Montgomery（1990）证明包含房屋改善决策的定性选择模型（qualitative-choice model）可用于估计房屋支出公式。

10. Webb 等（1993）提出过这样的两阶段模型。然而，他们的方法与这里所讨论的不同，其特征方程不允许系数随时间变化；价格指数的时间变化完全来自特征变量（包括租金）的时间变化。Maddala（1983：第 8 章）分析了两阶段模型。

第八章

1. 这里的假设是我们拥有销售价格的全部历史信息，且未来房屋销售频率与过去相同。

2. 当然，任何不包含对象虚拟变量的特征变量法都是不稳健的：

随着时间的推移，观测对象的组成会发生变化。这种方法并不是构建价格指数的理想方法。

第九章

1. 住宅房地产价格对房贷违约具有显著的影响，请参见 Case 等（1993b）。

2. Chen 等（1986）发现美国工业生产指数（美国国民收入的一个月度指标，每季度公布）的变化是股市收益率的重要影响因素之一。他们写道（第 402 页）："或许最令人震惊的结果是即使股市指数，比如价值加权的纽约股票交易所指数，很大程度上解释了收益率时间序列变化，但与经济变量对收益率的影响相比，股指的影响就显得微不足道了。"

3. 证据表明英国和德国股市的过度波动性程度相对更轻微；参见 Bulkley 和 Tonks（1989）以及 De Long 和 Becht（1992；1993）。

4. 部分结论来自我与约翰·坎贝尔（John Campbell）的共同研究（1987；1988；1989）。

5. 请参见 Morck 等（1990），Rhee 和 Rhee（1991），Blanchard 等（1993）。

6. 市场承担风险的意愿可能发生改变，这是构建如永续期货市场等长期市场而非对下期收入的短期期货市场的另一重要原因。市场期限长，人们就可以保护自己，防止市场在未来不愿意以有利于个体的利率来承担风险。

7. 可能存在其他宏观经济影响。Abel（1988）认为从理论上来看，收入保险会减少预防性储蓄。

8. 期货交易所是一个高度竞争的行业，参见 Carlton（1984）。如果一家交易所提出一种新的概念，其优势马上就会被另一家竞争的交易所窃取。很多一开始很成功的创新合约其后遭遇失败，就是因为另一家交易所开发出了这种合约的更优版本。

9. "Trade trends：CPI paybacks"，*Futures*（Feb. 1986），34.

10. "Fox on the rocks" and "Fox rocked by resignations"，*Futures and Options World*（Nov. 1991），9–11.

参考文献

Abel, Andrew B. (1988). "The Implications of Insurance for the Efficacy of Fiscal Policy", *Journal of Risk and Insurance*, 55, 339–78.

Abraham, Jesse M. (1990). "Statistical Biases in Transaction-Based Indices", unpublished working paper, Federal Home Loan Mortgage Corporation.

—— and William S. Schauman (1991). "New Evidence on Home Prices from Freddie-Mac Repeat Sales", *AREUEA Journal*, 19, 333–52.

Akerlof, George A. (1970). "The Market for 'Lemons': Quality Uncertainty and the Market Mechanism", *Quarterly Journal of Economics*, 84, 488–500.

Allen, B. Paul, Heifner, Richard G., and Helmuth, John W. (1977). *Farmers' Use of Forward Contracts and Futures Markets*, US Department of Agriculture, Economic Research Service, Agricultural Economic Report No. 320, Washington, DC.

Arrow, Kenneth J. (1964). "The Role of Securities in the Optimal Allocation of Risk Bearing", *Review of Economic Studies*, 31, 91–6.

—— (1974). *Essays in the Theory of Risk-Bearing*, North Holland, Amsterdam.

—— (1991). "Risk Perception in Psychology and Economics", *Economic Inquiry*, 20, 1–9.

—— and Hahn, Frank F. (1971). *General Competitive Analysis*, Holden-Day, San Francisco.

Atkeson, Andrew, and Bayoumi, Tamim (1991). "Do Private Capital Markets Insure against Risks in a Common Currency Area? Evidence from the United States", unpublished working paper, University of Chicago.

Backus, David, Kehoe, Patrick, and Kydland, Finn (1992). "International Real Business Cycles", *Journal of Political Economy*, 100, 745–75.

Bailey, Martin J., Muth, Richard F., and Nourse, Hugh O. (1963). "A Regression Method for Real Estate Price Index Construction", *Journal of the American Statistical Association*, 58, 933-42,

Balke, Nathan S., and Gordon, Robert J. (1989). "The Estimation of Prewar Gross National Product: Methodology and New Evidence", *Journal of Political Economy*, 97, 38–92.

Ball, Laurence (1987). "Externalities from Contract Length", *American Economic Review*, 77, 615–29.

Barro, Robert J. (1991). "Economic Growth in a Cross Section of Countries", *Quarterly Journal of Economics*, 106, 407–43.

—— and Sala-i-Martin, Xavier (1992). "Convergence", *Journal of Political Economy*, 100, 223–51.

Beltratti, Andrea, and Shiller, Robert J. (1993). "Actual and Warranted Relations between Asset *Prices*", *Oxford Economic Papers*.

Berck, Peter (1981). "Portfolio Theory and the Demand for Futures: The Case of California Cotton", *American Journal of Agricultural Economics*, 63, 466–74.

Bhide, Amar (1991). "Active Markets: Deficient Governance", unpublished working paper, Harvard Business School, Cambridge, Mass.

Bikhchandani, S. D., Hirshleifer, David, and Welch, Ivo (1990). "A Theory of Fashion, Custom, and Cultural Change", unpublished working paper, University of California, Los Angeles.

Black, Fischer (1986). "Noise", *Journal of Finance*, 41, 529–43.

Blanchard, Olivier J., Rhee, Changyong, and Summers, Lawrence (1993). "The Stock Market, Profit and Investment", *Quarterly Journal of Economics*, 108, 115–36.

—— and Watson, Mark W. (1982). "Bubbles, Rational Expectations, and Financial Markets", in Paul Wachtel, ed., *Crises in the Economic and Financial Structure: Bubbles, Bursts and Shocks*, Lexington Books, Lexington, Mass.

Board of Governors of the Federal Reserve System (1992). *Balance Sheets for the U. S. Economy 1960–91*, Washington, DC.

Bodie, Zvi (1990). "Inflation Insurance", *Journal of Risk and Insurance*, 57, 634–45.

Bootle, Roger (1991). *Index Linked Gilts: A Practical Investment Guide*, 2nd edn., Woodhead-Faulkner, New York.

Brainard, William (1973). "Private and Social Risk and Return to Education", in R. Layard and R. Attiyah (eds.), *Efficiency in Universities: The La Paz Papers*, Elsevier.

—— and Dolbear, F. T. (1971). "Social Risk and Financial Markets", *American Economic Review*, 61, 360–70.

Breeden, Douglas (1979). "An Intertemporal Asset Pricing Model with Stochastic Consumption and Investment Opportunities", *Journal of Financial Economics*, 7, 265–96.

Brennan, Michael J. (1990). "Latent Assets", *Journal of Finance*, 45, 709–31.

Bulkley, George, and Tonks, Ian (1989). "Are U. K. Stock Prices Excessively Volatile?", *Economic Journal*, 99, 1083–98.

Cagan, Philip (1971). "Measuring Quality Changes and the Purchasing Power of Money: An Exploratory Study of Automobiles", in Zvi Griliches (ed.), *Price Indexes and Quality Change*, Harvard University Press, Cambridge, Mass.

Camerer, Colin, and Kunreuther, Howard (1989). "Experimental Markets for

Insurance", *Journal of Risk and Uncertainty*, 2, 265–300.

Campbell, John Y. (1993). "Understanding Risk and Return", unpublished working paper, Princeton University.

—— and Shiller, Robert J. (1987). "Cointegration and Tests of Present Value Models", *Journal of Political Economy*, 95, 1062–88.

—— —— (1989). "The Dividend-Price Ratio and Expectations of Future Dividends and Discount Factors", *Review of Financial Studies*, 1, 195–228.

—— —— (1988). "Stock Prices, Earnings, and Expected Dividends", *Journal of Finance*, 43, 661–76.

—— —— (1991). "Yield Spreads and Interest Rate Movements: A Bird's Eye View", *Review of Economic Studies*, 58, 495–514.

Carlton, Dennis (1984). "Futures Markets: Their Purpose, Their History, Their Growth, Their Successes and Failures", *Journal of Futures Markets*, 4, 237–71.

Case, Bradford, Pollakowsi, Henry O., and Wachter, Susan M. (1991). "On Choosing among House Price Index Methodologies", *AREUEA Journal*, 19, 286–307.

—— and Quigley, John (1991). "The Dynamics of Real Estate Prices", *Review of Economics and Statistics*, 73, 50–8.

Case, Karl E. (1986). "The Market for Single Family Homes in Boston", *New England Economic Review*, May/June, 38–48.

—— and Shiller, Robert J. (1987). "Prices of Single Family Homes Since 1970: New Indexes for Four Cities", *New England Economic Review*, Sept./Oct., 45–56.

—— —— (1988). "The Behavior of Home Buyers in Boom and Postboom Markets", *New England Economic Review*, Nov./Dec., 29–46.

—— —— (1989). "The Efficiency of the Market for Single Family Homes", *American Economic Review*, 79, 125–37.

—— —— (1990). "Forecasting Prices and Excess Returns in the Housing Market", *AREUEA Journal*, 18, 253–73.

—— —— and Weiss, Allan N. (1993a). "Default Risk and Real Estate Prices: The Use of Index-Based Futures and Options in Real Estate", unpublished working paper, Cowles Foundation, Yale University, New Haven, Conn.

—— —— —— (1993b). "Index-Based Futures and Options Markets in Real Estate", *Journal of Portfolio Management*, 19, 83–92.

Chen, Nai-Fu, Roll, Richard, and Ross, Stephen A. (1986). "Economic Forces and the Stock Market", *Journal of Business*, 59, 383–403.

Chinloy, Peter T. (1977). "Hedonic Price and Depreciation Indices for Residential Housing: A Longitudinal Approach", *Journal of Urban Economics*, 4, 469–82.

Christofferson, Anders (1970). *The One Component Method with Incomplete Data*, Selected Publications Vol. 25, Department of Statistics, University of Uppsala.

Clapp, John M., and Giaccotto, Carmelo (1992a). "Appraisal-Based Real Estate Returns under Alternative Market Regimes", *AREUEA Journal*, 20, 1–24.

—— —— (1992b). "Estimating Price Trends for Residential Property: A Comparison of Repeat Sales and Assessed Value Methods", *Journal of the American Statistical Association*, 87, 300–6.

—— —— and Tirtiroglu, Dogan (1991). "Housing Price Indices Based on All Transactions Compared to Repeat Subsamples", *AREUEA Journal*, 19, 270–85.

Clarke, Grindlay (1991). "A Future for Property?", *Futures and Options World*, Nov., 20.

Coffee, Sugar and Cocoa Exchange (1983). *Justification for the Coffee, Sugar and Cocoa Exchange's Earnings Index Futures Contract*, NY.

Copeland, Thomas E., and Galai, Dan (1983). "Information Effects on the Bid-Asked Spread", *Journal of Finance*, 38, 1457–69.

Cornell, Bradford, and French, Kenneth R. (1983). "Taxes and the Pricing of Stock Index Futures", *Journal of Finance*, 38, No. 3, 675–94.

Court, Andrew T. (1939). "Hedonic Price Indices with Automobile Examples", in *The Dynamics of Automobile Demand*, General Motors.

Cowles, Alfred (1939). *Common Stock Indexes*, *1871 -1937*, Cowles Commission for Research in Economics, Monograph No. 3, 2nd edn., Principia Press, Bloomington, Ind.

Cox, John, Intersoll, Jonathan, and Ross, Stephen (1981). "The Relationship of Forward Prices and Futures Prices", *Journal of Futures Markets*, 9, 321-46.

Cox, Larry C., Gustafson, Sandra G., and Stam, Antonie (1991). "Disability and Life Insurance in the Individual Insurance Portfolio", *Journal of Risk and Insurance*, 58, 128-46,

Cutler, David M., Poterba, James M., and Summers, Lawrence H. (1990). "Speculative Dynamics and the Role of Feedback Traders", *American Economic Review*, 80, 63-8.

De Alessi, Louis (1987). "Why Corporations Insure", *Economic Inquiry*, 25, 429-38.

DeBondt, Werner F. M., and Thaler, Richard H. (1985). "Does the Stock Market Overreact?", *Journal of Finance*, 40, 793-805.

Debreu, Gerard (1959). *Theory of Value*, New York.

De Long, J. Bradford, and Becht, Marco (1992). " 'Excess Volatility' and the German Stock Market 1876-1990", unpublished working paper, Harvard University.

——— (1993). " 'Excess Volatility' on the London Stock Market 1870-1990", unpublished working paper, Harvard University.

—— Shleifer, Andrei, Summers, Lawrence H., Waldman, Robert J. (1990a). "Noise Trader Risk in Financial Markets", *Journal of Political Economy*, 98, 703-38.

————— (1990b). "Positive Feedback Investment Strategies and Destabilizing Rational Speculation", *Journal of Finance*, 45, 379–95.

Diamond, Peter, Prelec, Drazen, Shafir, Eldar, and Tversky, Amos (1992). "Money Illusion", unpublished working paper, MIT, Cambridge, Mass.

Divisia, François (1925). "L'indice monétaire et la théorie de la monnaie", *Revue D'Economie Politique*, 39, 842–64, 980–1001.

Early, John F., and Sinclair, James H. (1983). "Quality Adjustment in the Producer Price Indices", in Murray F. Foss (ed.), *The U.S. National Income and Product Accounts: Selected Topics*, NBER Studies in Income and Wealth, vol. 47, Cambridge, Mass.

Einhorn, Hillel J., and Hogarth, Robin M. (1986). "Decision Making under Ambiguity", *Journal of Business*, 59 (No. 4, pt. 2), S225–50.

Eisner, Robert, and Strotz, Robert H. (1961). "Flight Insurance and the Theory of Choice", *Journal of Political Economy*, 69, 355–68.

Ellsberg, Daniel (1961). "Risk, Ambiguity and the Savage Axioms", *Quarterly Journal of Economics*, 75, 643–69.

Falk, Barry (1991). "Formally Testing the Present Value Model of Farmland Prices", *American Journal of Agricultural Economics*, 73, 1–10.

Fama, Eugene F., and French, Kenneth R. (1988a). "Dividend Yields and Expected Stock Returns", *Journal of Financial Economics*, 22, 3–25.

—— —— (1988b). "Permanent and Temporary Components of Stock Prices", *Journal of Political Economy*, 96, 246–73.

—— —— (1992). "The Cross Section of Expected Stock Returns", *Journal of Finance*, 47, 427–65.

Feldstein, Martin, and Horioka, Charles (1980). "Domestic Saving and International Capital Flows", *Economic Journal*, 90, 314–29.

Fischer, Stanley (1975). "The Demand for Index-Linked Bonds", *Journal of Political Economy*, 83, 509–34.

—— (1977). "Long-Term Contracts, Rational Expectations, and the Optimal

Money Supply Rule", *Journal of Political Economy*, 85, 191–205.

Fischhoff, Baruch, Slovic, Paul, and Lichtenstein, Sara (1980). "Knowing What You Want: Measuring Labile Values", in Tom Wallsten (ed.), *Cognitive Processes in Choice and Decision Behavior*, Erlbaum, Hillsdale, NJ.

Fisher, Irving (1911). *The Purchasing Power of Money*, Macmillan, London.

—— (1928). *The Money Illusion*, The Adelphi Co., New York.

Folger, Robert, and Martin, Chris (1986). "Relative Deprivation and Referent Cognitions: Distributive and Procedural Justice Effects", *Journal of Experimental Social Psychology*, 22, 531–46.

Forsythe, F. F. (1978). "The Practical Construction of a Chain Price Index", *Journal of the Royal Statistical Society*, Series A, 141 (pt. 3), 348–58.

French, Kenneth R. (1983). "A Comparison of Futures and Forward Prices", *Journal of Financial Economics*, 12, 311–42.

—— (1953). *Essays in Positive Economics*, University of Chicago Press.

Friedman, Milton (1962). *Capitalism and Freedom*, University of Chicago Press.

Friend, Irwin, and Blume, Marshall E. (1975). "The Demand for Risky Assets", *American Economic Review*, 65, 900–22.

Gammill, James F., Jr., and Perold, Andre F. (1989). "The Changing Character of Stock Market Liquidity", *Journal of Portfolio Management*, Spring, 15, 13–18.

Garbade, Kenneth, and Silber, William L. (1983). "Cash Settlement of Futures Contracts: An Economic Analysis", *Journal of Futures Markets*, 3, 451–72.

Garcia, Marcio G. (1991). "The Formation of Inflation Expectations in Brazil: A Study of the Futures Market for the Price Level", unpublished working paper, Departamento de Economia, PUC/RJ, Rio de Janeiro.

Gardner, Bruce L. (1989). "Rollover Hedging and Missing Long-Term Futures Markets", *American Journal of Agricultural Economics*, 71, 311–18.

Garman, Mark B. (1978). "The Pricing of Supershares", *Journal of Financial*

Economics, 6, 3 – 10.

—— (1987). "Perpetual Currency Options", *International Journal of Forecasting*, 3, 179 – 84.

Gehr, Adam (1988). "Undated Futures Markets", *Journal of Futures Markets*, 88, 89 – 97.

Gemmill, Gordon (1990). "Futures Trading and Finance in the Housing Market", *Journal of Property Finance*, 1, No. 2, 196 – 207.

Goetzmann, William N. (1990). "Accounting for Taste: An Analysis of Art Returns over Three Centuries", unpublished working paper, Columbia University, New York.

—— (1992). "The Accuracy of Real Estate Indices: Repeat Sale Estimators", *Journal of Real Estate Finance and Economics*, 5, 5 – 53.

—— and Spiegel, Matthew (1992). "Non-Temporal Components of Residential Real Estate Appreciation", unpublished working paper, Columbia University, New York.

Gordon, Robert J. (1992). "Measuring the Aggregate Price Level: Implications for Economic Performance and Policy", Working Paper No. 3969, National Bureau of Economic Research, Cambridge, Mass.

Gorton, Gary, and Pennacci, George (1991). "Security Baskets and Index-Linked Securities", Working Paper No. 3711, National Bureau of Economic Research, Cambridge, Mass.

Gray, Roger W. (1977). "The Futures Market for Maine Potatoes: An Appraisal", in Ann E. Peck (ed.), *Selected Writings on Futures Markets*, Chicago Board of Trade.

Griliches, Zvi (1961). "Hedonic Price Indices for Automobiles: An Economic Analysis of Quality Change", in Price Statistics Review Committee, *The Price Statistics of the Federal Government*, US Congress, Joint Economic Committee, *Government Price Statistics Hearings*, pt. 1. 87th Congress, 1st Session (also published as National Bureau of Economic Research General Series No. 73, Cambridge, Mass.).

Grossman, Sanford J. (1977). "The Existence of Futures Markets, Noisy Rational Expectations, and Information Externalities", *Review of Economic Studies*, 44, 431–49.

Hall, Robert E. (1971). "The Measurement of Quality Change from Vintage Price Data", in Zvi Griliches (ed.), *Price Indices and Quality Change*, Harvard University Press, Cambridge, Mass.

Harris, Lawrence (1990). "The Economics of Cash Index Alternatives", *Journal of Futures Markets*, 10, 179–94.

Haurin, Donald R., Hendershott, Patric H., and Kim, Dongwook (1991). "Local House Price Indexes: 1982–1991", *AREUEA Journal*, 19, 451–72.

Heckman, James (1976). "The Common Structure of Statistical Models of Truncation, Sample Selection, and Limited Dependent Variables and a Simple Estimator for Such Models", *Annals of Economic and Social Measurement*, 5, 475–92.

Heifner, Richard G., Driscoll, James L., Helmuth, John W., Leath, Mack N., Niernberger, Floyd F., and Wright, Bruce H. (1977). *The US Cash Grain Trade in 1974: Participants, Transactions, and Information Sources*, US Department of Agriculture, Economic Research Service, Agricultural Economic Report No. 386.

Helmuth, John W. (1977). *Grain Pricing*, Commodity Futures Trading Commission, Washington, DC.

Hochman, Shalom, and Palmon, Oded (1988). "A Tax-Induced Clientele for Index-Linked Bonds", *Journal of Finance*, 43, 1257–63.

Hogarth, Robin M., and Kunreuther, Howard (1989). "Risk, Ambiguity and Insurance", *Journal of Risk and Uncertainty*, 2, 5–35,

Horrigan, Brian R. (1987). "The CPI Futures Market: The Inflation Hedge that

Won't Grow", *Business Review* (Federal Reserve Bank of Philadelphia), May-June.

Hsiao, Cheng (1986). *Analysis of Panel Data*, Cambridge University Press.

Ito, Takatoshi, and Hirono, Keiko Nosse (1993). "Efficiency of the Tokyo Housing Market", *Bank of Japan Monetary and Economic Studies*, 11, 1–32.

Jarrow, Robert A., and Oldfield, George S. (1981). "Forward Contracts and Futures Contracts", *Journal of Financial Economics*, 9, 373–82.

Johnston, Elizabeth Tashjian, and McConnell, John J. (1989). "Requiem for a Market: An Analysis of the Rise and Fall of a Financial Futures Market", *Review of Financial Studies*, 2, 1–23.

Kahneman, Daniel, Knetsch, Jack L., and Thaler, Richard (1986). "Fairness as a Constraint on Profit Seeking: Entitlements in the Market", *American Economic Review*, 76, 728–40.

—— and Tversky, Amos (1979). "Prospect Theory: An Analysis of Decision under Risk", *Econometrica*, 47, 263–92.

Kallick, M., Suite, D., Dielman, T., and Hybels, J. (1975). *A Survey of American Gambling Attitudes and Behavior*, Survey Research Center, Institute for Social Research, University of Michigan, Ann Arbor.

Katona, George (1975). *Psychological Economics*, Elsevier, New York.

Keynes, John M. (1936). *The General Theory of Employment, Interest and Money*, Macmillan, London.

Kihlstrom, Richard, and Pauly, Mark (1971). "The Role of Insurance in the Allocation of Risk", *American Economic Review*, 61, 371–9.

Kim, Sunwoong (1992). "Search, Hedonic Prices and Housing Demand", *Review of Economics and Statistics*, 74, 503–8.

Kim, Tae-Dong (1993). "Asset Price Movements and Bubbles in Korea and Japan" (in Korean), unpublished working paper, Sung Kyun Kwan University, Seoul.

Knetsch, Jack L., Thaler, Richard H., and Kahneman, Daniel (1989). "Experimental Tests of the Endowment Effect and the Coase Theorem", unpublished working paper, Simon Fraser University.

Knight, Frank (1921). *Risk, Uncertainty and Profit*, Houghton Mifflin, Boston.

Knoll, Michael S. (1991). "A Tax-Induced Clientele for Index-Linked Bonds: A Comment", *Journal of Finance*, 46, 1933–6.

Krueger, Alan B., and Bowen, William B. (1993). "Income-Contingent College Loans", *Journal of Economic Perspectives*, 7, 193–201.

Kunreuther, Howard (1977). *Disaster Insurance Protection: Public Policy Lessons*, Wiley Interscience, New York.

Kuo, Chiong-Long (1993). "Serial Correlation and Seasonality in the Real Estate Market", unpublished working paper, Yale University.

Kupiec, Paul (1990). "A Survey of Exchange-Traded Basket Instruments", *Journal of Financial Services Research*, 4, 175–90.

Kyle, Albert S. (1984). "A Theory of Futures Market Manipulation", in Ronald W. Anderson (ed.), *The Industrial Organization of Futures Markets*, Heath, Lexington Books, Lexington, Mass.

Lawley, D. N., and Maxwell, A. E. (1971). *Factor Analysis as a Statistical Method*, American Elsevier, New York.

Lee, Charles, Shleifer, Andrei, and Thaler, Richard (1991). "Investor Sentiment and the Closed-End Puzzle", *Journal of Finance*, 46, 75–109.

Lee, Wayne (1975). *Experimental Design and Analysis*, W. H. Freeman, San Francisco.

LeRoy, Stephen F., and Porter, Richard D. (1981). "Stock Price Volatility: A Test Based on Implied Variance Bounds", *Econometrica*, 49, 97–113.

Leventhal, Gerald S., Karuza, Jr., Jurgis, and Fry, William Rick (1980). "Beyond Fairness: A Theory of Allocational Preferences", in G. Mikula (ed.),

Justice and Social Interaction, Springer, New York.

Lovell, Michael C., and Vogel, Robert C. (1973). "A CPI-Futures Market", *Journal of Political Economy*, 81, 1009–12.

Lucas, Robert E. (1978). "Asset Prices in an Exchange Economy", *Econometrica*, 46, 1429–45.

Maddala, G. S. (1983). *Limited-Dependent and Qualitative Variables in Econometrics*, Cambridge University Press.

Mandel, John (1961). "Non-Additivity in Two-Way Analysis of Variance", *Journal of the American Statistical Association*, 56, 878–88.

March, James G. (1978). "Bounded Rationality, Ambiguity, and the Engineering of Choice", *Bell Journal of Economics*, 9, 587–608.

Marchitelli, Richard and Peter F. Korpacz (1992). "Market Value: The Elusive Standard", *Appraisal Journal*, 60, 313–22.

Mark, J. H., and Goldberg, M. A. (1984). "Alternative Housing Price Indices: An Evaluation", *AREUEA Journal*, 12, 30–49.

Marshall, John F., Bansal, Vipul, Herbst, Anthony F., and Tucker, Alan L. (1992). "Hedging Business Cycle Risk with Macro Swaps and Options", *Continental Bank Journal of Applied Corporate Finance*, 4, 103–8.

McGuire, W. J. (1969). "The Nature of Attitudes and Attitude Change", in G. Linzey and E. Aronson (eds.), *The Handbook of Social Psychology*, Addison-Wesley, Reading, Mass.

McCulloch, J. Huston (1980). "The Ban on Indexed Bonds, 1933–77", *American Economic Review*, 70, 1018–21.

Mehra, Rajnish, and Prescott, Edward C. (1985). "The Equity Premium: A Puzzle", *Journal of Monetary Economics*, 15, 145–61.

Merton, Robert C. (1973). "An Intertemporal Capital Asset Pricing Model", *Econometrica*, 41, 867–87.

Miles, Mike, Pittman, Robert, Hoesli, Martin, Bhatnagar, Pankaj, and

Guilkey, David (1991). "A First Detailed Look at the Extent of America's Real Estate Wealth", unpublished working paper, University of North Carolina at Chapel Hill.

Miller, Robert (1989). "Property Price Futures and Options?", *Futures and Options World*.

Montgomery, Claire (1990). *Household Investment in the Improvement of the Existing Housing Stock*, unpublished Ph. D. dissertation, Department of Economics, University of Washington, Seattle.

Morck, Randall, Shleifer, Andrei, and Vishny, Robert W. (1990). "The Stock Market and Investment: Is the Market a Sideshow?", *Brookings Papers on Economic Activity*, 2, 157-216.

Noguchi, Yukio (1992a). *Bubble Economics* (in Japanese), Nihon Keizai, Tokyo.

—— (1992b). "Japan's Land Problem", *Japanese Economic Studies*, 20, 51-77.

Obstfeld, Maurice (1993a). "Are Industrial-Country Consumption Risks Globally Diversified?", National Bureau of Economic Research Working Paper No. 4308, Cambridge, Mass.

—— (1993b). "International Capital Mobility in the 1990s", forthcoming in Peter B. Kenen (ed.), *Understanding Interdependence: The Macroeconomics of the Open Economy*, Princeton University Press.

Palmquist, Raymond B. (1979). "Hedonic Price and Depreciation Indexes for Residential Housing: A Comment", *Journal of Urban Economics*, 6, 267-71.

—— (1982). "Measuring Environmental Effects on Property Values without Hedonic Regressions", *Journal of Urban Economics*, 11, 333-47.

—— (1989). "Land as a Differentiated Factor of Production: A Hedonic Model and Its Implications for Welfare Measurement", *Land Economics*, 65, 23-8.

Petzel, Todd E. (1985). "Consumer Price Index Futures as an Instrument for Hedging Inflation Uncertainty", unpublished working paper, Coffee Sugar and

Cocoa Exchange, New York.

—— and Fabozzi, Frank J. (1986). "Real Interest Rates and CPI-W Futures", *Advances in Futures and Options Research*, 1, 255–70.

Pierog, Karen, and Stein, Jon (1989). "New Contracts: What Makes Them Fly or Fail?", *Futures*, 18, 50–4.

Polanyi, Karl (1944). *The Great Transformation*, Farrar & Rinehart, NY.

Poterba, James M. (1991). "House Price Dynamics: The Role of Tax Policy and Demography", *Brookings Papers on Economic Activity*, 2, 143–99.

—— and Summers, Lawrence H. (1988). "Mean Reversion in Stock Returns: Evidence and Implications", *Journal of Financial Economics*, 22, 27–59.

Powers, Mark J. (1970). "Does Futures Trading Reduce Price Fluctuations in the Cash Market?", *American Economic Review*, 60, 460–4.

Radner, Roy (1968). "Competitive Equilibrium under Uncertainty", *Econometrica*, 36, 31–58.

Reich, Robert B. (1992). *The Work of Nations*, Vintage Books, New York.

Rhee, Changyong, and Rhee, Wooheon (1991). "Fundamental Value and Investment: Micro Data Evidence", Rochester Center for Economic Research Working Paper No. 282, New York.

Romer, Christina D. (1989). "The Prewar Business Cycle Reconsidered: New Estimates of Gross National Product 1869–1908", *Journal of Political Economy*, 97, 1–37.

Ross, Stephen (1976). "The Arbitrage Theory of Capital Asset Pricing", *Journal of Economic Theory*, 13, 341–60.

Rosenzweig, Mark R. (1988). "Risk, Implicit Contracts, and the Family in Rural Areas of Low Income Countries", *Economic Journal*, 98, 1148–70.

Rothschild, Michael, and Stiglitz, Joseph (1976). "Equilibrium in Competitive Insurance Markets: An Essay on the Economics of Imperfect Competition", *Quarterly Journal of Economics*, 90, 629–49.

Sala-i-Martin, Xavier, and Sachs, Jeffrey (1992). "Fiscal Federalism and Optimum Currency Areas: Evidence for Europe from the United States", in M. B. Canzoneri et al. (eds.), *Establishing a Central Bank: Issues in Europe and Lessons from the U. S.*, Cambridge University Press.

Shiller, Robert J. (1981). "Do Stock Prices Move Too Much to be Justified by Subsequent Changes in Dividends?", *American Economic Review*, 71, 421–36.

—— (1989). *Market Volatility*, MIT Press, Cambridge, Mass.

—— (1990). "Market Volatility and Investor Behavior," *American Economic Review*, 80, 58–62.

—— (1991). "Arithmetic Repeat Sales Price Estimators", *Journal of Housing Economics*, 1, 110–26.

—— (1992). "Who's Minding the Store?", in *The Report of the Twentieth Century Fund Task Force on Market Speculation and Corporate Governance*, The Twentieth Century Fund Press, New York.

—— (1993a). "Aggregate Income Risk and Hedging Mechanisms", National Bureau of Economic Research Working Paper, Cambridge, Mass.

—— (1993b). "Measuring Asset Values for Cash Settlement in Derivative Markets: Hedonic Repeated Measures Indices and Perpetual Futures", *Journal of Finance*, July.

Shlaes, Jared (1984). "The Market in Market Value", *Appraisal Journal*, 52, 494–518.

Siegel, Jeremy J. (1994). *Stocks for the Long Run*, Irwin, New York.

Slovic, Paul, and Lichtenstein, Sarah (1983). "Preference Reversals: A Broader Perspective", *American Economic Review*, 73, 596–605.

Stein, Jerome L. (1986). *The Economics of Futures Markets*, Basil Blackwell, Oxford, England.

Stevens, Neil A. (1974). "The Futures Market for Farm Commodities: What It

Can Mean to Farmers", *Federal Reserve Bank of St. Louis Review*, 56, 10-5.

Stockman, A., and Tesar, L. (1990). "Tastes and Technology in a Two Country Model of the Business Cycle: Explaining International Comovements", Working Paper No. 3566, National Bureau of Economic Research, Cambridge, Mass.

Summers, Robert, and Heston, Alan (1988). "A New Set of International Comparisons of Real Product and Price Levels: Estimates for 130 Countries", *Review of Income and Wealth*, 34, 1-25.

———— (1991). "The Penn World Table (Mark 5): An Expanded Set of International Comparisons", *Quarterly Journal of Economics*, 106, 1-41.

Taylor, John B. (1980). "Aggregate Dynamics and Staggered Contracts", *Journal of Political Economy*, 88, 1-23.

Thaler, Richard (1991). *Quasi Rational Economics*, Russell Sage Foundation, New York.

Tirole, Jean (1982). "On the Possibility of Speculation under Rational Expectations", *Econometrica*, 50, 1163-81.

Tobin, James (1973). "Financing Higher Education", unpublished working paper, Yale University, New Haven, Conn.

Townsend, Robert M. (1993). "Risk and Insurance in Village India", *Econometrica*, forthcoming.

Triplett, Jack E. (1983). *The Measurement of Labor Costs*, University of Chicago Press.

——— (1990). "Hedonic Methods in Statistical Agency Environments: An Intellectual Biopsy", in Ernst R. Berndt and Jack E. Triplett (eds.), *Fifty Years of Economic Measurement*, National Bureau of Economic Research and University of Chicago Press.

Tufano, Peter (1992). "Financial Innovation and First Mover Advantages", *Journal of Applied Corporate Finance*, 5, 83-7.

Turvey, Calum G., and Baker, Timothy G. (1990). "A Farm Level Financial Analysis of Farmers' Use of Futures and Options under Alternative Farm Programs", *American Journal of Agricultural Economics*, 72, 946–57.

Tversky, Amos, and Kahneman, Daniel (1981). "The Framing of Decisions and the Psychology of Choice", *Science*, 211, 453–8.

Tyler, Tom, and Caine, Andrew (1981). "The Influence of Outcomes and Procedures on Satisfaction with Formal Leaders", *Journal of Personality and Social Psychology*, 41, 642–55.

US Department of Commerce, Bureau of Economic Analysis (1973). *Long Term Economic Growth 1860–1970*, US Government Printing Office, Washington, DC.

—— (1992). *National Income and Product Accounts of the United States, Volume 2, 1959–88*, US Government Printing Office, Washington, DC.

US Department of Labor, Bureau of Labor Statistics (1986). *Producer Price Measurement: Concepts and Methods*, Washington, DC.

—— (1992). *BLS Handbook of Methods*, Bulletin 2414, US Government Printing Office, Washington, DC.

US Panel on Educational Innovation, President's Science Advisory Committee (Jerrold R. Zacharias Panel) (1967). *Educational Opportunity Bank*, US Government Printing Office, Washington, DC.

US Securities and Exchange Commission, Division of Market Regulation (1988). *The October 1987 Market Break*, US Government Printing Office, Washington, DC.

Webb, Brian, Miles, Mike, and Guilkey, David (1993). "Transactions – Driven Commercial Real Estate Returns: The Panacea to Asset Allocation Models?", *Journal of the American Real Estate and Urban Economics Association*, 20, 325–57.

Webb, Cary (1988). "A Probabilistic Model for Price Levels in Discontinuous Markets," in W. Eichhorn (ed.), *Measurement in Economics*, Physica, Heidelberg.

Weinstein, Neil D. (1989a). "Effects of Personal Experience on Self-Protective Behavior", *Psychological Bulletin*, 105, 31–50.

—— (1989b). "Optimistic Biases about Personal Risks", *Science*, 246, 1232–3.

Welch, Ivo (1990). "Sequential Sales, Learning, and Cascades", unpublished working paper, University of California, Los Angeles.

West, Kenneth D. (1988a). "Bubbles, Fads, and Stock Price Volatility: A Partial Evaluation", *Journal of Finance*, 43, 639–55.

—— (1988b). "Dividend Innovations and Stock Price Volatility", *Econometrica*, 56, 37–61.

Williamson, Oliver (1979). "Transaction-Cost Economics: The Governance of Contractual Relations", *Journal of Law and Economics*, 22, 233–61.

Wold, Hermann (1966). "Nonlinear Estimation by Iterative Least Square Procedures", in F. N. David (ed.), *Research Papers in Statistics*, Wiley, London.

Working, Holbrook (1953). "Futures Trading and Hedging", *American Economic Review*, 314–43.

Macro Markets: Creating Institutions for Managing Society's Largest Economic Risks by Robert J. Shiller

9780198294184

Copyright © Robert J. Shiller 1993

Simplified Chinese Translation copyright © 2023 by China Renmin University Press Co., Ltd.

"Macro Markets: Creating Institutions for Managing Society's Largest Economic Risks" was originally published in English in 1993. This translation is published by arrangement with Oxford University Press. China Renmin University Press is solely responsible for this translation from the original work and Oxford University Press shall have no liability for any errors, omissions or inaccuracies or ambiguities in such translation or for any losses caused by reliance thereon.

Copyright licensed by Oxford University Press arranged with Andrew Nurnberg Associates International Limited.

《宏观市场》英文版1993年出版，简体中文版由牛津大学出版社授权出版。

All Rights Reserved.

图书在版编目（CIP）数据

宏观市场 /（美）罗伯特·J. 希勒著；鲁敏儿，李蔚译. --北京：中国人民大学出版社，2023.9
ISBN 978-7-300-31600-0

Ⅰ.①宏⋯ Ⅱ.①罗⋯ ②鲁⋯ ③李⋯ Ⅲ.①市场学 Ⅳ.①F713.50

中国国家版本馆 CIP 数据核字（2023）第 075627 号

宏观市场

罗伯特·J. 希勒　著
鲁敏儿　李蔚　译
王永钦　校
Hongguan Shichang

出版发行	中国人民大学出版社		
社　　址	北京中关村大街 31 号	邮政编码	100080
电　　话	010-62511242（总编室）		010-62511770（质管部）
	010-82501766（邮购部）		010-62514148（门市部）
	010-62515195（发行公司）		010-62515275（盗版举报）
网　　址	http://www.crup.com.cn		
经　　销	新华书店		
印　　刷	涿州市星河印刷有限公司		
开　　本	890 mm×1240 mm　1/32	版　次	2023 年 9 月第 1 版
印　　张	9.375 插页 1	印　次	2023 年 9 月第 1 次印刷
字　　数	190 000	定　价	68.00 元

版权所有　　侵权必究　　印装差错　　负责调换